公路工程技术与实践丛书

U0454702

高速公路
工程施工技术与实例

戴洲游　范悦让　封策崧　李延驹　主编

湖南大学出版社·长沙

图书在版编目(CIP)数据

高速公路工程施工技术与实例/戴洲游等主编.—
长沙:湖南大学出版社,2024.8
ISBN 978-7-5667-3573-7

Ⅰ.①高…　Ⅱ.①戴…　Ⅲ.①高速公路—道路施工
Ⅳ.①U415.12

中国国家版本馆 CIP 数据核字(2024)第 107726 号

高速公路工程施工技术与实例
GAOSU GONGLU GONGCHENG SHIGONG JISHU YU SHILI

主　　编:	戴洲游　范悦让　封策崧　李延驹	
责任编辑:	廖　鹏　张佳佳	
印　　装:	长沙市雅捷印务有限公司	
开　　本:	787 mm×1092 mm　1/16	印　张:16　字　数:390 千字
版　　次:	2024 年 8 月第 1 版	印　次:2024 年 8 月第 1 次印刷
书　　号:	ISBN 978-7-5667-3573-7	
定　　价:	80.00 元	

出 版 人:李文邦
出版发行:湖南大学出版社
社　　址:湖南·长沙·岳麓山　　邮　　编:410082
电　　话:0731-88822559(营销部),88821315(编辑室),88821006(出版部)
传　　真:0731-88822264(总编室)
网　　址:http://press.hnu.edu.cn

编 委 会

主　编　戴洲游（湖南尚上市政建设开发有限公司）
　　　　　范悦让（河南省公路工程局集团有限公司）
　　　　　封策崧（湖南尚上市政建设开发有限公司）
　　　　　李延驹（四川公路桥梁建设集团有限公司公路三分公司）

副主编　唐　金（湖南尚上市政建设开发有限公司）
　　　　　许祥贵（中交一公局第四工程有限公司）
　　　　　张永军（山西路桥建设集团有限公司）

编　委　张治文（保利长大工程有限公司）
　　　　　李　伟（河南交投郑平高速公路有限公司）
　　　　　刘　蓓（安徽省交通控股集团芜湖高速公路管理中心）
　　　　　潘　玲（广东华路交通科技有限公司）
　　　　　曹国雄（甘肃路桥飞宇交通设施有限责任公司）

前　言

　　高速公路是指专供汽车高速行驶的公路。中国高速公路建设经过近 40 年的迅猛发展，取得了令人瞩目的成就，为国民经济持续健康发展和人民生活水平的提高做出了重要贡献。随着经济的飞速发展、和谐社会的全面构建，人们已经不仅仅满足于高速公路的数量，对高速公路的质量、可持续发展等诸多方面也提出了更高的要求，安全舒适、美观经济、以人为本、节约资源已经成为当代高速公路的发展战略。为此，必须以科学发展为主题，以加快转变发展方式为主线，以结构调整为主攻方向，大力推行现代工程管理，注重资源节约和环境保护，努力实现高速公路建设的安全发展、高效发展、绿色发展、可持续发展。

　　本书共八章，分别从绪论、高速公路路基施工技术、高速公路路面施工技术、高速公路桥涵施工技术、高速公路隧道施工技术、高速公路附属设施施工技术、高速公路施工实例、高速公路桥梁施工实例八个方面入手，介绍了高速公路工程施工技术的相关基础知识，并结合实际案例，以期为相关专业学生及从业人员提供参考，但需注意各地具体情况不同，在参考的过程中，对有关的具体指标应根据实际情况进一步细化或强化要求，且宜对未尽事宜进行补充完善。

　　本书在编写过程中参阅、引用了国内外大量的文献，在此向原著（编）者表示衷心感谢。由于作者水平有限及相关技术的快速发展，书中难免有疏漏和不足之处，恳请广大读者批评指正。

编　　者

2024 年 2 月

目　　录

第1章 绪　　论

1.1　高速公路概述

1.1.1　高速公路的定义

高速公路属于高等级公路，是技术标准提高后的公路，与普通公路具有一定的差异。高速公路是经济发展的产物，其建设情况反映了一个国家和地区的交通发达程度乃至经济发展的整体水平。

《中国大百科全书　土木工程》将高速公路定义为中央设置有一定宽度的分隔带，两侧各配备两条或两条以上的车道，分别供大量上下行汽车高速、连续、安全、舒适地运行，并全部设置立体交叉和控制出入的公路。

《公路工程技术标准》(JTG B01—2014)规定，高速公路为专供汽车分方向、分车道行驶，全部控制出入的多车道公路。高速公路的年平均日设计交通量宜在 15 000 辆小客车以上。

《公路工程名词术语》(JTJ 002—1987)则将高速公路定义为具有四个或四个以上车道，并设有中央分隔带，全部立体交叉并具有完善的交通安全设施、管理设施、服务设施，全部控制出入，专供汽车高速行驶的公路。

1.1.2　高速公路的特征

1. 符合高速公路的条件

公路运输本身具有机动灵活、适应性强、"门对门"服务、量大面广等特点。普通公路存在线形标准低、路面质量不高、车速低、混合交通相互干扰大、开放式管理造成侧向行人与非机动车等干扰、事故多、安全性差等缺点。而高速公路与普通公路相比，既有量的区别，也有质的区别。高速公路的主要特点有：①高速公路对交通实施限制，不仅限制汽车，对某些机动车(如：农用车、装载危险品等特殊货物的车辆等)也作了限制；②高速公路中间设有较宽的中央分隔带，对同向车道严格划分，真正做到分道行驶，提供一个宽敞的行驶环境；③高速公路采用全封闭、全立交，路段两侧均设置禁入栅，避免横向穿越，使车速的提高和车辆安全有了保证；④高速公路除道路本身的设施质量较好外，还设有许多完善的附属设施，如安全设施(防撞护栏、反光标志等)、监控设施、紧急电话和服务区等。这些高质量的设施一方面充分保障了车辆快速、安全、舒适地行驶，另一方面使公路所适应的运输距离变得越来越长。

从上述可以看出，一般来讲高速公路应符合下列 4 个条件：①只供汽车行驶；②设有中央分隔带，将往返交通完全隔开；③没有平面交叉口；④全线封闭，控制出入，只准汽车在匝道和立体交叉口进出公路。

2. 高速公路的优点

从交通和管理上看，高速公路与普通公路相比，具有以下优点。

（1）行车速度高、通行能力大

在我国，除特殊困难地形外，高速公路上车速一般可在 80 km/h 以上，最高车速为 120 km/h。据调查，美国高速公路的平均时速为 97 km/h，英国高速公路的平均车速为 110 km/h。由于行车速度高，相同里程内的行车数量就比一般公路多得多，一条四车道高速公路每昼夜可通行 25 000 辆中型车，每车道每小时可通行 1 000 辆中型车，比一般的主要公路的行车数量高 3～4 倍。因此在美国，仅占公路总里程的 1.1％的高速公路的行车密度是全国公路平均数的 18.6 倍。

（2）交通事故降低，安全性较好

高速公路实行全封闭的管理，且线形标准高，消除了车辆的侧向干扰，行驶条件良好，因此行车的安全性大大提高。有关资料显示，欧美国家高速公路事故率、死亡人数和事故费用分别是普通公路的 1/3、1/2 和 1/4。高速公路中的监控和紧急电话设施可大大减少人员死亡人数和降低受伤程度。但值得注意的是，高速公路行车速度快，一旦发生事故，其后果更惨重。

（3）运输效益提高

高速公路运营车速高，因此行程时间更短。同时，单位车公里油耗及机械损耗明显减少，运输成本降低，效益大大提高。据统计，高速公路每车公里的油耗和运费比普通公路可分别降低 25％和 53％。但对于时间价值不高的使用者，高速公路的收费增加了他们的出行成本。

3. 修建高速公路的主要问题

当然，高速公路的修建也带来了一些问题，主要有以下几点。

（1）占地多，投资大，造价高

一般高速公路用地宽度为 30～35 m，六车道宽度为 50～60 m，八车道宽度为 70～80 m；一个互通式立体交叉用地在 40 000～100 000 m²，而一座完整的互通式立交桥占地15～150 hm²，可见其建设用地的规模远大于普通公路。由于工程量大、标准高，高速公路的建设投资比一般公路多得多，通常能达到一般公路的十几倍。高速公路的土方、路面、桥涵及设施费约占总投资的 80％。高速公路建设初期投资很大，我国高速公路平均造价超过 1 500 万元/km，有的甚至能够达到 1.23 亿元/km。这给我国以及各省地方财政造成了较大的压力。

（2）对环境影响大

高速公路路基宽、占地大，对原有自然环境改变很大，会对地形、地物、水系等产生破坏。另外，高速公路的修建会给周围居民的生活和生产带来影响，如汽车噪声影响居民休息，废气和粉尘给居民健康带来危害，等等。这些影响可以通过规划和设计克服或者降低到最小。

1.1.3　高速公路的功能

（1）运输功能

公路运输具有门到门直达运输的灵活性，这一点在高速公路运输上更为突出，尤其适宜于客运和零担运输。各国高速公路里程一般只占公路总里程的 1%～2%，但其所担负的运输量占公路总运输量的 20%～25%。

公路货运车辆的平均吨位是载运能力和运输效率的重要影响指标。2022 年，我国公路货运车辆的平均吨位约为 35.7 t，为近五年来最高，一定程度上反映了运输供给在需求影响下的变化特点。这反映了公路货运车辆的载运能力正在不断增强，载运工具具有朝大型化、专业化发展的趋势，并在 2021 年和 2022 年取得了良好效果。2022 年，货运车辆在高速公路行驶里程占所有运输道路类型行驶里程的 48.40%，较 2021 年的 42.85% 增长明显，也超过了 2020 年的水平，且明显高于其他道路类型，这说明随着越来越多高速公路的建成通车，高速公路渐渐成为货运活动主要依托的道路类型。

（2）经济功能

高速公路建设作为一项数额巨大的投资，其产生的影响往往是长期的、潜在的，最直观的影响就是它对经济的拉动作用。据测算，每 1 元公路建设投资带动的社会总产值接近 3 元，相应创造国民生产总值 0.4 元，每亿元公路建设投资可为公路建筑业创造 2 000 个劳动日就业机会，而同时为相关产业提供就业机会近 5 000 个劳动日。高速公路的经济功能主要体现在投资拉动和长远的经济拉动两方面。

①投资拉动。

公路的建设给沿线地区带来的资金收益主要体现在以下几个方面：征地拆迁费；钢铁、木材、砂石、水泥、沥青、石灰等各种原材料的购买；沿线庞大的工程队伍的衣食住行消费，将直接刺激当地农业和第三产业的快速增长；建设队伍的收入，当地人员不可避免地参与高速公路的建设中来。所有这些，都将对当地工业、农业、餐饮业、房屋建设起到一定的推动作用。

②长远的经济拉动。

高速公路的建成，必将为当地的货物运输、人员来往带来便利，这将间接促进当地经济的发展。修建高速公路也会促进当地产业发展和构成的变化。高速公路消除了运力和运量之间的矛盾，使各区域生产要素禀赋的比较优势进一步得到有效的开发和利用，进而有利于推进区域间、企业间的专业化分工和协作，从而优化区域间产业结构。高速公路的修建也将促进沿线的城镇发展，如法国里昂到巴黎的高速公路建成后，沿线出现了许多新的集镇。

（3）军事功能

高速公路历来具有经济、军事的双重性质。世界各国都把实现经济效益和国防需求的有机统一作为高速公路建设的发展目标。当今世界上很多国家都从本国的国防战略出发，把高速公路建成应急机场，将其纳入高速公路建设的总体规划，增强国家交通的应急能力和军事威慑力。

1.2 国内外高速公路发展概述

1.2.1 国外高速公路发展

1. 德国高速公路发展

世界上第一条高速公路诞生于德国。德国第一条机动车道于 1913 年开始建造，1921 年开放，位于柏林格鲁内瓦尔德(Grünewald)的阿瓦斯(Avus)，长约 19 km。这段试验车道建成之后，人们开始考虑建设高速公路。此时的德国处于魏玛共和国时期(1919—1933 年)，因缺乏资金和政治支持，进展异常缓慢。1932 年德国试建从科隆到波恩的双向四车道全部立体交叉的汽车专用公路，这是远程公路中技术标准最高的一类公路。路上车流连续高速行驶，取名 autobahn(高速公路)，英译为 free way 或 motor way，是世界上第一条高速公路。1933 年德国通过了《关于设立帝国高速公路企业》的法律，规划了 4 800 km 的高速公路网络。次年，又通过了《公路新规定法》，将规划的帝国高速公路网扩大到 6 900 km。到 1942 年，德国建设了 3 860 km 的高速公路，并有 2 500 km 的高速公路在建设。第二次世界大战后，原联邦德国将原帝国高速公路改称为"联邦高速公路"。1957 年制定了"联邦长途公路扩建计划"。1970 年当这一扩建完成时，公路网仍不能满足交通需求，1970—1985 年又进行了第二个扩建计划。1996 年德国联邦高速公路长度达到 11 190 km。到 1999 年，德国高速公路总里程达到 1.15 万 km，形成了欧洲最庞大的高速公路网，并有 9 条高速公路与邻国相通。截至 2022 年末，德国全境的高速公路总长度已达到 13 009 km。德国高速公路管理中，运用了许多先进的技术手段，如智能交通诱导系统、应急通信系统、隧道安全监控系统、全球定位系统(global positioning system，GPS)、地理信息系统(geographic information system，GIS)、交通网络控制系统、交通信息发布查询系统等。这些先进的交通通信信息技术手段，为交通管理提供了有效且可靠的技术保证，为道路使用者提供了优质的服务。

2. 美国高速公路发展

1916 年，美国国会制定了联邦资助公路法案，全美开始发展公路建设。1937 年，美国在加利福尼亚州建成了第一条长 11.2 km 的高速公路。第二次世界大战后期，美国政府认识到国防对公路建设的依赖性。1944 年，美国国会又出台了联邦资助道路法案，确立了以联邦和州立法形式保障高速公路建设，规定凡列入国家规划的高速公路建设都能得到联邦政府的资金援助，由此加快了全美高速公路的建设步伐。20 世纪 50 年代初至 70 年代末，美国的高速公路建设发展速度很快，平均每年建成 3 000 km。在高速公路建设中，美国政府很注重公路建设的走向和布局，既考虑与城市道路网的连接，又注意偏远、荒漠地区的建设发展需要。20 世纪 80 年代后期，美国高速公路网已基本形成。美国高速公路建设起步早、发展快，截至 2022 年末，其总里程已逾 10 万 km，在全美已形成立体交通网络系统。现阶段的美国高速公路建设已经可以满足国内交通运输、国防建设及国民经济发展的需要。今后建设的重点是完善高速公路与航空、铁路、水路等其他交通运输方式之间的联运，加强对高速公路的科学管理和维护，提高运力，降低交通事故发生的概率。

3. 日本高速公路发展

日本是一个四面临海的岛国，面积约 38 万 km^2，人口约 1.3 亿。其面积约为我国的 1/25，人口为我国的 1/10，且资源贫乏，但高速公路密度非常大。日本的第一条高速公路是诞生于 1963 年 7 月的名神高速公路，这条公路连接名古屋和神户，全长 190 km。当时，名神高速公路首先开通了连接滋贺县栗东市和兵库县尼崎市的第一期工程区段的 71 km，日本由此步入普及汽车的时代。此后，全国各地开始陆续建设高速公路。当时的日本经济正在高速增长，因此出现了人员和货物大量高速流动的市场需求。1997 年，日本高速公路总长度达 5 860 km，占公路总长的 0.51%，却承担了公路运输总量的 25.6%。截至 2022 年末，日本已建成高速公路 8 050 km，成为世界上公路密度最大、拥有最先进综合交通系统的国家之一。

4. 法国高速公路发展

二十世纪二三十年代，法国政府为了加快经济的发展，开始建造高速公路，并于 1934 年制订了高速公路发展计划，但因第二次世界大战被迫中断。第二次世界大战后，法国在恢复国民经济的基础上，加快公路建设，大力发展高速公路，扩大基础设施建设。1955 年制定了《汽车公路法》，1956 年又提出十年计划，从 1960 年起开始建设城市间高速公路，到 1970 年初步建成 1 600 km 干线高速公路网。20 世纪 70 年代，法国实行了私营高速公路特许公司制，这大大加快了高速公路的建设步伐。1971—1985 年，法国又建成高速公路 4 000 km，逐步构成运输畅通的全国公路网络。截至 2022 年末，法国拥有 1.11 万 km 高速公路。

1.2.2 我国高速公路发展

高速公路在运输能力、速度和安全性方面具有突出优势，对实现国土均衡开发、缩小地区差别、建立统一的市场经济体系、提高现代物流效率具有重要作用。高速公路不仅是交通运输现代化的重要标志，也是一个国家现代化的重要标志。

由于各种政治和经济因素，我国高速公路建设直到改革开放后的 20 世纪 80 年代中期才起步。我国第一条高速公路是沪嘉(上海市区祁连山路—上海嘉定南门)高速公路，1984 年破土，1988 年竣工使用，全长只有 18 km，比美国 1937 年建成的第一条高速公路(在加州境内，全长 11.2 km)晚了半个世纪。我国高速公路建设起步虽晚，但发展迅速，从 1988 年到 1996 年，各省在高速公路建设方面都先后起步，尤其是东部地区开始加快高速公路的发展节奏，在这近 10 年中，我国共建成高速公路 37 条，总计通车里程 3 422 km (不包括台湾当时建成的 477 km)，总里程位于当时世界第七位。进入 1997 年以后，我国迎来了高速公路大发展的春天。由于全社会对发展高速公路观念的普及与强化，以及前十多年高速公路对经济发展表现出极大促进的示范作用，加上在 1997 年爆发的东南亚金融危机背景下，中央政府做出了拉动内需、加快基础设施发展、加大对公路建设投入的国策。

1997—2000 年，我国高速公路建设进入高潮。这一时期的主要特点：发展速度快，可以说是超常发展；开始形成地区性网络，例如长江三角洲地区网络、珠江三角洲网络、环渤海网络等。这些地区性高速路网为全国高速公路网的形成奠定了基础。

在各地进行分散的高速公路项目建设的同时，1989 年交通部提出了"三主一支持"（即公路主干线、水运主通道、运输主枢纽和管理决策支持系统）的战略思想，在此思想的指导下，于 20 世纪 90 年代制定了《"五纵七横"国道主干线系统规划》，计划用 30 年左右的时间，建成"五纵七横"（"五纵"指同江—三亚、北京—珠海、重庆—湛江、北京—福州、二连浩特—河口；"七横"指连云港—霍尔果斯、上海—成都、上海—瑞丽、衡阳—昆明、青岛—银川、丹东—拉萨、绥芬河—满洲里）共 12 条线路，长约 3.5 万 km 的国道主干线。建成后将连接全国所有人口在 100 万以上的特大城市、93％的人口在 50 万以上的大城市和 43％的全国城市，约覆盖 6 亿人口，占全国总人口的一半，其中城市总人口覆盖率占 70％。对于在我国经济发达、人口稠密、城市毗连地带和交通运输紧张地带建立起来的高速公路网络，虽然里程仅占公路网的 2％左右，但可承担 20％以上的交通量，并实现公路运输 500 km 当日往返、1 000 km 当日到达。这个规划是在当时的社会经济和交通发展背景下提出的，仅有 12 条路线，覆盖能力有限，已不能满足新阶段全面建设小康社会的需要。我国于 2004—2005 年制定了《国家高速公路网规划》。国家高速公路网规划可以归纳为"7918"网，采用放射线和纵横网格相结合的形式，由 7 条首都放射线、9 条南北纵向线和 18 条东西横向线组成，总规模约 8.5 万 km，其中主线 6.8 万 km，地区环线、联络线等其他路线约 1.7 万 km。

2007—2008 年，受国际金融危机的影响，我国外部需求大幅萎缩，经济运行压力加大，经济发展面临严重挑战，中央政府迅速出台并完善应对危机的一系列计划。2009 年，全年完成公路建设投资超过 9 668 亿元，同比增长 40％以上；同年底，高速公路里程达到 6.51 万 km。2012 年，高速公路通车里程 9.6 万 km，首次超越美国，居世界第一。到 2015 年底，高速公路通车里程达 12.4 万 km，覆盖全国 97.6％的城镇人口在 20 万以上的城市。

"十三五"期间，高速公路发展步入全面深化改革与规范发展的新时期，从注重里程规模和速度转向更注重可持续发展。交通运输部印发《关于实施绿色公路建设的指导意见》（交办公路〔2016〕93 号），明确提出建设以质量优良为前提，以资源节约、生态环保、节能高效、服务提升为主要特征的绿色公路，提出了五大建设任务，决定开展五个专项行动，推动实现公路建设健康可持续发展。先后确定了延崇高速公路等 33 个试点工程项目，编制《绿色公路建设技术指南》《绿色公路建设发展报告》等，初步形成一批可推广、可复制的绿色公路建设经验成果。到 2020 年底，我国高速公路总里程达 15.5 万 km，国家高速公路网主线基本建成，覆盖约 99％的城镇人口在 20 万以上的城市及地级行政中心。

2021 年 12 月，国务院印发的《"十四五"现代综合交通运输体系发展规划》（国发〔2021〕27 号）中提出我国高速公路发展目标：到 2025 年，7 条首都放射线、11 条北南纵线、18 条东西横线，以及地区环线、并行线、联络线等组成的国家高速公路网的主线基本贯通。截至 2022 年末，我国已建成全球最大的高速公路网，高速公路通车里程 17.73 万 km，其中，国家高速公路里程有 11.99 万 km。

1.2.3 当今国内外高速公路发展特点

1. 城市高速公路发展迅速

在一些发达和发展中国家，由于城市人口集中，工商业十分发达，城市内汽车增长比郊外快得多。同时，城市群卫星城和区域发展，导致了环城高速公路和城内高速公路网络骨架的形成。环城高速公路在城市发展中的作用越来越显著，它不但可以疏导交通、减少堵塞，而且是城市规划的框架和衡量城市政治、经济、战略规划成熟度的标尺。

2. 国际高速公路网正在逐步形成

进入 21 世纪以来，经济全球化和区域经济合作得到极大的发展。各国之间的贸易日益增多和频繁，也存在大量的货物往来。因此，除了海上货物运输以外，陆上边境公路运输日益重要。为此，很多国家、共同体或者区域经济合作组织已组织和发动了国际公路网的建设。已建和待建的高速公路网主要有以下几个。

（1）欧洲高速公路网

第二次世界大战以后，西欧国家在经济、政治联合过程中，逐步统一了在欧洲扩建和命名欧洲国际公路网的思想。1975 年 11 月在日内瓦通过了"关于国际干线公路的欧洲协定"。将欧洲国际干线公路统一编号，并以"E"作为编号标识。其中东西向公路包括横贯全欧，东起奥地利维也纳，经荷兰、法国，西至西班牙的瓦伦西亚高速公路，全长约 3 200 km。此外，瑞士至奥地利、西班牙至葡萄牙、瑞典、丹麦、挪威、保加利亚、德国、匈牙利、捷克等国的高等级公路已连接成网。南北向公路包括：第一条纵贯全欧，北起丹麦的哥本哈根，经德国和奥地利，南至意大利的罗马高速公路，全长 2 100 km；另一条纵贯全欧，北起波兰的格但斯克，经捷克、奥地利、意大利、南斯拉夫、保加利亚、土耳其，南至叙利亚、伊拉克和伊朗，全长 5 000 km；第三条北起俄罗斯的圣彼得堡，经波兰、匈牙利、罗马尼亚、保加利亚、希腊，最终到土耳其的伊斯坦布尔，长约 2 000 km。2001 年 9 月，该公路网延伸到中亚和高加索地区。

（2）欧亚大陆国际公路网

欧亚大陆国际公路网是指将欧洲与亚洲的公路直接连接、跨越欧亚大陆的世界高等级公路网。东起日本东京，途经首尔、平壤、北京、河内、达卡、新德里、德黑兰，再经欧洲的莫斯科、华沙、柏林、波恩、巴黎，最后到达伦敦。这个公路网将穿越日本海峡、博斯普鲁斯海峡、厄勒海峡、费马恩海峡、英吉利海峡、比利牛斯山脉、阿尔卑斯山脉等，将欧亚大陆公路连接起来。此项计划已得到有关国家的一致同意，正分别实施。

（3）泛亚公路

泛亚公路，也叫亚洲公路网。亚洲公路网是联合国亚洲及太平洋经济社会委员会（简称亚太经社会）自 1959 年倡导规划的一个连接亚洲地区各国重要城市的国际公路交通运输网。2003 年 11 月 18 日，联合国亚太经社会在泰国曼谷正式通过了《亚洲公路网政府间协定》文本，32 个成员国同意加入亚洲公路网。2004 年 4 月 26 日在中国上海举行的亚太经社会第 60 届会议上，包括日本、韩国、印尼、泰国、哈萨克斯坦、越南、土耳其等 23 个成员国正式签署该协议，还有一些国家也陆续签署协议。根据《亚洲公路网政府间协定》，亚洲公路网由亚洲境内具有国际重要性的公路路线构成，包括大幅度穿越东亚和东北亚、南亚和西南亚、东南亚以及北亚和中亚等一个以上次区域的公路线路；在次区域范围内包括那些连接周边次区域的公路线路，以及成员国境内的亚洲公路线路。2005 年 7 月 4 日正式生效的亚洲公路协议，最终确定了穿越亚洲的线路图、道路的基本技术标准以及公路沿线的线路标志。根据协议规定，亚洲公路将使用 2 个英文首字母"AH"后缀数字代码来表示地区和次地区；使用单个数字线路号码从 1 到 9 的亚洲公路线路，充分贯穿多个次地区；线路号码"40～59"和"400～599"用于南亚国家；线路号码"10～29"和"100～299"用于东南亚国家。亚洲公路网的路线主要连接各国首都，主要工农业中心，主要机场、海港与河港，主要集装箱站点以及主要旅游景点，是促进亚洲经济一体化的基础和手段。该公路网全长 141 204 km，竣工后将实现亚洲与欧洲的"无缝连接"。其意义远超"丝绸之路"，亚洲将因它而提速。建立亚洲公路网的宗旨是协调并推动亚洲地区国际公路运输的发展，促进亚洲各国贸易往来，繁荣旅游业，从而刺激亚洲地区的经济发展，便利区域经济贸易和文化交流。被命名为亚洲公路 1 号（AH1）的线路是整个公路网中最长的一条线路，它始于日本东京，从福冈经轮渡到韩国的釜山，再经由中国的沈阳、北京、广州等城市，进入越南河内，随后经柬埔寨、泰国、老挝、缅甸、印度、巴基斯坦、阿富汗、伊朗、土耳其等 10 多个国家到达保加利亚边境。

(4)泛美公路

泛美公路是贯穿整个美洲大陆的公路系统。北起阿拉斯加，南至火地岛，全长约 48 000 km，主干线自美国阿拉斯加的费尔班克斯至智利的蒙特港，将近 26 000 km。除了巴拿马到哥伦比亚（达连隘口）之间仍未修建公路以外，美洲大陆各国都通过这个公路网连接起来。

3. 未来将注重交通安全、生态保持和修复

高速公路的建设走过了一条从粗放式到精细化，注重景观、环保、生态的道路。由于新技术［如智能交通系统（intelligent traffic system，ITS）］、新理念（生态、以人为本）的引入，高速公路建设也更加注重交通安全、生态保持和修复。

第2章　高速公路路基施工技术

2.1　土质路基施工

2.1.1　土质路堤填筑及其施工技术

土质路堤通常利用沿线就近土石作为填筑材料。选择填料时，应尽可能优先选择当地强度高、稳定性好并利于施工的土石作路堤填料。土质路堤填筑施工可分为分层填筑施工、竖向填筑施工和混合填筑施工三类，其具体施工内容和需要注意的内容如下。

1. 分层填筑施工

（1）水平分层填筑

土质路堤应尽量采用水平填筑分层方式进行，即将路堤划分为若干水平层次，逐层向上填筑。若原地面不平，则从最底层开始填筑。每填一层，经压实达到标准后，再进行上层填筑，依此循环进行直至达到设计高度。

（2）纵向分层填筑

用推土机从路堑取土填筑距离较短的路堤，依纵坡方向分层填筑、压实，直至达到设计高程。

2. 竖向填筑施工

对于原地面纵向坡度大于12％、路线跨越深谷或局部地面横坡较陡的地段，或断岩、泥沼地区，无法采用水平分层填筑时，可采取竖向填筑，即施工时将填料沿路线纵向在坡度较大的原地面上倾填，形成倾斜的土层，然后碾压密实，如此逐层向前推进。由于填土过厚而不易压实，故必须采取相应的技术措施以保证压实质量，比如采用振动式或锤式夯实机，选用沉陷量较小及粒径较均匀的砂石填料，路堤全宽一次成型，等等。

3. 混合填筑施工

对于类似竖向填筑的地段，如深谷陡坡地段，采用混合填筑方案更为有利，即下层竖向填筑、上层水平分层，必要时可考虑参照地基加固的注入、扩孔或强夯等措施，以保证填土具有足够的密实度。填筑时应根据填料运距、填筑高度、工程量等进行施工机械的配置，确定作业方式。施工机械应尽量配套，以最大限度地发挥各种机械的功效。例如，对于填土高度在3 m以内的路堤，可用推土机从两侧推填，配合平地机整平，然后在最佳含水量下用压路机压实。

4. 对于不同土质填筑施工需注意的内容

当用不同土质填筑路堤时，应符合下列填筑工艺要求。

①不同性质的土应分别填筑，不得混填。每种填料层累计总厚度不宜小于 0.5 m。凡不因潮湿及冻融而变更其体积的优良土应填在上层，强度较小的土应填在下层。

②路堤下部用透水性较差的土填筑时，与上部土层的接触面应做成 4% 的双向横坡，以保证上面透水性好的填土层及时排水。

③填筑上层时，除干旱地区外，不应覆盖在由透水性较好的土所填筑的路堤边坡上。

④沿公路纵向用不同的土质坡筑路堤时，为防止在相接处发生不均匀变形，应在交接处做成斜面，将透水性差的土填筑在斜面下方。

2.1.2 土质路堑开挖及其施工技术

土质路堑开挖是将路基范围内设计标高之上的土体挖除并运到其他地点的施工过程。开挖路堑会破坏土体原来的平衡状态，开挖时要保证边坡的稳定性，特别是对于深长路堑。路堑开挖应以加快施工进度、保证工程质量和施工安全为原则，综合考虑工程量大小、路堑深度与长度、开挖作业面情况、地形与地质情况、机械设备等因素，制定切实合理的开挖方式。根据路堑深度和纵向长度，开挖方式可分为横挖法、纵挖法和混合式开挖法。

1. 横挖法

横挖法是在横断面全宽范围内，从路堑的一端或两端，沿路线纵向向前开挖的方法，主要适用于短而浅的路堑，如图 2-1 所示。当路堑深度不大时，一次挖到设计标高的开挖方式称为单层横挖法，其高度即等于路堑设计深度，掘进时逐段成型、向前推进，由相反方向运土送出。单层掘进的高度受到人工操作安全及机械操作有效因素的限制，如果施工紧迫、路堑较深，为增加作业面，以便容纳较多的施工机械，可采用双层（多层）纵向掘进开挖，即上层在前，下层随后，各施工层面具有独立的出土通道和临时排水设施（通道）。双层或多层开挖增加了施工作业面，加快了施工进度，层高应视施工方便且能保证安全而定，一般为 1.5～2.0 m。若采用机械开挖，每层台阶高度可为 2～4 m。

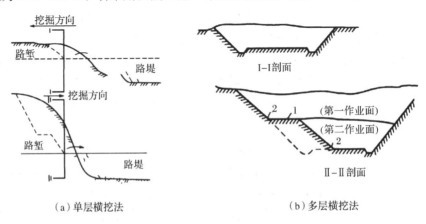

（a）单层横挖法　　　　　　　（b）多层横挖法

1—第一层运土道；2—临时排水沟。

图 2-1　横挖法示意

2. 纵挖法

纵挖法是先沿路堑纵向挖出通道，再分段向横向掘进的方法。此法工作面多，既可人工施工，又可机械施工，还可分层纵向开挖，即将路堑分为宽度和深度都合适的纵向层次向前掘进开挖。

纵挖法可分为分层纵挖法、通道纵挖法和分段挖掘法三种。

（1）分层纵挖法

分层纵挖法适宜于路堑宽度和深度均不大的情况，在路堑纵断面全宽范围内纵向分层挖掘，如图 2-2 所示。

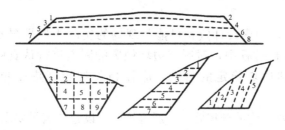

注：图中数字为挖掘顺序。

图 2-2　分层纵挖法

（2）通道纵挖法

通道纵挖法适宜于路堑较长、较宽、较深而两端地面坡度较小的情况。开挖时先沿纵向分层，然后每层挖出一条通道，最后开挖通道（用作机械运行和出土的线路）两旁。

（3）分段挖掘法

如果所开挖的路堑很长，可在一侧适当位置将路堑横向挖穿，把路堑分为几段，各段再采用纵向开挖的方式作业，这种挖掘路堑的方法称为分段挖掘法。这种挖掘方式可增加施工作业面，减少作业面之间的干扰并增加出土口，从而大大提高效率，适合山区深长路堑的开挖。

3. 混合式开挖法

混合式开挖法是将横挖法与纵挖法混合使用的方法，即先顺路堑开挖通道，然后沿横向坡面挖掘，以增加开挖坡面，每一开挖坡面应能容纳一个施工组或一台开挖机械。在土方量较大的挖土地段，还可沿横向再挖沟，然后安置传动设备或布置运土车辆。当路线纵向长度和深度都很大时，适合采用混合式开挖法，如图 2-3 所示。

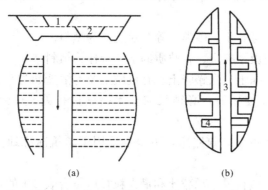

(a)　　　　　　　　　　(b)

1—第一次通道；2—第二次通道；3—纵向运土；4—横向运土。

图 2-3　混合式开挖法

4. 路堑开挖中需注意的问题

①在开挖路堑地段前，应制定弃土的施工方案，报有关单位批准后实施（该方案包括弃土方式、弃土位置、弃土坡脚加固方案、排水系统处理及施工计划安排等）。弃土方案改变时，应报批准单位复查。

②路堑开挖应自上而下进行，逐步进行，不得超挖滥挖。在不影响边坡稳定的情况下，可采用小型爆破以提高效率。

③在开挖过程中，对于已开挖的适宜种植植被或有其他用途的土，应合理利用，不应舍弃。路堑路床的表层土若不宜作路床用土，应用符合要求的土置换，然后按相关的要求进行压实。

④在边坡施工中，勘察设计资料可能与现场的实际土质情况不相符合，因此，施工人员应在填、挖进行过程中，对影响边坡稳定的因素进行认真的观察分析，如果发现设计坡度不能达到边坡稳定的目的，应按相关规定考虑变更设计，以确保边坡稳定。

⑤做好边沟与截水天沟的开挖施工。所有排截水设施应满足要求，达到排水顺畅的效果，不对路基造成影响。当挖方段有地下水层时，施工人员应根据现场情况，采取有效的排水措施。

2.1.3 填料选择和基底处理

1. 填料选择

对填筑路堤所用的填料要求很严格，如果填料使用不当，将会直接影响路堤强度和稳定性，例如使用淤泥或腐殖质含量较高的土填筑路堤，会导致路堤整段或局部变形，也可能因自重的原因产生滑坡，严重时将影响道路的使用。因此，为保证路堤的强度和稳定性，应选择强度高、稳定性好的土石作填料，如碎石、砾石、卵石、粗砂等透水性好的材料，它们不易被压缩、强度高、水稳性好，填筑时不受含水量的限制，分层压实后较易达到规定的施工质量。用透水性不良或不透水的土作路堤填料时，必须在最佳含水量状态下分层填筑并充分压实。另外，即使填土材料良好，但由于其所处状态不同，例如含水量不同，所表现出的结果也会有很大的差别。解决填土的含水量问题也是填筑路堤中一个很重要的步骤。根据《公路路基施工技术规范》（JTG/T 3610—2019），高速公路路堤填料应符合以下要求。

①宜选用级配好的砾类土、砂类土等粗粒土作为填料。

②含草皮、生活垃圾、树根、腐殖质的土严禁作为填料。

③泥炭土、淤泥、冻土、强膨胀土、有机质土及易溶盐超过允许含量的土等，不得直接用于填筑路基；确需使用时，必须采取技术措施进行处理，经检验满足要求后方可使用。

④粉质土不宜直接用于填筑路床，不得直接用于填筑冰冻地区的路床及浸水部分的路堤。

高速公路土质路基填料最小承载比和最大粒径应符合表 2-1 的规定。

表 2-1　高速公路土质路基填料最小承载比和最大粒径要求

填料应用部位（路面底面以下深度）/m				填料最小承载比/%	填料最大粒径/mm
填方路基	上路床		0～0.30	8	100
	下路床	轻、中及重交通	0.30～0.80	5	100
		特重、极重交通	0.30～1.20		100
	上路堤	轻、中及重交通	0.8～1.5	4	150
		特重、极重交通	1.2～1.9		150
	下路堤	轻、中及重交通	>1.5	3	150
		特重、极重交通	>1.9		150
零填及挖方路基	上路床		0～0.30	8	100
	下路床	轻、中及重交通	0.30～0.80	5	100
		特重、极重交通	0.30～1.20		100

注：1. 表列承载比是根据路基不同填筑部位压实标准的要求，按现行《公路土工试验规程》(JTG 3430—2020)试验方法规定浸水 96 h 确定的 CBR(California bearing ratio, 加州承载比)。

2. 表中上、下路堤填料最大粒径 150 mm 的规定不适用于填石路堤和土石路堤。

2. 基底处理

经过清理后的路堤所在原地面即为路堤基底，是天然土体的一部分。路堤是天然地基上人为构筑的土体，与原地面接触而呈结合状态。基底处理的好坏对路基质量有着重要的影响，为使路基的强度和整体稳定性得到保障，应根据基底的土质、水文、坡度、植被情况及路基高度等进行相应的处理。

①做好原天然地面的排水工作。临时排水设施排出的雨水不得流入农田、耕地，也不得在路基周围引起淤塞和冲刷路基；原地面容易积水的坑槽处应用土填平并按规定压实。

②当路堤基底的天然土体强度不符合要求时，应进行换填处理，对原天然土体至少应再挖深 30 cm，并对换填土分层找平压实。

③对于山坡路堤，当地面横坡坡度不大于 1∶5 且基底土质密实均匀时，可将路堤填土直接填在天然地面上；当地面横坡坡度大于 1∶5 时，应将原地面挖成台阶状并夯实，台阶宽度需大于 1 m。对于原地面横坡较陡的高等级公路半填半挖路基，必须在山坡上从填方坡脚向上挖成向内倾斜的台阶，台阶宽度需大于 1 m。

④矮路堤基底处理。对于填筑高度接近或等于路基工作区的矮路堤，为提高路基的强度和稳定性，应对矮路堤进行认真的处理，如伐树除根、清除杂草垃圾及不稳定的石块等。

2.1.4　路基压实施工技术

1. 路基压实的必要性

路基施工破坏土体的天然状态，致使结构松散。为使路基具有足够的强度与稳定性，必须予以碾压密实。碾压可以使土颗粒重新组合，彼此紧密，空隙减小，形成密实整体，使土的单位质量提高，从而使得强度增加，稳定性提高。此外土体的塑性变形、渗透系数、毛细水作用及隔温性能均有明显改善。所以，压实工作是保证路堤获得强度和稳定性的根本措施，是路堤施工的最重要工序之一。除土质路基外，对路堑路床及路堤基底均应进行压实，以提高其承载能力。

2. 影响压实效果的主要因素

影响路基压实效果的因素有内因和外因。内因主要是含水量和土的性质，外因主要是压实功能、压实机械、压实方法、碾压温度、碾压厚度和下层土体承载力等。

压实功能主要是指压实机械质量、碾压遍数等，是外因中影响压实效果的一个重要因素。对同一类土，随着压实功能的增加，最佳含水量降低，最大干密度增加。只有达到一定的压实功能，才能将土碾压密实。但当压实功能增大到一定程度后，最佳含水量和最大干密度的变化并不明显，因此只依靠增加压实功能无法经济有效地提高压实效果。

压实机械和压实方法的作用主要表现为碾压传布深度和碾压速度对压实效果的影响，显然采用压实质量大的压路机碾压或好的压实方法，能够获得较好的压实效果。

碾压温度对路基压实效果也有影响，温度升高可使被压土中的水黏滞度降低，从而在土粒间起润滑作用，易于压实。但气温过高时，又会由于水分蒸发太快而不利于压实，当温度低于 0 ℃时，因部分水结冰，产生的阻力更大，起润滑作用的水更少，因而也得不到理想的压实效果。

土体受压时，有效压实的深度近似地等于两倍的压模直径或两倍的压模与土接触表面的最小横向尺寸。超过这个范围，土受到的压力急剧变小并逐渐趋于零，可认为该深度的土体密实度没有变化。压实土层的厚度必须小于这个限值。

在填筑路堤时，若地基或下承层没有足够的强度，则路堤的第一层难以达到较高的压实度，即使采用重型压路机或增加碾压遍数，也收效甚微，因此，通常应采取相应措施进行处理。

3. 路基压实质量标准

路基压实的目的是通过提高土的密实度来提高土的强度和稳定性。密实度是指单位体积内土的固体颗粒排列的紧密程度，常以土的干密度来表示。但在路基施工过程中，土基的压实程度用压实度来表示，以此来检查和控制压实的质量。压实度是指土被压实后的干密度与该土的标准最大干密度之比，用百分率 K 表示。标准最大干密度是指按照标准击实试验法，土在最佳含水量时得到的干密度。土被压实后的干密度是指在施工条件下，通过对施工压实后的土样进行试验得到的干密度。由此可以看出，压实标准包括两个方面：一是确定采用标准干密度的方法；二是要求的压实度。压实度按式（2-1）计算。

$$K = \frac{\rho_d}{\rho_0} \times 100\%$$ （2-1）

式中，K 为压实度，%；ρ_d 为压实土的干密度，kg/m³；ρ_0 为压实土的标准最大干密度，kg/m³。

根据《公路路基施工技术规范》(JTG/T 3610—2019)，压实度检测应符合以下规定。

①用灌砂法、灌水(水袋)法检测压实度时，取土样的底面位置为每一压实层底部；用环刀法试验时，环刀中部处于压实层厚的 1/2 深度；用核子仪试验时，应根据其类型，按说明书要求处理。

②施工过程中，每一压实层均应检验压实度，检测频率为每 1 000 m² 至少检验 2 点，不足 1 000 m² 时检验 2 点，必要时可根据需要增加检验点。

根据《公路路基施工技术规范》(JTG/T 3610—2019)，高速公路土质路基压实度标准及施工质量标准见表 2-2 和表 2-3。

表 2-2　高速公路土质路基压实度标准

填筑部位(路面底面以下深度)/m				压实度/%
填方路基	上路床		0～0.30	≥96
	下路床	轻、中及重交通	0.30～0.80	≥96
		特重、极重交通	0.30～1.20	
	上路堤	轻、中及重交通	0.8～1.5	≥94
		特重、极重交通	1.2～1.9	
	下路堤	轻、中及重交通	＞1.5	≥93
		特重、极重交通	＞1.9	
零填及挖方路基	上路床		0～0.30	≥96
	下路床	轻、中及重交通	0.30～0.80	≥96
		特重、极重交通	0.30～1.20	

注：1. 表列压实度以现行《公路土工试验规程》(JTG 3430—2020)重型击实试验法为准。

2. 路堤采用特殊填料或处于特殊气候地区时，压实度标准在保证路基强度要求的前提下根据试验路段和当地工程经验确定。

3. 特殊干旱地区的压实度标准可降低 2～3 个百分点。

表 2-3　高速公路土质路堤施工质量标准

序号	检查项目	规定值或允许偏差	检查方法和频率
1	路基压实度	符合表 2-2 的规定	密度法：每 200 m 每压实层测 2 处
2	弯沉(0.01 mm)	满足设计要求	—
3	纵断高程	+10 mm，−15 mm	水准仪：每 200 m 测 2 点
4	中线偏位	50 mm	全站仪：每 200 m 测 2 点，弯道加 HY、YH2 点
5	宽度	不小于设计值	尺量：每 200 m 测 4 处
6	平整度	不大于 15 mm	3 m 直尺：每 200 m 测 2 处×5 尺
7	横坡	±0.3%	水准仪：每 200 m 测 2 个断面
8	边坡坡度	满足设计要求	每 200 m 测 4 点

2.1.5 桥涵台背处填土施工

桥涵台背处由于沉陷而导致跳车是公路中常见的一种病害，其原因主要有路基本身的压缩沉降，以及地基沉降。要解决桥涵台背处填料下沉问题，就必须采取正确的施工措施和适宜的施工方法。

1. 桥涵台背填土的施工与控制

桥涵台背路基填筑前，在原地基土拱上设置泄水管或盲沟。

在基底上，先对基底做必要的处理，然后填筑3%～4%的夯实黏土土拱，再在土拱上挖一条双向的地沟(宽40～60 cm，深30～50 cm)，然后在台背后全宽范围内满铺一层隔水材料，在地沟内四周铺设设有小孔的硬塑料泄水管(管径一般不小于10 cm，其上小孔孔径为5 mm，布成绢花形，间距控制在10 cm以内)。泄水管的出口应伸出路基外，然后在硬塑料管四周填筑透水性好、粒径较大的砂石材料，再分层填筑台背后透水性材料，直到路基顶面。

横向盲沟的设置与泄水管相同，取消泄水管，以渗水系数较大的透水性材料填筑地沟(如大粒径碎石)。用土工布包裹盲沟出口处，并对其做必要的处理。

2. 桥涵台背填筑材料的选择与施工

为保证桥涵台背处路基的稳定性，其填土除设计文件规定外，一般应选用内摩擦角较大的透水性材料，如岩渣、碎石，就能很好地减小路基的压缩沉降，也利于桥涵台背缝隙中渗入的雨水沿盲沟或泄水管顺利地排出路堤。

桥涵台背后填筑透水性材料应满足一定的长度、宽度和高度要求。透水性材料的填筑高度，从路堤顶面起向下计算，在冰冻地区一般不小于2.5 m，在无冰冻地区填至高水位处。台背与路基接壤处，为保证连接质量，一般路基留一斜坡，斜坡坡度不大于1∶1(也可用台阶形式连接)。

3. 桥涵台背填筑施工注意事项

①控制填料质量，填料的细粒料含量不宜过大。

②填筑前，应在土拱上设置泄水管或盲沟。

③桥涵台背填筑透水性材料前，桥涵的台前防护工程及桥梁上部结构均应完成。

④应严格按有关施工规范施工，控制每层填筑厚度(一般不超过20 cm，当采用小型夯具时，一级以上公路松铺厚度不超过15 cm)、碾压遍数(一般不少于10遍)，并对填筑质量实施检测。

2.2　石质路基施工

2.2.1　填料的规格及使用要求

填石料可根据石料的单轴饱和抗压强度参照表2-4进行分类。

表 2-4　岩石分类表

岩石类型	单轴饱和抗压强度/Mpa	代表性岩石
硬质岩石	60	花岗岩、闪长岩、玄武岩等岩浆岩类
中硬岩石	30～60	硅质、铁质胶结的砾岩及砂岩、石灰岩、白云岩等沉积岩类，片麻岩、石英岩、大理岩、板岩、片岩等变质岩类
软质岩石	5～30	凝灰岩等喷出岩类，泥砾岩、泥质砂岩、泥质页岩、泥岩等沉积岩类，云母片岩或千枚岩等变质岩类

硬质岩石、中硬岩石可用于路堤和路床填筑；软质岩石可用于路堤填筑，不得用于路床填筑；膨胀岩石、易溶性岩石和盐化岩石不得用于路基填筑。路基的浸水部位，应采用稳定性好、不易膨胀崩解的石料填筑。路堤填料粒径不应大于 500 mm，并不宜超过层厚的 2/3。路床底面以下 400 mm 范围内，填料最大粒径不得大于 150 mm，其中小于 5 mm 的细料含量不应小于 30%。

2.2.2　填石路堤的施工机械与施工方法

1. 填石路堤的施工机械

当选用的填料满足石料品质、抗压强度、粒径大小及使用要求之后，需要采用机械化施工方法，使填石路堤有足够的强度和稳定性，以满足行车荷载的重复作用和各种自然因素的长期影响。

石方填筑路基的主要施工机械设备为装、运、铺、压四类。挖装机械主要有挖掘机和装载机。运输设备主要有自卸汽车和拖拉机，就近距离运输采用推土机推运或装载机独自完成装、运、卸作业。摊铺整平设备主要有大中型推土机。压实设备主要有振动压路机、冲击压实机、起重机和夯锤等。

2. 填石路堤的施工方法

（1）分层压实法

分层压实法是普遍采用的一种施工方法。填筑时按照横断面全宽分成若干个水平层次，填筑一层，压实一层，逐层向上填筑。每一分层先采用机械摊铺主骨料，平整作业后铺撒嵌缝料，填石中的空隙以小石粒或石屑填满铺平，然后采用重型振动压路机碾压，压至填筑顶面石块稳定为止。路堤基底应在填筑前进行压实，压实度不应小于 85%。

（2）强力夯实法

强力夯实法（简称强夯法）具有机械设备简单、击实效果显著、施工速度快等优点。它是用起重机械吊起重 8～30 t 的夯锤从 6～30 m 高处自由落下，给石质填料和地基以强大的动力冲击，迫使岩土颗粒移位，提高填筑层密度和地基强度的有效施工方法。对强夯施工后的表层松动层，采用振动碾压法进行压实。强夯法从起夯面算起，有效加固深度可到表面以下 10 m 范围，用于夯实以粗骨料为主的填石路堤。施工中它不需要铺撒细粒料就能满足高速公路对路基密实度的要求。

（3）竖向填筑法

竖向填筑法（倾填法）是以路基一端按横断面的部分或全部高度自上而下倾卸石料，逐步推进填筑的方法。这种方式用于无法自下而上分层填筑的陡坡、断岩、泥沼地区，以及水中作业的填石路堤。

竖向填筑法主要用于施工特别困难的各级公路路堤下面部分，应限制在路基面以下1.5 m深度范围，若要铺设高级路面，须采取加固补强措施。

（4）冲击压实法

冲击压实法（简称冲击法）是用高振幅、低频率的冲击压实机所具有的三边形、四边形以及五边形"轮子"产生集中的冲击能量压实土石填料的方法。经过冲击压实的填石路堤，施工后就完成了绝大部分的工后沉降量。

冲击压实法既具有分层压实法连续性的优点，又具有强夯法压实厚度深的优点。冲击法有效压实深度1～1.5 m、压实影响深度5 m，比不上强夯法，但强夯法在周围有建筑物时使用受限。冲击压实法与分层压实法相比，填筑路基有效压实深度从0.5 m提高到1 m，有利于实现填石路堤机械化作业，提高填筑压实速度，保证填石压实质量。采用分层压实法施工的高等级公路和竖向填筑法施工的低等级道路，在填至路基设计标高以后，对路基面普遍用冲击压实机碾压5～10遍，会提高路基深度范围的压实质量。

2.2.3　填石路堤的质量控制及检验标准

1. 填石路基的压实质量控制

石方路基的填筑压实是直接关系到路基质量的重要指标，但对石方路基压实度的检测，目前还没有完备的检测手段和明确的检测指标，因而只能从以下几个方面进行要求。

（1）石料的强度和最大粒径的要求

石料的强度不小于15 MPa，填石路堤石料的最大粒径不宜超过层厚的2/3。粒径控制要注意在装车前、卸车后和初平中检查，发现不合格的大块石料，必须用机械或人工改小，最终使粒径达到要求。

（2）压实机具、压实程序及压实遍数的要求

根据石方填筑的特点，宜选用自重12 t、激振力为15 t以上的重型振动压路机，高速公路宜用50 t的振动压路机。压实程序：在需要平整的路基上，直线段由两边向中间，小半径曲线段由内侧向外侧，纵向进退式进行；横向接头处，振动压路机一般要重叠0.4～0.5 m，纵向重叠1.0～1.5 m，第一遍不应振动静压，然后先慢后快，由弱振至强振。一般要求压实遍数为8～10遍。

（3）分层厚度和平整度的要求

高等级公路松铺厚度不宜大于50 cm，其他等级公路不宜大于1.0 m。填石路基的压实受平整度的影响很大。突出的大颗粒石料易造成周围细料漏压，在摊铺和碾压过程，需要人工辅助破碎和整平，对漏压区及时补填细粒料，分纵横向交叉碾压。

（4）含水量的要求

填石碾压受含水量的影响不大，干燥季节在碾压层面洒水即可。如使用石料为70%以上的混合料填筑，由于还有30%以下的土料，则必须满足土的最佳含水量。当混合料中土的含水量适当高于最佳含水量时，由于土对石的滋润作用，可得到最佳压实效果。

2. 检测标准

填石路堤施工过程中的每一压实层都可用试验路段确定的工艺流程和工艺参数控制压实过程，用试验路段确定的沉降差指标检测压实质量。填石路堤成型后的外观质量标准为路堤表面无明显孔洞。大粒径石料不松动，铁锹挖动困难。边坡码砌紧贴、密实，无明显孔洞、松动，砌块间承接面向内倾斜，坡面平顺。

根据《公路路基施工技术规范》(JTG/T 3610—2019)，高速公路填石路堤压实质量标准见表 2-5。

表 2-5　高速公路填石路堤压实质量标准

分区	路床顶面以下深度/m	硬质石料孔隙率/%	中硬石料孔隙率/%	软质石料孔隙率/%
上路堤	0.80~1.50	≤23	≤22	≤20
下路堤	>1.5	≤25	≤24	≤22

高速公路填石路堤填筑至设计标高并整修完成后，其施工质量标准应符合表 2-6 的规定。

表 2-6　高速公路填石路堤施工质量标准

序号	检查项目		规定值或允许偏差	检查方法或频率
1	压实		孔隙率满足设计要求	密度法：每 200 m 每压实层测 1 处
			沉降差≤试验路段确定的沉降差	精密水准仪：每 50 m 测 1 个断面，每个断面测 5 点
2	纵断高程		+10 mm，−20 mm	水准仪：每 200 m 测 2 点
3	弯沉(0.01 mm)		满足设计要求	—
4	中线偏位		≤50 mm	全站仪：每 200 m 测 2 点，弯道加 HY、YH 两点
5	宽度		满足设计要求	尺量：每 200 m 测 4 处
6	平整度		≤20 mm	3 m 直尺：每 200 m 测 2 处×5 尺
7	横坡		±0.3%	水准仪：每 200 m 测 2 个断面
8	边坡	坡度	满足设计要求	尺量：每 200 m 测 4 点
		平顺度	满足设计要求	

2.2.4　石质路堑的开挖机械与开挖方式

1. 石质路堑的开挖机械

(1)松土器

①松土器的技术性能。

松土器是牵引式松土机的变型，由拖拉机或推土机、松土器和操纵机械三部分组成。

松土器通常采用固定架固定。其固定架连接形式如图 2-4 所示。

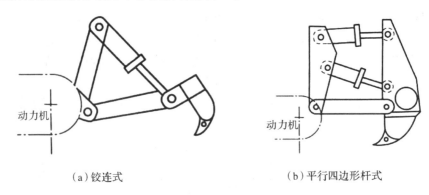

（a）铰连式 （b）平行四边形杆式

图 2-4　松土器固定架连接形式

②松土器的选用。

单齿松土器适用于松动较坚硬的厚层岩体，多齿松土器则适用于松动较破碎的岩体。松土器型号及松土间隔应根据岩石的强度、裂隙情况、推器劈裂试验来确定。当遇到较坚硬的岩石，松土器难以贯入、推土机无法发挥作用或推土机可能后部翘起时，则需要另一台推土机在松土器后面顶推。对于坚硬完整的岩石，可先进行适当的潜孔松动爆破，再进行松土作业。

（2）凿岩钻孔机械

凿岩钻孔机械是一系列机械，包括凿岩机、钻孔机及其辅助设备。它们都是在爆破作业中使用的钻凿炮孔的石方机械，分别用于不同直径炮孔的钻凿。

①凿岩机。

常见凿岩机有以下几种。

a. 风动凿岩机。由于采用压缩空气为动力，故能量利用率低，设备使用费用高。其特点是结构简单、质量轻、价格便宜、工作安全可靠、操作维修方便，因此适用于小型挖方作业。其适用于任何硬度的岩石。

b. 液压凿岩机。它是近几年发展起来的一种新型凿岩机，其特点是动力单一、动力消耗低、凿岩速度快、可以实现一人多机操纵，还可按工作条件调整性能参数，是一种效率较高的凿岩机。

c. 内燃凿岩机。它由汽油发电机、空压机、凿岩机组成，作业时污染严重，对人体有害，且结构复杂，一般仅用在缺乏电力或压缩空气的施工场地，而且不能进行工作量大的凿岩作业。

d. 电动凿岩机。与风动凿岩机相比，电动凿岩机结构更简单，能量利用率高，使用成本低，噪声和振动小，但其使用的可靠性、耐久性较差，目前应用尚不普遍。

②钻孔机。

钻孔机按碎岩方式不同，分为冲击钻机、潜孔钻机、牙轮钻机和回转钻机四种。

a. 冲击钻机。适用于砂砾石和硬度不大的岩石的钻孔作业，生产效率低，但由于其使用安全可靠，结构较为简单，故被普遍使用。

b. 潜孔钻机。它是一种回转式钻机，冲击器直接潜入孔底冲击钎头进行凿岩。该钻机具有较高的凿岩效率，适用于任何硬度的岩石钻孔作业。

c. 牙轮钻机。它因采用特殊的三牙轮钻头而得名。作业时钻头一方面向孔底施加较高的轴压，一方面旋转；牙轮既绕钻头轴线公转，又绕牙轮自身轴线自转，各个齿圈上的牙齿依次对孔底各点进行冲击，完成破岩过程。它具有较高的钻孔效率，适用于中硬以上岩石的钻孔作业，但整机较重，因此使用不灵活。

d. 回转钻机。它是通过钻头回转来切削岩石进行钻孔作业的一种钻机。只要钻头选择合适，就适用于几乎任何硬度的岩石。

2. 石质路堑的开挖方式

（1）爆破法

爆破法是利用炸药爆炸将岩石炸碎后再挖运或借助爆炸能量将土石直接移动到预定的位置，爆破后再用机械清理的方法。其具有速度快、节省人工、施工成本低等优点。对于岩质坚硬、无法用人工或机械开挖的石质路堑，通常采用爆破法开挖。

根据炸药用量的多少，爆破法分为中小型爆破和大型爆破。工程中经常使用的是中小型爆破。大型爆破的应用受多种因素的限制，必须通过充分论证后方可采用。爆破对周围环境有较大的影响，而且危险性较大，因此必须在专业人员的操作下按有关施工规定和安全规程作业，严格按计划实施，通常还需要进行试爆分析或计算机模拟分析来指导施工。

（2）松土法

松土法是先用推土机牵引松土器将岩体翻松，再用推土机、装载机与自卸汽车配合，将翻松的岩块搬运到指定的地点的方法。松土法开挖不但避免了爆破作业的危险，而且有利于挖方边坡的稳定和附近建筑设施的安全。凡能用松土法开挖的石方路堑，应尽量不采用爆破法施工。随着大功率施工机械的产生和使用，松土法越来越多地应用于石质路堑的开挖，而且开挖的效果越来越好，适用的施工范围也越来越广。

采用松土法开挖时，岩体需具有较大的破裂面或风化程度较严重。当岩体已裂成小石块或呈粒状时，松土法只能将岩体劈成沟槽，效率较低。沉积岩有沉积层面，比较容易松开，且沉积层越薄越容易松开；变质岩松开的难易程度与破裂面发育程度有关；岩浆岩较少采用松土法开挖。

（3）破碎法

破碎法是先利用破碎机凿碎岩块，然后进行挖运的方法，主要用于岩体裂缝较多、岩块体积小、抗压强度低于 100 MPa 的岩石。破碎法开挖效率不高，只能用于上述两种方法不能使用的局部场合，是上述两种开挖方法的辅助作业方式。破碎法破碎岩石的能力取决于活塞冲击能力的大小，也有直接采用专门的岩石破碎机进行岩石破碎的。

此外，还有一种用膨胀剂作破岩材料的"静态破碎法"，即先在岩石上钻好炮孔，然后在孔内装入破碎剂，利用药剂自身产生的膨胀力，缓慢地作用于孔壁，经过几个小时后可达到 300～500 MPa 的压力，使得岩石开裂。该法适用于在设备附近、高压线下，以及开挖与浇筑过渡段等特定条件下的开挖和切割岩石。该方法安全可靠，没有爆破所产生的危险和对周边的破坏，但是破碎效率低，开裂时间较长，破碎效果不易控制。

2.2.5　石质路基的爆破施工

1. 常用的爆破方法

开挖岩石路基常用的爆破方法一般可分为中小型爆破和大型爆破两大类。

（1）中小型爆破方法

①裸露药包法。裸露药包法是将药包置于被炸物体表面或经清理的岩缝中，药包表面用草皮或稀泥覆盖，然后进行爆破的方法，主要用于破碎大孤石或进行大块岩石的二次爆破，适用面较窄。

②炮眼法（钢钎炮）。在路基工程中，钢钎炮通常指的是炮眼直径和深度分别小于7 cm和5 cm的爆破方法。一般情况下，单独使用钢钎炮爆破石方是不太经济的，这是由于：a. 炮眼较浅直径不大，用药少，每次爆破的石方量不多，爆破后全靠人工清除，所以效率较低；b. 不利于爆破能量的利用，由于炮眼浅，爆破时爆炸气体很容易冲出，变成不做功的声波，以致响声大而炸下的石方不多，个别石块飞得很远。因此，在高速公路施工中，应尽可能少用这种炮型。

③深孔爆破法。深孔爆破是对于孔径大于75 mm、深度5 m以上、采用延长药包的一种爆破方法。炮孔需用大型的潜孔凿岩机或穿孔机钻孔，如用挖运机械清方可以实现石方施工全面机械化，是大量石方快速施工的发展方向之一。其优点是劳动生产率高，一次爆破的方量多，施工进度快，爆破时对路基边坡的影响比大炮小。若配合预裂或光面爆破，则边坡平整稳定，爆破效果容易控制，爆破时比较安全。但由于需要用大型机械，故转移工地、开辟场地、修筑便道等准备工作都较复杂，爆破后仍有10%～25%的大石块需进行第二次爆破。

进行深孔爆破时，要先将地面修成阶梯状，坡面倾角最好为60°～70°，高度宜为5～15 m，炮孔垂直孔向下，也可为斜向下，孔径以100～150 mm为宜；炮孔超钻深度 h 是梯段高度 H 的10%～15%，岩石坚硬者 h 取大值，如图2-5和图2-6所示。

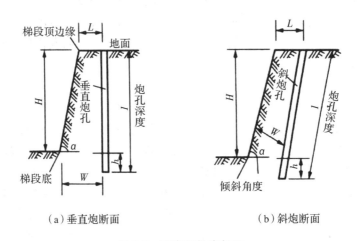

（a）垂直炮断面　　　　　　　　　　（b）斜炮断面

图 2-5　垂直和斜炮断面

注：图中字母解释详见下文公式变量解释。

有关计算如下。

垂直炮孔的深度计算见式(2-2)。

$$l = H + h \qquad (2\text{-}2)$$

斜炮孔的深度计算见式(2-3)。

$$l = (H + h)/\sin \alpha \qquad (2\text{-}3)$$

炮孔间距计算见式(2-4)。

$$a = mW \qquad (2\text{-}4)$$

底板抵抗线计算见式(2-5)。

$$W = D \sqrt{7.85 \rho \tau l / K' m H} \qquad (2\text{-}5)$$

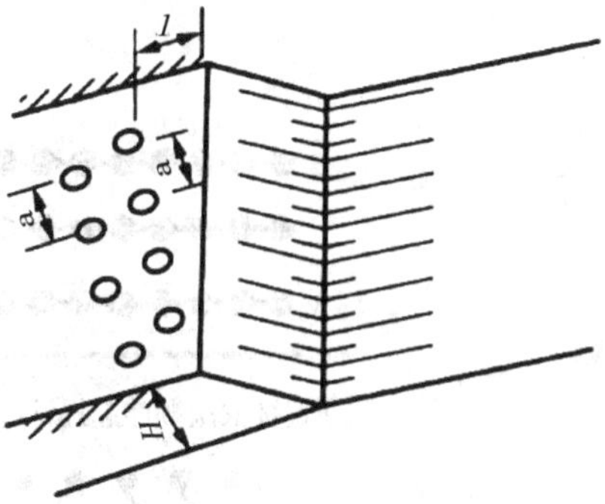

注：图中字母解释详见下文公式变量解释。

图 2-6　炮孔布置立面

式中，l 为炮孔深度，m；H 为爆破岩石的阶梯高度，m；h 为炮孔超钻深度，m；α 为阶梯坡面倾斜角；a 为炮孔间距；m 为药包邻接系数，为 $0.6 \sim 1.4$，一般取 $0.7 \sim 0.85$；D 为钻孔直径，mm；ρ 为炸药密度，kg/cm³；K' 为单位耗药量，为 $N/3$(kg/cm³)，其中 N 为爆破单位体积介质所需炸药用量，应根据岩石情况并结合经验计算确定；τ 为深孔装药系数，当 $H < 10$ m 时，$\tau = 0.6$；当 H 为 $10 \sim 15$ m 时，$\tau = 0.5$；当 H 为 $15 \sim 25$ m 时，$\tau = 0.4$。

W 值确定后，可按式(2-6)估算 L 值。

$$L = W - H \cot \alpha \qquad (2\text{-}6)$$

式中，L 为炮孔与梯段顶边缘的距离，为确保凿岩机作业的安全，此值应大于 2 m，否则需调整 W 值；其余符号意义同前。

④药壶法(烘膛炮)。药壶法指在深 2.5 m 以上的炮眼底部用少量炸药经一次或多次烘膛，使炮眼底部扩大成葫芦状，便于集中埋置炸药、提高爆破效果的一种炮型。这种方法每次可炸数十方至数百方岩石，是小炮中最省工、最省药的一种方法。它适用于结构均匀致密的硬土、次坚石、坚石。当炮眼深度小于 2.5 m、需爆破节理发达的薄层岩石或在渗水等情况下施工时，不宜采用。

选择炮位应与阶梯高度相适应，遇高阶梯时，宜用分层分排的群炮。一般以炮眼深度为 $5 \sim 7$ m、阶梯高度在 7 m 以下为宜。装药量可根据药壶体积而定，一般为 $10 \sim 60$ kg；为避免超爆，药壶距边坡应预留一定间隙。扩大药壶时应不致将附近岩层振垮。

⑤猫洞法(蛇穴炮)。猫洞炮指炮洞直径为 $0.2 \sim 0.5$ m，洞穴呈水平或略有倾斜(台眼)，深度小于 5 m，用集中药包在炮洞中进行爆破的一种方法。其特点是充分利用岩体本身的崩塌作用，能用较浅的炮眼爆破较高的岩体，一般爆破可炸松 $15 \sim 150$ m³ 岩体，适用于硬土、胶结良好的古河床、冰渍层、软石和节理发育的次坚石等。此种炮型对独岩和特大孤石的爆破效果更佳。

⑥微差爆破(毫秒爆破)。微差爆破是指相邻两个药包或前后排药包以数十毫秒的时间间隔(一般为 $15 \sim 75$ ms)依次起爆(见图 2-7)。前发药包为后发药包开创临空面，从而加强了对岩石的破碎作用，同时降低多排孔一次爆破的堆积高度，有利于碎石清理工作。由于是逐发或逐排依次爆破，减少了岩石夹制力，可节省 20% 的炸药，并可增大孔距，提高每米钻孔的炸落方量。多排孔微差爆破是浅孔爆破发展的方向。

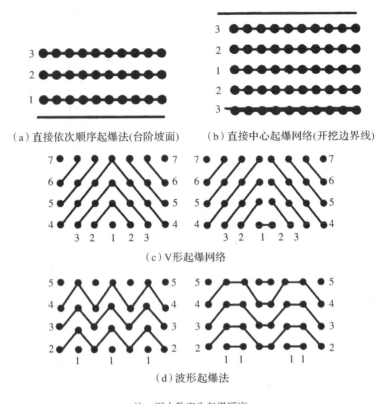

（a）直接依次顺序起爆法(台阶坡面)　　（b）直接中心起爆网络(开挖边界线)

（c）V形起爆网络

（d）波形起爆法

注：图中数字为起爆顺序。

图 2-7　微差爆破各种起爆法

⑦光面爆破。光面爆破是指在开挖限界的周边，适当排列一定间隔的炮孔，在有侧向临空面的条件下用控制抵抗线和药量的方法进行的爆破，爆破后可形成光滑平整的边坡。

⑧预裂爆破。预裂爆破在开挖界限处，按适当间隔排列炮孔，在没有侧向临空面和最小抵抗线的情况下，用控制药量的办法预先炸出一条裂缝，使拟爆破体与山体分开。裂缝作为隔振减振带，起保护和减弱开挖限界以外山体或建筑物的振动破坏作用。预裂爆破的起爆时间应在主炮起爆之前，光面爆破则在主炮起爆之后。

（2）大型爆破

大型爆破系采用导洞和药室装药，用药量在 1 000 kg 以上的爆破，如图 2-8 所示。大型爆破为洞室爆破，具有威力大、效率高、节约劳力等优点。但若使用不当，则会破坏山体的自然平衡，产生意外坍方，还可能在路基建成后遗留隐患，长时间影响路基的正常使用。在地质不良地段，如滑坡体、断层破碎带，以及周围有重要建筑物和人烟稠密的城镇附近等条件下不宜采用大型爆破。为了达到使路基设计断面内的岩体大量抛掷出、减少爆破后的清方工作量、保证路基稳

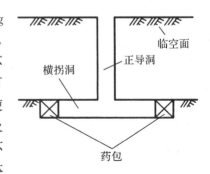

图 2-8　大型爆破导洞与药室示意

定性等目的，应根据施工地段的地形和地质条件，采用合适的爆破形式并进行爆破设计。大型爆破主要用于石方大量集中、地势险要或工期紧迫的路段。

2. 爆破施工方法的步骤

为了充分发挥各种爆破方法的特点，应因地制宜、利用地形地质等客观条件，在路基石方工程中充分发挥各种爆破方法的优势，综合采用多种爆破方法，组织炮群，有计划有步骤地爆破，达到爆破方量大、炸药用量少、路基边坡定的最佳效果。所以，道路爆破施工方案应按以下步骤进行(见图 2-9)。

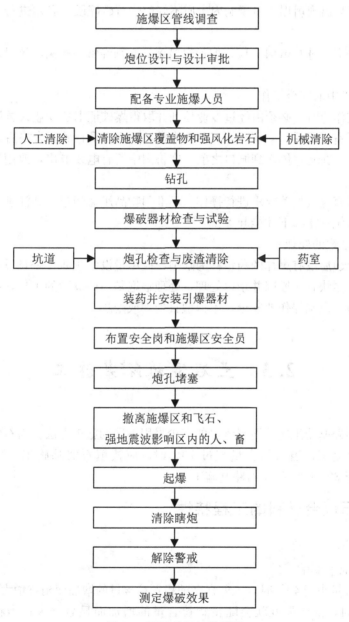

图 2-9 爆破法开挖的步骤

3. 爆破施工安全工作

必须贯彻执行"安全第一，预防为主"的方针，坚持"管生产必须管安全"的原则。

(1)爆破前安全准备工作

①严格遵守爆破操作规程，按照设计进行各道作业。作业人员必须做好安全防护。

②在洞口、转角及危险段设置栏杆；保证照明，洞内照明设备应采用12～36 V低压安全灯，严禁高压电灯或明火照明。

③开挖前洞口应处理危石，清理出一个平台，洞口顶部岩层的最小厚度为洞口高的两倍以上，否则容易出现坍塌。对于洞内土质不好或岩石破碎段，必须进行支撑和采取有效的加固措施。

④当导洞深度超过6 m时，应采取通风措施，必须经常检查洞内风量、气压和有害气体的含量。

(2)爆破施工中的安全工作

①进行爆破作业时，必须由经过专业培训并取得爆破证书的专业人员施爆。

②炮孔、洞室竣工后，必须经施工负责人员及监理人员检验，合格后方能装药。

③严禁烟火，在起爆体送到洞口之前，应将洞中所有电线取出，改用绝缘电筒或蓄电池灯照明。

④装药、堵塞应按相关要求进行操作，不准用物品压盖药包，并注意保护起爆线。必须在爆破负责人统一指挥下才能起爆。

(3)爆破后瞎炮的处理

通电(或点火)后没有爆炸的药包称为瞎炮，应尽量设法预防，一旦发生瞎炮，应立即设置警示标志，尽快查明原因并予以处理。处理瞎炮是一件危险的工作，必须在爆破负责人的指挥下进行，以确保作业安全，不得擅自处理或隐瞒。

2.3 土石混填路基施工

土石混合料路基施工应按石料含量的多少采用不同的施工方法。当石料含量小于30%时，按土质路基施工；当石料含量超过70%时，应按填石路基施工；当石料含量小于70%、土料大于30%时，按土石路基施工。

2.3.1 土石混合材料的工程特性

1. 剪切特性

(1)粗颗粒含量影响

当粗颗粒含量小于40%时，抗剪强度随粗颗粒含量的增加而稍有增大；当粗颗粒含量为40%～70%时，抗剪强度就会随粗颗粒含量的增加而显著增大；当粗颗粒含量大于70%时，因细粒无法填满粗料的空隙，存在粗颗粒间被架空的情况，这时主要靠粗颗粒之间的摩擦力和嵌锁结合力，因此强度不会再继续增加，反而有可能减少。

（2）压实干密度影响

抗剪强度随压实干密度的增加而增加，压实干密度越大，颗粒之间的嵌挤锁结力就越强。当压实干密度增大及颗粒之间的孔隙减小时，颗粒就接触紧密，摩擦力也随干密度的增加而提高，可见土石混合料作路堤填料时，压实干密度是提高剪切强度的重要因素。

（3）含水量的影响

因水分在细料与粗料表面形成一层润滑剂，含水量增加，那么水膜增厚，黏聚力随之降低，颗粒间摩擦力下降，故抗剪强度随含水量的增加而降低。

（4）细颗粒含量影响

当细颗粒量增多、粗颗粒减少时，填于粗颗粒间的细颗粒增多，则粗颗粒间接触面积减少，摩擦力和嵌挤锁结力降低，抗剪强度随细颗粒含量的增加而降低。

2. 压缩特性

随着粗颗粒含量的增加，混合土压缩模量亦增大，则孔隙比及单位沉降量减小。当粗颗粒含量达 70% 时，压缩模量最大，孔隙比、单位沉降量最小。这说明在该粗颗粒含量下，混合土孔隙率最小；当粗颗粒含量超过 70% 时，压缩模量逐渐下降，孔隙比、单位沉降量则缓慢上升。可见混合土属于低压缩性土，稳定性较好，且稳定较快。

3. 渗透性

土的渗透性和路基水稳定性密切相关。混合土的渗透性（渗透系数）随粗颗粒含量的不同而不同，详见表 2-7。

表 2-7 混合土的渗透系数参考表

粗颗粒含量/%	渗透系数/(cm·s^{-1})
0	1.17×10^{-5}
20	1.86×10^{-5}
30	2.67×10^{-5}
40	6.67×10^{-5}
50	3.34×10^{-4}
70	8.14×10^{-3}

4. 压实特性

混合土的压实特性与颗粒含量和级配有关。级配良好、粗颗粒含量为 40%～70% 的砾石类土是路堤填筑的最佳材料。这类混合土水稳定性好、力学性能优良、承载力大、沉降量小。对于粗颗粒含量小于 40% 的混合土，其因细颗粒含量多，碾压时应严格控制含水量，是中低压缩性材料。对于粗颗粒含量大于 70% 的混合土，它已属于填石类，应按填石工艺施工。

根据室内颗粒组成筛析试验得出的平均值结果，可以把混合土填料分为两种结构类型。

(1)空隙型

土石混合料中粒径大于 38 mm 的颗粒含量大于 50%，且通过 5 mm 筛孔的含量较少，压实后不能填满空隙。

(2)密实型

土石混合料中粒径大于 38 mm 的颗粒含量为 30%～50%，且通过 5 mm 筛孔的含量较多，压实后可填满空隙。

两种类型混合土的压实试验结果：密实型的压实特性优于空隙型，即在相同的压实遍数下，密实型的强度高于空隙型。空隙型若要得到和密实型同样的效果，需要较多的压实功。

不论何种土石混合料，尽管其成分、风化程度、级配组成不同，但是都可以将它视作土的作用，不过这类土是由粗粒和细粒组成的，其工程特性就取决于粗、细料的比例。

2.3.2 土石混填路基施工方法

(1)平坦地段的路堤填筑

在平坦地段填筑路堤，首先对天然地面进行清理，符合要求后进行摊铺。在每层摊铺时，都需要对松铺厚度、平整度和含水量进行检查，符合要求后，才能进行碾压。尽量在下层采用强度较大的混合土铺筑，在上层采用强度较小的混合土铺筑。

(2)山坡路堤的填筑

山坡路堤应由最低处分层填起，逐层压实。当自然地面的坡度小于 1∶5 时，若基底强度符合要求，则在天然地面清理后，将填料直接在自然地面分层铺筑。当自然地面的坡度大于 1∶5 时，原地面应挖成台阶状，台阶宽度不小于 1 m，台阶的高度要根据压实设备压实一层的厚度而定，一般来说，采用小型夯实机械压实，厚度在 15 cm 左右，台阶高度则为 30 cm 或 40 cm 左右，逐层台阶填完后，就可按一般的填土进行。当填筑地段处于两个施工区接头位置时，在两段接头处都应按 1∶1 坡度分层留台阶，连接两个施工区。

(3)水田地段的路堤填筑

水田地段施工一般在秋后季节进行。首先在用地范围内两侧筑埝排水，使地表无水干润，然后挖去表层腐殖土。如果含水量接近最佳含水量，即可碾压密实，在其上填筑土石混合料，分层压实；如果湿土较厚，则应换填含石量较高的土石混合料，然后按照铺筑厚度分层摊铺，碾压密实。

(4)高填路堤施工

一般来说，在山谷、洼地、冲沟地带，填土高度常超过 20 m 的路堤为高填路堤。在这些地段上填筑土石路堤，应从最低处分层向上填筑，不能从高处倾卸填料，需要防止粗细料分离。对于高填路堤，尽管已检测到压实度满足要求，但土内仍会残留有一定的空气，施工后会进一步沉降，因此需要超填一部分，保证施工结束后能维持原设计标高。

2.3.3 土石混填路基的压实与检测

1. 土石混填路基的压实

影响压实特性的主要因素有颗粒级配、含水量和压实方法。当混合土中的粗颗粒含量在 40% 以下时，采用细粒土压实方法；当粗颗粒含量在 40%～70% 时，混合土填料必须用振动压路机压实，只有振动时的冲击波才能强制颗粒重新排列，减少土内孔隙，使土得到充分压实；当粗颗粒含量大于 70％时，可按填石工艺碾压，用重型振动压路机或 25 t 以上的轮胎压路机压实。

各种压路机械开始行进时宜用慢速，最大速度不宜超过 4 km/h。当压路机的行驶速度加倍时，碾压遍数也要加倍；但压路机的速度也不能太慢，太慢了影响施工效率，增加工期。一般速度在 2～6 km/h 范围内比较合适。

2. 土石混填路基的检测

土石路堤既有土的性质又有石的性质，因此土石路堤的压实度标准可采用灌砂法或水袋法检验，并应符合填土路堤的压实要求。

当采用灌砂法或水袋法检验有困难时，可采用填石路堤的方法进行检验，即通过 12 t 以上振动压路机进行压实试验，当压实层顶面稳定不再下沉(无轮迹)时，可认为路基是密实状态。

如果采用多种填料混合填筑，那么应从试坑挖取的试样中计算各种填料的比例，利用混合料中几种填料的标准干密度曲线查得各自的标准干密度，再用加权平均的计算方法计算出所挖试坑的标准干密度。

第3章 高速公路路面施工技术

3.1 路面基层(底基层)施工

在路面结构中,直接位于路面面层之下的主要承重层称为基层。铺筑在基层下的次要承重层称为底基层。基层承受由面层传递的行车荷载的垂直应力,抵御自然因素的影响,是构成路面整体结构的主要组成部分。

3.1.1 概述

1. 基层、垫层的含义

(1)基层

基层是面层的下卧层,主要承受由面层传来的车辆载荷的垂直力,并将其扩散到下面的垫层和土基中。它是路面结构中的承重层,应具有足够的刚度和强度。虽然位于面层之下,但是仍有可能受到地下水和渗入雨水的侵蚀,所以应具有足够的水稳性、冰冻稳定性,以及足够的抗冲刷能力。

(2)垫层

垫层介于土基与基层之间,它的功能是改善土基的湿度和温度状况,以保证面层和基层的强度、刚度、稳定性不受土基水温状况变化的影响;将基层传下的车辆荷载应力加以扩散,以减小土基的应力和变形。

2. 路面基层的分类

(1)有结合料的稳定类

有结合料的稳定类包括有机结合料稳定类和无机结合料稳定类。有机结合料稳定类包括热拌沥青碎石、沥青贯入碎石等。无机结合料稳定类主要包括水泥稳定类、石灰稳定类、综合稳定类。

(2)无结合料的粒料类

嵌锁型:泥结碎石、泥灰结碎石、填隙碎石等。

级配型:级配碎石、级配砾石、符合级配的天然砂砾、部分经轧制掺配而成的级配砾石、碎石等。

3.1.2 半刚性基层施工

1. 半刚性材料的概念和特点

半刚性路面基层是指在路面基层材料中掺入一定比例的石灰、水泥、粉煤灰或其他工业废渣等结合料，加水拌和形成的混合料，经摊铺压实及养护后形成的路面基层。与传统的全柔性路面基层(级配碎石、级配砾石、填隙碎石等)相比，半刚性路面基层具有较高的强度、刚度，以及良好的水稳性和一定的抗冻性，大大提高了路面的承载能力。

20世纪中叶以来，半刚性路面基层在国内外被广泛应用，特别是理化、力学性能优越的水泥稳定粒料与石灰、粉煤灰稳定粒料(通常称为二灰稳定粒料)，被广泛用作高等级道路路面的基层与底基层。因其强度大、承载能力高，适应较薄的沥青面层，可适当减薄沥青面层的厚度，故具有较大的现实意义与经济价值。半刚性基层材料以其强度高、原材料来源广、修建成本低等优势成为我国高速公路建设中的主导路面基层类型。

但是半刚性基层材料结构单一，致使所设计的基层抗裂、抗冲刷能力不足，降低了其应用效果。

2. 半刚性基层施工工艺

(1)路拌法施工(以石灰稳定土材料为例)

路拌法施工工艺流程如图3-1所示。

①准备下承层。

当石灰稳定土用作基层时，要准备底基层；当石灰稳定土用作底基层时，要准备土基。对于土基，必须用12～15 t三轮压路机或等效的碾压机械进行碾压检验。

在碾压过程中，如发现土过干、表层松散，应适当洒水；如土过湿，发生"弹簧"现象，应采用挖开晾晒换土、掺石灰或水泥等措施进行处理；在槽式断面的路段，两侧路肩上每隔一定距离(如5～10 cm)应交错开挖泄水沟或盲沟。

②施工放样。

在底基层、老路面或土基上恢复中线；直线段每15～20 m设一桩，平曲线段每10～15 m设一桩，并在两侧路肩边缘外设指示桩；进行水平测量；在两侧指示桩上用明显标记标出水泥稳定土层边缘的设计高。

③备料。

根据石灰稳定土层的宽度、厚度及最大干密度，计算出需要干燥土的数量；再根据土的含水

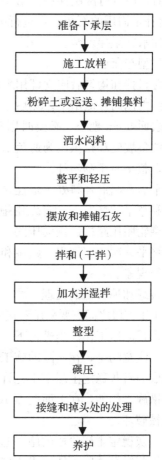

图 3-1 石灰稳定土路拌法施工工艺流程

量和所用运料车辆的吨位，计算每车料的堆放距离和每平方米需要的石灰用量，确定石灰摆放的纵横间距。

按照松铺厚度将土摊铺均匀一致，有利于机械化施工；铺土后，先用推土机大致推平，然后用平地机整平，清余补缺，保证厚度一致，表面平整。

④洒水闷料。

如果已经整平的土含水量过低，那么需要在土层上洒水闷料；需要注意的是，洒水要均匀，杜绝出现局部水分过多的现象，严禁洒水车在洒水段内停留和掉头。

⑤摆放和摊铺石灰。

按计算所得的每车石灰的纵横间距，用石灰在土层上做标记，同时划出摊铺石灰的边线；用刮板将石灰均匀摊开，石灰摊铺完后，表面应没有空白位置。测量石灰的松铺厚度，根据石灰的含水量等，校核石灰用量是否合适。

⑥拌和。

对于二级及二级以上公路，使用生石灰粉时，宜先用平地机或多铧犁将石灰翻到土层中间，但不能翻到底部；使用石灰稳定级配碎石或沙砾时，应先将石灰和需添加的黏性土拌和均匀，然后均匀地摊铺在级配碎石或沙砾层上，再进行拌和；用石灰稳定塑性指数大的黏土时，应进行两次拌和。第一次加 70%～100% 预定剂量的石灰进行拌和，闷放 1～2 d，此后补足需用的石灰，再进行第二次拌和。

⑦加水并湿拌。略。

⑧整型与碾压。

混合料拌和均匀后应立即用平地机初平。一般在直线段，由两侧向路中心刮平；在曲线段，由内侧向外侧刮平。然后用压路机、拖拉机或平地机快速碾压。不平整的地方，用齿耙把表面 5 cm 耙松，必要时用新拌的混合料找平，再进行碾压。每次整平碾压，均需按要求调整坡度和路拱。为避免出现薄层贴补，在总厚度满足要求的情况下，摊铺时宜宁高勿低，整平时宁刮勿补。

整平后，当混合料处于最佳含水量时进行碾压。如表面水分不足，应适当洒水。在人工摊铺和整平的情况下，应先用拖拉机、6～8 t 两轮压路机或轮胎轧路机碾压 1～2 遍，再用重型轮胎压路机、振动压路机或 12 t 以上的三轮压路机进行碾压。碾压结束之前，用平地机终平一次，使高程、路拱和超高符合设计要求，局部低洼之处不得找补，以免出现薄层贴补现象。

⑨接缝和掉头处的处理。

两个工作段之间需要采用对接的形式进行搭接。在上一部分拌和之后，留下 5～8 m 的距离不进行碾压工作。当进行下一路段的施工时，再与上一段没有碾压的部分共同进行拌和。需要注意的是，在实际的施工过程中，由于工作需要，拌和机械常常需要掉头，但是在已压成的石灰稳定土层上不允许拌和机械掉头。其他拌和机械的掉头位置需要采取必要的保护措施，例如，在上面覆盖 10 cm 左右厚的沙或者沙砾等，使得石灰稳定土层的表面不被机械破坏。

在石灰稳定土层阶段的施工过程中，需要避免纵向接缝的出现，如果必须分两幅施工，纵缝与纵缝之间不能够出现斜接的情况。

⑩养护。略。

（2）厂拌法施工（以水泥稳定土材料为例）

厂拌法施工工艺流程如图 3-2 所示。

①准备工作。

向驻施工现场监理单位报送"基层开工报告单"，经同意后方可进行基层施工；土基、垫层、底层及其中埋设的各种沟、管等隐蔽构造物，必须经过自检合格，报请驻场监理单位检验，经过签字认可后，方可铺筑其上面的基层；各种材料进场前，应检查其规格和品质，不符合技术要求的不得进场；材料进场时，应检查其数量，并按施工平面图堆放，而且还应按规定项目对其抽样检查，其抽样检查结果报驻场监理单位；水泥稳定土基层施工前应铺筑试验段。

②施工放样。

恢复中心线，每 10 m 设标桩，桩上标出基层设计高度和基层松铺的厚度。松铺厚度计算见式（3-1）。

$$松铺厚度＝压实厚度×松铺系数 \qquad (3-1)$$

中心线两侧按照路面设计图设计标桩，在标桩上标出基层设计高度和基层松铺厚度，这样做的目的是使基层的高度、厚度和平整度达到标准值。

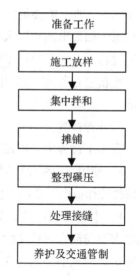

图 3-2　水泥稳定土厂拌法施工工艺流程

③集中拌和与摊铺。

拌和时应按混合料配合比要求准确配料，使集料级配、结合料剂量等符合设计标准，并根据原材料实际含水量及时调整加水量。水泥稳定土混合料的含水量比最佳含水量大 1～2 个百分点，这样可获得较好的压实效果。

拌和好的水泥稳定类混合料应尽快运到施工现场摊铺并碾压成型，以免因时间过长而使混合料强度损失过大。运输混合料的距离较长时，应用篷布等覆盖混合料以免水分损失过大。

需要注意的是，对于高速公路，应采用专用稳定土拌和机进行拌和，并设专人跟随拌和机，随时检查拌和深度并配合拌和机操作员调整拌和深度。拌和深度应达稳定层底，以利于上下层黏结。严禁在拌和层底部留有素土夹层。

④整型碾压。

在整型施工过程中，平土机是最受欢迎的施工机械之一。除了使用机械之外，还可以直接人工整型。

但需要注意的是，高速公路施工作业一般都使用机械进行整平。在初步整平的阶段，使用轻型的机械快速碾压路面，进而将潜在不平整的位置暴露出来，再进行整平工作也就更加方便了。

一般情况下，整型要进行 1～2 次；路面局部地区可能会出现低洼现象，那么需要使用齿耙把低洼路面表层 5 cm 耙松，再使用新拌的混合料进行找补、整平；在整型工序进行过程中，路面不能够有任何车辆通过；在整型工作完成以后，使用大于 12 t 的三轮压路机、重型轮胎压路机或振动压路机碾压。

在碾压过程中，碾压的速度应该适中，采用由低处向高处、由近处向远处的方式进行碾压作业，直至需要的压实度位置。施工时，基层表面不能过于干燥，需要始终保持潮湿的状态，如果出现表层水蒸气蒸发过快的现象，那么需要施工人员及时补洒少量的水。在碾压过程中，如果出现了"弹簧""松散""起皮"等现象，施工人员要及时将这样的路面翻开，重新进行拌和，或者采用其他有效的方式解决这一问题，使路面的质量达到使用标准。

⑤处理接缝。

在施工过程中，应该尽量避免出现纵向接缝。本节主要讲述横向接缝的处理方式。

a. 使用摊铺机摊铺混合料。混合料摊铺是持续的过程，不能被中断，如果有特殊情况造成摊铺作业中断 2 h 以上，再施工时应该设置横向接缝，并且摊铺机要远离混合料的末端。

b. 末端的混合料需要进行人工整平。在混合料的边缘放置两根方形的木棍，方木的高度需要与混合料压实的厚度相等，将方木附近的混合料整平；方木的另一侧用砂砾或碎石回填，回填的距离为 3 m 左右，并且回填的高度应该高于方木几厘米；在重新进行摊铺工作之前，不仅要把方木、沙砾或者碎石全部清理干净，也需要彻底清扫下承层；此时将摊铺机放置到已压实层的尾部，重新进行混合料的摊铺工作。

c. 如果摊铺工作因为某种原因中断，并且摊铺工作被中断的时间超过了 2 h，也没有按照上述方式设置横向接缝。此时再进行摊铺工作时，需要把摊铺机附近以及机械底部没有完全被压实的混合料清理掉，并将已碾压密实且高程和平整度符合要求的末端挖成一横向垂直向下的断面，这一工作完成之后，才可以进行后续的摊铺工作。

⑥养护及交通管制。

养护期应采取洒水保湿措施，在铺筑上层之前，至少养护 7 d。养护方法根据情况可采用洒水、覆盖沙等。未采用覆盖措施时，应封闭交通。当采用覆盖沙等养护措施且不能封闭交通时，应限制车速不得超过 30 km/h。养护期结束时，应立即施工上层，以免产生收缩裂缝；或先铺封层，开放交通，待基层充分开裂后，再施工上层，以减少反射裂缝。

3.1.3 粒料类基层施工

1. 级配碎(砾)石基层施工

级配碎(砾)石基层施工通常使用路拌法施工，施工过程如下。

(1)准备下承层

级配碎石路拌法施工的下承层表面应保持平整，平整度和压实度应符合规范规定。需要注意的是，下承层断面不宜做成槽式。

(2)测量放样

应该按照规范的具体规定逐个断面检查下承层的标高。

(3)备料

计算材料用量。根据各路段的基层或底层的宽度、厚度及规定的压实度，按确定的配合比，分别计算各段需要的未筛分碎石和石屑的数量或不同粒级碎石和石屑的数量，并计算每车料的堆放距离。未筛分碎石的含水量宜较最佳含水量大 1% 左右。

(4)运输与摊铺

集料装车时,应使每车料的数量基本相等。在同一料场供料的路段内,宜由远到近卸置集料。应严格掌握卸料距离,避免料不够或过多。未筛分碎石和石屑分别运送时,应先运送碎石。

应事先通过试验确定集料的松铺系数和松铺厚度。人工摊铺混合料时,其松铺系数为1.40~1.50;平地机摊铺混合料时,其松铺系数为1.25~1.35。用平地机或其他合适的机具将集料均匀地摊铺在预定的宽度上,表面应力求平整,并具有规定的路拱。同时,应摊铺路肩用料。

(5)拌和及成型

施工时根据拟定的混合料配合比、基层宽度与厚度等计算确定各规格集料的用量,以先粗后细的顺序将集料分层平铺在下承层上,然后人工或用平地机进行摊平;级配碎(砾)石混合料可用稳定土拌和机、自动平地机与缺口圆盘耙相配合拌和,拌和应均匀,避免出现集料离析现象,确保级配碎(砾)石基层具有良好的整体强度。应边拌和边洒水,使混合料达到最佳含水量。表面整理成规定的路拱横坡,随后用拖拉机、平地机或轮胎压路机在初平的混合料上快速碾压1~2遍,使潜在的不平整部位暴露出来,再用平地机整平。

(6)碾压

整型后,当混合料的含水量等于或略大于最佳含水量时,使用压路机进行碾压。在直线和不设超高的平曲线段,由两侧路肩开始向路中心碾压;在设超高的平曲线段,由内侧路肩向外侧路肩进行碾压。

碾压时,后轮应重叠1/2轮宽;后轮必须超过两段的接缝处。后轮压完路面全宽时,即为一遍,碾压一直进行到密实度符合要求为止。一般需碾压6~8遍,应使表面无明显轮迹。压路机的碾压速度,头两遍以1.5~1.7 km/h为宜,之后为2.0~2.5 km/h。路面的两侧应多压2~3遍。严禁压路机在已完成或正在碾压的路段上掉头或急刹车。凡含土的级配碎石层,都应进行滚浆碾压,一直压到碎石层中无多余细土泛到表面为止,滚到表面的浆(或事后变干的薄土层)应清除干净。

(7)接缝处理

位于两个作业段之间衔接处的横缝,需要进行搭接拌和;在施工过程中,应该尽量避免纵缝的出现,如果实在难以避免,那么纵缝也需要进行搭接拌和。

2. 填隙碎石基层施工

填隙碎石基层施工的顺序为准备下承层→施工放样→运输和摊铺粗骨料→稳压→洒布石屑→振动压实→第二次洒布石屑→振动压实→局部补撒石屑并扫匀→振动压实、填满空隙、洒水→碾压。其中,运输和摊铺粗骨料以及振动压实是确保施工质量的两个关键步骤。

填隙碎石施工时,细集料应干燥;采用振动压路机充分碾压,尽量使粗碎石骨料的空隙被细集料填充密实,而填隙料又不覆盖粗碎石表面。

填隙碎石的压实度用固体体积率来表示,用作基层时,不应小于83%;用作底基层时,不应小于85%。填隙碎石基层碾压完毕,铺封层前禁止开放交通。

3.2　沥青路面施工

　　沥青路面是指在矿质材料中掺入路用沥青材料铺筑的各种类型的路面。沥青结合料提高了铺路用粒料抵抗行车和自然因素对路面损害的能力，使路面平整少尘、不透水、经久耐用。因此，沥青路面是道路建设中一种被广泛采用的高级路面。

3.2.1　概述

1. 沥青路面类型

　　沥青路面按施工方法、技术品质、使用特点分为沥青混凝土路面、厂拌沥青碎石路面、沥青贯入式路面、路拌沥青碎(砾)石混合料路面、沥青表面处置路面和彩色沥青混凝土路面。

2. 优点与缺点

　　(1)沥青混凝土路面

　　沥青混凝土路面即由适当比例的各种不同大小颗粒的集料、矿粉和沥青，加热到一定温度后拌和，经摊铺压实而成的路面面层。

　　①碾压式。沥青混凝土混合料多用热拌热铺法制备，其路用性质比较好，故对制备工艺和原材料要求也较高，大多采用集中厂拌法。较普遍的沥青混凝土混合料为碾压式，即混合料需经重型机械压实后才能成型，故有的国家称它为碾压式地沥青。成型以后，路面平整、密实、少尘，有一定粗糙性，因此有较好的行车舒适性和外观，以及较好的耐老化性、耐磨性、温度稳定性和抗行车损坏的能力，且寿命一般较长(当采用石油沥青作结合料时，大修年限常在15年以上)。

　　②冷铺式。沥青混凝土热拌冷铺，有的国家也称为冷地沥青，常用于养护小修或需远距离输送混合料的工程，所用沥青厚度比热拌热铺沥青薄，用量亦较少，以求在常温时有适当的松散度和黏性，但其使用寿命不及热拌热铺者。

　　③摊铺式。热拌热铺的沥青混凝土混合料可以不用重型机械压实即能成型，常称作摊铺地沥青。为了使摊铺地沥青混合料在摊铺时有适当流动性，能通过轻度的捣实等即可密实，混合料中要求有较多沥青和矿粉的混合物，即沥青胶泥，其强度主要依靠沥青胶泥的黏结力。因集料颗粒面已被较厚的胶泥所隔开，其锁结力和内摩阻力已减低，所以摊铺地沥青较少用于车行道。

　　(2)厂拌沥青碎石路面

　　其也称黑色碎石路面或开级配沥青混凝土路面。其加工工艺和铺筑工艺接近沥青混凝土路面，但其孔隙较大(两者的分界线并不严格，中国以孔隙率10%为分界)。沥青碎石混合料可以热拌热铺，也可热拌冷铺。但热铺质量较好，使用较普遍。集料的颗粒有同颗粒及有级配之分，多采用有级配者。和沥青混凝土相比，沥青碎石的细集料和矿粉的含量较少，粗集料的含量较大，沥青含量相应也较少。沥青碎石混合料的热稳定性主要依靠集料颗粒间的锁结力，故其沥青用量、稠度、混合料的配合比和集料级配的变动范围比沥青混凝土大，且仍能保持其热稳定性。但因多孔之故，路面容易渗水和老化，故沥青碎石常用于面层的下层、联结层、整平层和基层。当沥青碎石被铺于路面的上层时，须加沥青封层或嵌撒细粒沥青混合料，但也有把它铺在密实的沥青面层之上，作透水的防滑层用的。沥青碎石路面的使用寿命一般短于沥青混凝土路面，但其工程造价常较低廉。

（3）沥青贯入式路面

沥青贯入式路面是浇洒成型的一类沥青路面，即把沥青浇洒在铺好的主层集料上，再分层洒布嵌缝石屑和浇洒沥青，分层压实，形成一个较致密的沥青结构层。浇洒施工的优点是设备简单，运料方便；缺点是施工受气候的影响较大，而且最终成型需要一定时间，成型后的路面不如厂拌沥青混合料路面平整和美观，成型期又多浮动灰砂，并可能泛油。为了克服这一缺点，可把最后一层浇洒沥青和洒布石屑改为铺筑预拌细粒沥青混合料，以加速成型和减少浮动灰尘，并有利于表面排水。贯入式路面的热稳定性主要依靠粗集料间的锁结力，故其对沥青用量和沥青稠度的要求也没有沥青混凝土路面得那样高，其路用性质和适用层位与沥青碎石路面相接近。沥青贯入式路面可热法施工，也可冷法施工。热法施工时用加热的黏稠沥青浇在冷集料上，路面成型较快。冷法施工时用乳化沥青冷浇，但需待乳化沥青的油水分离、水分蒸发后才能初步成型。贯入式用的集料颗粒宜为同粒径集料，以便沥青能充分渗入主层，并使嵌缝层厚度均匀。主层集料的最大粒径应接近面层厚度或为面层厚度的 70%～80%。集料应洁净无灰，表面干燥。

（4）路拌沥青碎石混合料路面

路拌法是堆料于路床上，浇洒适量沥青，然后用机械或人工拌匀，并铺平压实的方法。在路床上的集料无法加热，因此需要采用稠度较稀的沥青乳液或液体沥青作结合料，拌和时，不常加热乳化沥青，对于液体沥青，闪点高者可以加热。气候潮湿时，还需要在沥青中加入抗剥落剂或在混合料中掺入水泥、石灰等，以增加潮湿集料与沥青的黏着力。路拌沥青混合料因受各种条件的限制，其路用性质不如厂拌沥青混合料，但可节约就地沙石料的往返运输费和能耗，常用于次要的公路或农村道路。

（5）沥青表面处置路面

表面处置的施工工艺和路用性质接近贯入式，但因其层厚较薄（一般为 1～3 cm），故不用主层集料，而是将沥青直接浇洒在洁净干燥的下层上，然后依次洒布集料和浇洒沥青，最后压实成型。表面处置按浇洒沥青和洒布集料的遍数不同，分为单层式、双层式、三层式。表面处置路面的使用寿命不及贯入式路面，设计时一般不考虑其承重强度，其作用主要是对非沥青承重层起保护和防磨耗作用，而对旧沥青路面，它是一种常用的日常维护措施。施工中第一次洒布的集料粒径一般较大，然后逐层缩小。但也有相反的工艺，即先逐层用较细的集料修筑一层薄的表面处置层，待积累到一定厚度后，用粗集料压入，形成较厚而热稳定性较好的表面处置层；或先用细集料处置形成一层不透水的封层，再用较粗的集料处理，使表面粗糙。

（6）彩色沥青混凝土路面

彩色沥青混凝土路面是指脱色沥青与各种颜色石料、添加剂等材料在特定的温度下混合拌和，配制成各种色彩的沥青混合料，再经过摊铺、碾压而形成具有一定强度和路用性能的彩色沥青混凝土路面，也称作彩色沥青路面。它具有良好的路用性能，在不同的温度和外部环境作用下，其高温稳定性、抗水损坏性及耐久性均非常好，且不出现变形、沥青膜剥落等现象，与基层黏结性良好；色泽鲜艳持久、不褪色，能耐 77 ℃的高温和－23 ℃的低温，维护方便；有较强的吸音功能；具有良好的弹性和柔性，且冬天还能防滑，色彩主要为石料原色。

3.2.2　路面结构层及作用

沥青路面结构层可由面层、基层、底基层、垫层组成。沥青路面的沥青类结构层本身属于柔性路面范畴，但对于其基层的铺设，除采用柔性材料外，也可采用刚性的水泥混凝土或半刚性的水硬性材料。

高速公路沥青路面面层是直接承受车轮荷载反复作用和自然因素影响的结构层，可由 1～3 层组成。表面层应根据使用要求设置抗滑耐磨、密实稳定的沥青层；中面层、下面层应根据沥青层厚度、气候条件等选择适当的沥青结构层。

高速公路沥青路面基层是设置在面层之下，并与面层一起将车轮荷载的反复作用传到底基层、垫层、土基的层次，起主要的承重作用。对基层材料的强度指标应有较高的要求。高速公路基层一般设置为两层，分别称为上基层、下基层。

高速公路沥青路面底基层是设置在基层之下，并与面层、基层一起承受车轮荷载反复作用的层次，起次要的承重作用。底基层材料的强度指标要求可比基层材料略低。高速公路底基层一般设置为两层，分别称为上底基层、下底基层。

高速公路沥青路面垫层是设置在底基层与土基之间的结构层，起排水、隔水、防冻、防污等作用。

沥青路面通常用于铺筑路面的面层，它直接受车辆荷载作用和大气因素的影响。同时沥青混合料的物理、力学性质受气候因素与时间因素的影响较大。因此为了使高速公路沥青路面提供稳定、耐久的服务，必须要求其具有以下几个重要的特征。

（1）高温稳定性

高温稳定性即沥青路面抵抗流动变形的能力。由于沥青路面的强度与刚度随温度的升高而显著下降，为了能够更好地保证沥青路面在高温季节行车荷载的反复作用下不致产生诸如波浪、推移、车辙等病害，沥青路面应具有良好的高温稳定性。

（2）低温抗裂性

低温抗裂性指的是沥青路面抵抗低温收缩裂缝的能力。由于沥青路面随温度下降，劲度增大，变形能力降低。在外界荷载的作用下，一部分应力来不及松弛，应力逐渐累积下来，这些累计应力超过材料抗拉强度时即导致材料开裂，从而造成路面的破坏。所以沥青路面在低温时应具有较低的劲度和较大的抗变形能力来满足低温抗裂性能。

（3）水稳性

水稳性指的是沥青路面抵抗因水的侵蚀逐渐产生的沥青膜剥离、掉粒、松散、坑槽等破坏的能力。这是由于水分的存在一方面降低了沥青本身的黏结力，另一方面破坏了沥青路面中沥青与矿料间的黏聚力，从而加速了剥落现象的发生，造成了道路的水损害。所以说，沥青路面一定要具有水稳性，这样才能够保证路面的耐用性。

（4）耐疲劳性

耐疲劳性指的是沥青路面在反复荷载的作用下抵抗破坏的能力。沥青路面在使用期间经受车轮荷载的反复作用，长期处于应力应变交迭变化状态，致使路面结构强度逐渐下降。当荷载重复作用超过一定次数以后，在荷载作用下，路面内产生的应力就会超过强度下降后的结构抗力，从而出现裂纹，产生疲劳断裂破坏。所以，沥青路面应该具有耐疲劳性。

3.2.3　施工原材料

沥青路面是将沥青混凝土加以摊铺、碾压成型的路面。沥青混凝土是用具有一定黏度和适当用量的沥青材料与一定级配的矿物集料，经过充分拌和形成的混合物。沥青混凝土作为沥青路面材料，在使用过程中要承受行驶车辆荷载的反复作用，以及环境因素的长期影响。所以沥青混凝土在具备一定承受能力的同时，还必须具备良好的抵抗自然因素作用的耐久性，即能表现出足够的高温环境下的稳定性、低温状况下的抗裂性、良好的水稳性、持久的抗老化性、抗滑性等特点，以保证沥青路面良好的服务功能。

沥青混凝土中，适合修筑路面的沥青材料主要为石油沥青和煤沥青，此外，还有天然沥青。有些国家或地区会采用或掺用天然沥青拌制。

（1）沥青结合料

沥青结合料是在沥青混合料中起胶结作用的沥青类材料（含添加的外掺剂、改性剂等）的总称。它将矿质粒料黏结成整体，增加强度和路面抵抗行车破坏的能力，并使路面具有抗水性。

（2）集料

集料是沥青路面材料中矿物质粒料的通称，在路面材料中起骨架作用和填充作用。有时需数种粗、细粒料混合组成所需要的粒径级配。集料中把粒径在 5 mm 以上的称作粗集料，5 mm 及以下者称为细集料。根据来源不同，集料可分为天然集料和人造集料两大类。天然集料有碎石、砾石、砂、石屑等；人造集料有烧矾土、稳定的坚实冶金矿渣等。沥青路面用的集料应洁净无泥，粗集料的颗粒宜接近立方体，多棱角，少扁片长条，其抗压强度不宜小于 60 MPa；作重车道面层者，抗压强度不宜小于 80 MPa，而且能耐磨耗。集料和沥青材料应有良好的黏着力，不易经水的侵蚀而剥落；如集料和沥青黏着不良，应掺入有效的抗剥落剂改善。选配集料时，分层铺浇的应为粒径相近的各档同粒径集料；拌制混合料的则常需有大小粒径按规格配合的级配集料，这类集料也可采用分档不同的同粒径集料按比例掺和而成。

（3）矿粉

矿粉是粒径小于 0.074 mm 的矿质粒料，多用于沥青混凝土和沥青碎石路面，其作用为填充空隙，防止热沥青流淌，增强沥青材料的黏结力和热稳定性。矿粉也要和沥青有良好的亲和力（即黏着力），能抵抗水的剥蚀作用。最常用的矿粉为石灰石粉。

（4）配料

沥青路面公路按照集料和矿粉混合比例的不同，可以分为多碎石沥青混凝土面层（stone asphalt concrete，SAC）和沥青玛蹄脂碎石混合料面层（stone mastic asphalt，SMA）两种。

多碎石沥青混合料是采用较多的粗碎石形成骨架，沥青砂胶填充骨架中的孔隙并使骨架胶合在一起而形成的沥青混合料形式。实践证明，多碎石沥青混凝土面层既能提供较深的表面构造，又有较小的空隙及较低的透水性，同时具有较好的抗形变能力(动稳定度较高)。

为了解决沥青面层的抗滑性能，多碎石沥青混凝土面层被加以研究和使用。

SMA 是一种间断级配的沥青混合料，5 mm 以上的粗集料占比 70%～80%，矿粉占比 7%～13%，沥青占比 6.5%～7%，并要求选用针入度小、软化点高、温度稳定性好的沥青。

20 世纪 60 年代，根据其气候特点，德国习惯修筑浇筑式沥青混凝土路面。在这种结构中，沥青含量为 12%左右，矿粉含量高。使用中发现路面的车辙现象十分严重，另外当时该国家的汽车为了防滑的需要，经常使用带钉的轮胎，其结果是路面磨耗十分严重(1年可减薄 4 cm 左右)。为了克服日益严重的车辙，减少路面的磨耗，公路工作者对沥青混合料的配合比进行调整，增大粗集料的比例，添加纤维稳定剂，SMA 结构的雏形因此形成。

20 世纪 90 年代初，美国公路界认为其公路路面质量不如欧洲国家的路面质量好。经考察发现存在两个方面的差距，即改性沥青的运用和路面的结构形式(即 SMA)。1991 年、1992 年，美国开始研究、推广 SMA 这种结构形式。最典型的应用案例是 1995 年亚特兰大市为举办奥运会对公路网进行改建和新建，全部采用了 SMA 这种结构形式做路面。

3.2.4 主要施工方法

1. 工艺流程

(1)施工准备

首先是沥青施工原材料的选用。

①沥青材料的选用。在道路施工过程中，一定要综合道路所在地区的地形、气候、人口数量等因素选用合适的沥青材料。

②粗集料的选用。在道路沥青路面施工的过程中，粗集料的选用应该严格按照《公路沥青路面施工技术规范》(JTG F40—2004)的相关规定进行选取。在选取粗集料时，一定要保证材料的清洁、干净、干燥，保证材料具有更大的强度和抗磨损能力。

③细集料的选用。沥青细集料的选取一定要严格按照《公路沥青路面施工技术规范》(JTG F40—2004)的相关规定，保证材料的干净。

④沥青路面填料的选用。在填料的选用中，要把石灰岩的矿粉作为首选。在使用之前，应该清除里面的泥土杂质。

(2)原料制备

在沥青路面施工过程中，沥青混合材料的重要性能主要包括水稳性、抗疲劳性、高温稳定性和耐久性。在沥青混合料的配比中，为了增加沥青的高温稳定性，要增加集料的颗粒，减少油的使用量，但是颗粒大了容易造成路面出现裂缝的现象，耐久性差。要进一步克服裂缝的问题，就必须使用用量较多、针入度比较大的沥青加之比较细的混合料，但是在高温时节也会出现车辙问题。为了保证沥青路面的粗糙程度，要采用抗滑性能比较好的沥青。为了保证沥青路面的耐久性，还要根据路面施工地区的气候、温度、地形等情况确定沥青的配合比例。

热拌沥青混合料的配比过程主要包括三个方面：目标配合比设计、生产配合比设计、生产配合比验证。

在热拌沥青混合料的过程中，一定要选取和技术规范相符合的材料，充分利用以往道路施工的经验，通过相应的配合比例设计出沥青混合料的用量和材料品种，保证混合料的配比质量。同时，每个阶段都要进行马歇尔试验，根据《公路沥青路面施工技术规范》(JTG F40—2004)等相应规范进行比例设定。

在沥青混合料搅拌的工序中，要注意以下几点。

①选择适宜的搅拌场地，一般为拌和场。

②在沥青混合料的配比中，要根据室内的配合比例进行搅拌，保证沥青用量、搅拌时间以及加热温度的适宜性，从而确保沥青混合料的质量。

③在沥青混合料搅拌的过程中，一定要根据配料单进料并搅拌，保证沥青以及各种材料的加热温度，保证搅拌的均匀度，防止花白、成块、粗细分离问题的出现。

④在搅拌工作完成之后，相关技术人员一定要抽样做沥青混合料、矿料级配组成的沥青用量试验。如果发现沥青混合料与要求不相符合，那么应该及时进行调整，保证混合料的正常使用。

(3)沥青路面混合料组成设计

①优化矿质混合料的配合组成设计。在沥青路面施工中，对矿质混合料配合进行相关设计，主要是为了能够选配一个具有足够密实度和内摩阻力的矿质混合料，然后采用级配理论，通过数据分析得出需要的矿质混合料的级配范围。为了应用已有的研究成果和实践经验，通常采用规范推荐的矿质混合料级配范围来确定。

②确定沥青混合料的使用量。可以通过计算得出精确的沥青混合料使用量。通常情况下有两个基本的方法：马歇尔法和维姆法。中国还是采用《公路沥青路面施工技术规范》(JTG F40—2004)规定的技术方法，这是对生产实践和研究试验进行总结的成果。

③进行沥青生产配合比设计。在目标配合比确定之后，应利用实际投入施工的拌和站进行试拌以确定施工配合比。在试验前，首先应该根据相关情况选择振动筛筛号，从而使得几个热料仓的材料差别不会太大。在试验的过程中，相关人员要按试验室配合比设计的冷料比例进行筛选，从而供试拌试铺使用。

(4)摊铺方法

沥青混合料配比搅拌之后，下一道工序就是进行沥青混合料的摊铺工作。在这个环节中，要注意以下几个重要的方面。

①在进行路面沥青摊铺之前，一定要清除路面基层上的杂物，保证路面基层的干燥、干净，同时保证基层路面密实度、厚度的合理性，为沥青摊铺工作奠定重要的基础。在基本路面的整理中，要及时处置基层路面存在的坑槽、松散等问题。

②进行黏层、透层沥青的浇洒工作。在施工过程中，为了更好地保证基层和面层黏结性，在面层铺筑工作之前，要用 $1.0 \sim 1.2 \ kg/m^2$ 的沥青量对基层表面进行浇筑，这样就有利于面层和基层的相互黏合。如果路面的基层是水泥混凝土路面或者陈旧的沥青路面，为了保证面层和基层的黏合，要在旧路面上喷洒一层黏度比较大的沥青。

③摊铺沥青混合料。自动倾卸汽车将沥青混合料卸到摊铺机料斗后，根据沥青路面的基本情况，通过链式传送器将混合料往后传到螺旋摊铺器处。随着摊铺机不断往前移动，螺旋摊铺器即在摊铺带宽度上均匀地摊铺混合料。沥青混合料摊铺之后，用振捣器进行振

动挤压，最后通过熨平板整平。

（5）路面压实

沥青混合料摊铺完成之后，就进入了压实环节。沥青混合料的压实是沥青路面施工非常重要的一道工序，在路面压实的过程中，一定要配备充足的大吨位压实设备，尽量选用当前最为先进的双轮振动压路机。沥青路面的压实环节一般包括以下几个方面。

①路面的初压。

初压是路面压实的首要环节，本环节一般是在混合料摊铺之后直接进行的，此时的温度较高，一般先采用振捣器进行振动挤压，振动之后关闭振动装置，慢慢碾压2～3遍，初压环节的温度一般保持在110～140 ℃。所以，吨位比较小的压实设备就能够起到很好的效果。在碾压的过程中，驱动轮要匀速前进，后退的时候要按照前进时候的碾印移动。初压后要有相关的技术人员对路面的平整度、路拱进行检查，一旦发现问题，要立刻纠正。如果在路面碾压过程中出现推移现象，可以等到温度变低之后再进行碾压。如出现横向裂纹，应检查原因并及时采取纠正措施。

②路面的复压。

路面的复压是压实环节的重要阶段。复压的主要作用是保证沥青混合料的稳定成型，所以，复压环节一般是在高温下并紧跟初压工序进行的。通常情况下，路面的复压环节温度应该保持在120～130 ℃。一般采用双轮振动压路机进行路面的碾压，在碾压方式上可以与初压相同，碾压的次数应该在6次以上，只有这样才能够保证路面的稳固和结实。

③沥青路面终压。

终压是消除轮迹、缺陷和保证面层有较好平整度的最后一步。终压既要消除复压过程中面层遗留的不平整情况，又要保证路面的平整度，因此，沥青混合料也需要在较高但又不能过高的碾压温度下结束碾压。终压结束时的温度应该大于90 ℃。终压常使用静力双轮压路机并应紧接在复压后进行，碾压遍数为2～3遍。

路面初压、复压、终压三个方面相互结合，才能保证沥青路面的光滑、稳定和厚实，提高沥青路面的整体质量。

2. 施工方法

（1）沥青表面处置施工方法

用洒布法施工的沥青路面面层有沥青表面处置和沥青贯入式两种。沥青贯入式路面适用于二级及二级以下的公路，并不适用于高速公路。而沥青表面处置是用沥青和细矿料分层铺筑成厚度不超过3 cm的薄层路面面层的方法，通常采用层铺法施工。

表面处置施工具体的操作过程如下。

①清理基层。在表面处置施工前，应将路面基层清扫干净，使基层的矿料大部分外露，并保持干燥；若基层整体强度不足，应先予以补强。

②洒透层（或粘层）沥青。第一层沥青要洒布均匀，当发现洒布沥青后有空白、缺边时，应立即人工补洒，有积聚时应立即刮除。施工时应采用沥青洒布车喷洒沥青，其洒布长度应与矿料洒布能力相协调。沥青洒布温度应根据施工气温以及沥青标号确定。一般情况下，石油沥青宜为130～170 ℃，煤沥青宜为80～120 ℃，乳化沥青宜在常温下洒布。

③铺撒第一层矿料。洒布主层沥青后，应立即用矿料洒布机或人工洒布第一层矿料。矿料要洒布均匀，达到全面覆盖、厚度一致、矿料不重叠、不露沥青的效果，当局部有缺

料或过多时，应适当找补或扫除。碾压：洒布一段矿料后，用 60～80 kN 双轮压路机碾压。碾压时，应从一侧路缘压向路中，宜碾压 3～4 遍，其速度开始不宜超过 2 km/h，以后可适当增加。

④洒布第二层沥青，洒布第二层矿料，碾压；再洒布第三层沥青和第三层矿料，碾压。

⑤初期养护。沥青表面处置后，应进行初期养护。当发现有泛油时，应在泛油部位补洒与最后一层矿料规格相同的嵌缝料使其均匀化；当有过多的浮动矿料时，应将其扫出路外；当有其他损坏现象时，应及时修补。

（2）热拌沥青混合料路面施工方法

热拌沥青混合料路面施工可分为沥青混合料的拌制与运输以及现场铺筑两个阶段。热拌沥青混合料路面完工后，待自然冷却至表面温度低于 50 ℃后，方可开放交通。

在拌制沥青混合料之前，应根据确定的配合比进行试拌，试拌时对所用的各种矿料及沥青应严格计量，对试样的沥青混合料进行试验以后，即可选定施工配合比。

①热拌沥青混合料的拌制和运输。

a. 沥青混合料必须在沥青搅拌厂（场、站）采用搅拌机拌和。

b. 拌制的沥青混合料应均匀一致，无花白料、无结团成块或严重的粗细料分离现象。

c. 为配合大批量生产混合料，宜用大吨位自卸汽车运输。运输时对货厢底板、侧板均匀喷涂一薄层油水（柴油：水为 1：3 的混合液），注意不得将油聚积在车厢底部。

d. 出厂的沥青混合料应逐车用地磅称重，并测量温度，签发一式三份的运料单。

e. 从搅拌锅往汽车中卸料时，要前后均匀卸料，防止粗细料分离。运输过程中要对沥青混合料加以覆盖。

②热拌沥青混合料的铺筑。

a. 基层准备和放样。铺筑沥青混合料前，应检查确认下层的质量，当下层质量不符合要求或未按规定洒布透层、粘层沥青等时，不得铺筑沥青面层。为了控制混合料的摊铺厚度，在准备好基层之后，应进行测量放样，即沿路面中心线和四分之一路面宽度处设置样桩，标出混合料松铺厚度。当采用自动调平摊铺机时，应放出引导摊铺机运行走向和标高的控制基准线。

b. 摊铺。沥青混合料摊铺机摊铺过程是由自卸汽车将混合料卸在料斗内，经传送器将混合料往后传到螺旋摊铺器处。随着摊铺机的前进，螺旋摊铺器即在摊铺带宽度上均匀地摊铺混合料，随后捣实，并由摊平板整平。

运料车的运输能力应稍大于主导机械的工作能力。高速公路开始摊铺时，等候卸料的车不宜少于 5 辆。宜采用两台以上（含两台）摊铺机成梯队作业，进行联合铺铺。相邻两幅之间宜重叠 5～10 cm，前后摊铺机宜相距 10～30 m，且保持混合料温度合格。摊铺机应具有自动调平、调厚装置，具有足够容量的受料斗和足够的功率可以推动运料车，具有初步振实、熨平装置可以调整摊铺宽度。高速公路施工气温低于 10 ℃时不宜施工。摊铺沥青混合料应缓慢、均匀、连续。用机械摊铺的混合料，不得用人工修整。

c. 碾压。压实后的沥青混合料应符合平整度和压实度的要求。因此，沥青混合料每层的碾压成型厚度不应大于 10 cm，否则应分层摊铺和压实。

压路机不得在未碾压成型并冷却的路面上转向、掉头或停车等候，也不得在成型路面上停放任何机械设备或车辆，不得散落矿料、油料等杂物，加强成品保护意识。碾压的最终目的是保证压实度和平整度达到规范要求。

③接缝施工。

沥青路面纵缝、横缝和新旧路的接缝等处由于压实不足，往往容易产生台阶、裂缝、松散等质量问题，影响路面的平整度和耐久性。接缝的内容、要求和注意事项如下。

施工时应将先铺的混合料留下 10～20 cm 宽度暂时不碾压，作为后摊铺部分的高程基准面。纵缝应在后铺部分摊铺后立即进行碾压，压路机应大部分压在先铺好的路面上，仅有 10～15 cm 的宽度压在新铺的车道上，然后逐渐移动跨缝碾压以消除缝迹。

摊铺梯队作业时的纵缝应采用热接缝。上下层的纵缝应错开 15 cm 以上。上面层的纵缝宜安排在车道线上。相邻两幅及上下层的横接缝应错位 1 m 以上。中、下层可采用斜接缝，上层可用平接缝。接缝应黏结紧密，压实充分，连接平顺。

对于半幅施工或与旧沥青路面连接的纵缝，当不能采用热接缝时，宜加设挡板或采用切刀切齐。铺另半幅前必须将缝边缘清扫干净，并刷粘层沥青。应将混合料重叠摊铺在已铺层上 5～10 cm，摊铺后人工将摊铺在前半幅上面的混合料铲走。碾压时，先在已压实的路面上行驶，碾压新铺层 10～15 cm，然后逐渐移动跨过纵缝，将纵缝碾压紧密。上下层的纵缝应错开 15 cm 以上。表层的纵缝应顺直，且位于车道的画线位置。

横缝应与路中线垂直。相邻两幅及上下层的横缝应错位 1 m 以上。对于高速公路，中面层、下面层的横向接缝可斜接，但在上面层应做成垂直的平头缝。铺筑接缝时，可在已压实的部分上面铺设一些热混合料使之预热软化，以加强新旧混合料的黏结。但在开始碾压前，应将预热用的混合料铲除。

斜接缝的搭接长度与摊铺厚度有关，宜为 0.4～0.8 m。搭接处应清扫干净并洒粘层沥青，斜接缝应充分压实并搭接平整。

平接缝应做到紧密黏结，充分压实，连接平顺。接缝处应清扫干净，切齐，边缘涂粘层沥青，并在压实后用热熔铁烫平，再在缝口涂粘层沥青，用洒石粉封口，以防渗水。

(3)改性沥青路面施工方法

为了提高高速公路的使用年限，预防路面早期破坏，表面层施工引入了改性沥青工艺，以应对交通量的迅速增长、车辆大型化和严重超载问题的严峻考验。在中国广泛推广的改性沥青主要是掺加 SBS(styrene butadiene styrene block polymer，苯乙烯-丁二烯-苯乙烯嵌段共聚物)改性剂或 SBR(polymerized styrene butadiene rubber，丁苯橡胶)改性剂，改性后沥青在物理性能方面得到提高，主要表现在软化点、针入度、脆点、延度等方面。

改性沥青路面的原料通常为坚硬、粗糙、有棱角的优质石料，而花岗岩、石英岩、玄武岩等具备这些性质，但这些石料往往属于酸性石料。沥青中含有沥青酸、沥青酸酐等，黏附性往往难以满足要求，为了增强沥青与集料的黏附性，在基质沥青中掺加 SBS 改性剂，就能满足黏附性的要求。在高速公路路面施工中，为了进一步提高改性沥青的黏附性，在改性沥青中还掺加了抗剥落剂；在填料中掺加水泥、生石灰粉等代替矿粉，增加沥青与石料的黏附性，大大地提高了沥青混合料的水稳性。

改性沥青的黏度较高，施工难度大，与常规沥青路面施工工艺存在较大的差异，但施工实践表明，只要严格控制混合料的材料、配合比、拌和、摊铺和碾压等关键工序的质量，改性沥青路面的路用性能可以得到充分的保障。改性沥青混合料的出料温度高，一般为 170～180 ℃，因此矿料的加热温度宜取 180～190 ℃。改性沥青混合料的拌和时间应适当延长，一般拌应大于 45 s，其中含 3～5 s 的干拌时间，以确保矿粉吸油的均匀性。拌和时间足够和拌和方法正确，是生产优质沥青混合料的关键。质量均匀的混合料表现为沥青均匀分布于整个混合料，以无花白石子、无沥青团块、乌黑发亮为宜。

3.2.5　主要通病与防治

1. 主要通病

（1）沥青路面的车辙

车辙属变形类，是在行车荷载重复作用下，路面产生永久性变形积累形成的带状凹槽，深度 1.5 cm 以上。车辙降低了路面平整度，当车辙达到一定深度时，由于辙槽内积水，汽车极易飘滑而导致交通事故的发生。

产生车辙的原因主要是设计不合理以及车辆严重超载。影响沥青路面车辙深度的主要因素是沥青路面结构和沥青混凝土本身的内在因素，以及气候和交通等外界因素。具体来说，车辙产生的主要原因有以下几点：沥青混合料油石比过大，表面磨损过度，雨水侵入沥青混凝土内部，基层含不稳定夹层而导致路面横向推挤形成波形车辙，等等。

（2）推移壅包

推移壅包主要是沥青混合料路面在水平荷载作用下抗剪强度不足引起的。导致此类沥青混合料抗剪强度不足的内在原因主要有混合料用油量过大、细集料或填料过多、沥青标号选择不合适、沥青混合料铺筑之前表面平整度差、上下层间光滑接触、无层间黏结力等，一般由其中一种或数种原因共同作用；外在原因可能是夏季高温时间长、交通量大、车速慢、刹车次数较多等。

（3）泛油

泛油是指沥青混合料内部多余的沥青在车辆荷载的作用下向沥青路面表面迁移的结果。泛油的主要原因是沥青用量过大或压实沥青混合料的残留孔隙率太小。

（4）裂缝

沥青路面开裂的主要原因可分为两大类：一种是行车荷载的作用而产生的结构性破坏裂缝，一般称之为荷载型裂缝；另一种主要是沥青面层温度变化而产生的温度裂缝，一般称之为非荷载型裂缝。

①非荷载型裂缝。

a. 横向收缩裂缝。位于路面面层的沥青混合料结构层直接受到气温变化的影响，待温度应力积累到超过沥青混合料的极限抗拉强度时，路面就将出现裂缝，以便将应力释放出去。另外，接近表面的沥青比内部沥青更易老化。沥青混合料的极限拉伸应变小，应力松弛能力变差，也是容易产生裂缝的一个重要因素。沥青材料在较高温度条件下，具有良好的应力松弛性能，温度升降产生的变形不至于产生过大的温度应力，但当气温大幅度下降时，沥青材料逐渐发硬并开始收缩。由于沥青路面宽度有限，收缩受路面结构的相互约束小，所以低温裂缝主要是横向的。

b. 温度疲劳裂缝。产生低温裂缝的是沥青混凝土层，这种裂缝主要发生在日温差大的地区。由于温度反复升降，沥青面层温度应力疲劳，沥青混合料的极限拉伸应变（或劲度模量）变小，加上沥青的老化使沥青劲度增高，应力松弛性能降低，最终达到极限抗拉强度，使路面产生裂缝。

c. 反射裂缝。沥青材料在较高的温度下，具有良好的应力松弛性能，温度升降产生的变形不至于产生过高的温度应力。但在冬季气温骤降时，由于受温度变化的影响，路基和基层产生裂缝并反射到沥青面层，沥青混合料的应力松弛赶不上温度应力的增长；同时劲度急剧增大，超过混合料的极限强度或极限拉伸应变，混合料便会产生开裂。温度裂缝较多地产生在水泥、石灰、粉煤灰稳定类的半刚性基层中。这些裂缝实际上是温缩裂缝和半刚性基层收缩裂缝的综合裂缝，即反射裂缝。

d. 冻缩裂缝。主要是路基冻胀及收缩产生的开裂。这种裂缝在路面与路肩交界处最常见。影响沥青混合料低温抗裂性的主要因素有材料特性，如沥青的感温性、感时性、老化性能等；路面结构的几何尺寸，如面层的厚度等；气温环境因素，如温差等。

②荷载型裂缝。

a. 沥青路面的结构性破坏裂缝主要是由行车荷载引起的。在车轮荷载的作用下，当大于半刚性基层材料的抗拉强度时，半刚性基层的底部就会很快开裂。在行车荷载的反复作用下，底部的裂缝会逐渐扩展到上部，并使沥青面层产生开裂破坏。影响拉应力的主要因素有面层的厚度、基层本身的厚度、基层的回弹模量和下承层的回弹模量。选取不同的沥青面层厚度和半刚性基层厚度，通过试验得出半刚性基层底部的拉应力与半刚性材料回弹模量间的关系曲线。

b. 在半刚性基层下采用半刚性材料做底基层，可使基层底面由行车荷载产生的拉应力明显减小，甚至小于半刚性底基层底面产生的拉应力，这对半刚性基层承受行车荷载的反复作用是十分有利的。

(5)沥青路面的松散

松散是直接影响行车安全的路面病害。松散可能在整个路面表面出现，也可能在局部区域出现，但由于行车作用，一般在轮迹带比较严重。其产生的主要原因有以下几点。

①局部路基和基层不均匀沉降引起路面破坏。

②碎石中含有风化颗粒，水侵入后引起沥青剥离。

③随着使用时间的增多，沥青结合料本身的黏结性能降低，促使面层与轮胎接触部分的沥青磨耗，造成沥青含量减少，细集料散失。

④机械损害或油污染。

(6)沥青路面的水损害

沥青路面在存在水分的条件下，经受交通荷载和温度涨缩的反复作用，水分逐步侵入沥青与集料的界面上，同时由于水动力的作用，沥青膜渐渐地从集料表面剥离，并导致集料之间的黏结力丧失而发生路面破坏。沥青路面产生水损害的原因主要有材料、设计、施工、车辆超载等。沥青路面(松散类)脱皮是指路面面层层状脱落，面积达 0.1 m^2 以上。导致沥青路面脱皮的原因主要是水损害。

(7)沥青路面的冻胀和翻浆

沥青路面产生冻胀和翻浆主要是在冻融时期，因为水的侵入和路基土的水稳定性能差，再加上冰冻的作用，路基上层积聚的水分冻结后引起路面胀起并开裂。道路翻浆是水、土质、温度、路面和行车荷载五个主要因素综合作用的结果。其中水、土质、温度构成翻浆的三个自然因素，缺少任何一个因素都不可能形成翻浆。

(8)沥青路面的沉陷

沉陷是路面变形中最普遍的一种，主要出现在挖方段和填挖交界处，其特点是面积大、涉及的结构层次深。

其产生的主要原因有以下几点。

①土质路堑排水不畅。

②路面强度不能适应日益增长的交通量，易发生疲劳破坏。

③路基、基层强度不足或填挖路基强度不一致。

④桥头路面沉降不均匀。

2. 防治措施

针对以上分析的沥青路面病害的原因，主要从材料、设计、施工、养护和交通管理等五个方面采取相应的预防措施。通过路面结构设计和厚度计算可以满足沥青路面强度和承载能力的要求，基本解决荷载型裂缝产生的问题。对于如何避免或减少非荷载型裂缝的产生，应从以下几个方面进行考虑。

(1)材料方面

沥青路面结构：沥青面层的裂缝主要是由沥青面层本身的低温收缩引起的。选用低温劲度小、延度大、温度敏感性小、含蜡量低的优质沥青，精选矿料，合理配置沥青混合料，保证沥青混合料性能优良，均可有效减少裂缝。

集料：应首选高质量的集料，特别是表面两层沥青混合料，应采用坚硬、表面粗糙、破碎、颗粒接近立方体的集料。

沥青结合料：有关研究认为，就沥青对沥青混合料高温性能的影响来说，沥青含量的影响可能比沥青本身特性的影响更大。对于细粒式或中粒式密级配沥青混合料，适当减少沥青用量有利于抗车辙。在考虑抗车辙因素时，应综合考虑级配、集料对沥青的吸收性、集料与沥青间的黏聚力、混合料的孔隙率等。

(2)设计方面

当进行半刚性路面设计时，在稳定度满足要求的前提下，优先选用针入度较大的沥青做沥青面层。沥青面层采用密实型沥青混凝土。采用合适的沥青面层厚度，确保半刚性基层在使用期间不会产生干缩裂缝和温缩裂缝。对地形复杂地段做好地质调查工作。要特别注意加固地基，防止因地基软弱而出现不均匀沉降。使用合格填料填筑路基或对填料进行处理后再填筑路基，确保路基有足够的强度和稳定性，以保证路面具有稳定的基础。选用抗冲刷性能好、干缩系数和温缩系数小，以及抗拉强度高的半刚性材料做基层；选用优质沥青做沥青面层；在稳定度满足要求的前提下，应该选用针入度较大的沥青做沥青面层。

(3)施工方面

选择先进施工工艺和机械设备，制订完善的施工方案，确保压实度达到规范要求，严格按设计要求进行软基处理，提高软基处理的施工质量。严格控制半刚性基层施工碾压时的含水率。半刚性基层碾压完成后，要及时养护，防止其产生裂缝反射到表面层，及时养护可以保护混合料的含水率不受损失。养护结束后，应立即喷洒透层油，并尽快铺筑沥青面层。

(4)养护方面

严格养护管理，加强路面保洁，确保排水性能良好。及时对裂缝进行科学处理，避免病害进一步扩展。

（5）交通管理方面

加强交通管理，限制大型超载车通行；在夏季连续高温时段，运营管理单位可将重车安排在夜间、凌晨等路表气温较低时段通过；禁止装有带钉轮胎的车辆通行，以免过度磨损路面。

3.3　水泥混凝土路面施工

水泥混凝土路面是以水泥混凝土为主要材料做面层的路面，简称混凝土路面，亦称刚性路面，是一种高级路面。

3.3.1　概述

1. 水泥混凝土路面组成与分类

（1）组成

高速公路水泥混凝土路面由面层、基层及垫层构成。

①面层。水泥混凝土面层应具有足够的强度、耐久性、表面抗滑度、耐磨性、平整度。

②基层。基层应具有足够的抗冲刷能力、较大的刚度、抗变形能力、平整度、整体性。

③垫层。在温度和湿度状况不良的高速公路路面，应设置垫层，以改善路面结构的使用性能。

（2）分类

①素混凝土路面。

在高速公路中，目前我国采用最广泛的是现场浇筑的普通混凝土路面。这类混凝土路面除接缝区和局部范围（边缘或角隅）外，不配置钢筋，亦称素混凝土路面。

素混凝土路面是用素混凝土或仅在路面板边缘和角隅处有少量配筋的混凝土就地灌注成的路面结构，施工方便，造价低廉。素混凝土路面应沿纵向每隔5～6 m设一缩缝，满足冬季缩裂要求；每隔20～40 m设一胀缝，防止夏季热胀、板屈曲压裂或缝边混凝土挤碎；沿横向每隔3～4.5 m设一纵缝。由于横胀缝易引起路面板的破坏，增加施工和养护的麻烦，20世纪60年代中期以来，对夏季施工的混凝土路面，除在桥头、隧道口、道路交叉口小半径曲线或纵坡变换处必须设置胀缝外，其他路段可少设或不设。纵横缝一般做成垂直相交，但也有把横缝做成与纵缝交成70°～80°斜角，并按4 m、4.5 m、5 m、5.5 m和6 m的不等间距顺序布置。胀缝间隙宽1.8～2.5 cm，为防止渗水，上部5～6 cm深度内应灌以填缝料，下部则设置用沥青浸制的软木嵌条。为传递荷载，混凝土板厚中央处设钢传力杆，杆径20～32 mm，长40～60 cm，间距30 cm。杆的半段涂沥青并套以套筒，筒底部填以木屑等材料，如图3-3（a）所示。如不设传力杆，可在混凝土板下设置垫枕，如图3-3（b）所示。

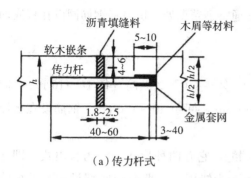

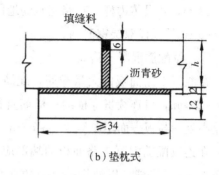

(a) 传力杆式　　　　　　　　　　　　(b) 垫枕式

h—水泥混凝土路面面层厚度。

图 3-3　胀缝结构图(单位：cm)

　　缩缝一般做成裂口深 4～6 cm 的假缝形式，如图 3-4(a)所示，上部亦灌以填缝料，可不设传力杆。但在路基软弱或交通繁忙路段，以及邻近长间距胀缝的两三个缩缝上，应设置传力杆，如图 3-4(b)所示。纵缝可做成假缝、平头缝或企口缝形式，上部也灌以填缝料。为防止板块向两侧滑移，板厚中央可设置钢拉杆，杆径 14～20 mm，长 40～60 cm，间距 80～100 cm。

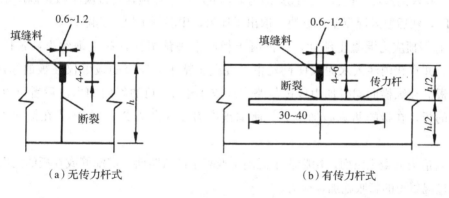

(a) 无传力杆式　　　　　　　　　　　(b) 有传力杆式

h—水泥混凝土路面面层厚度。

图 3-4　缩缝结构图(单位：cm)

　　素混凝土路面板大多做成等厚断面，厚 20～25 cm。由于板的边缘和角隅最易遭到破坏，可设置边缘钢筋和角隅钢筋予以加固；做成厚边式断面，从靠路肩 1 m 处开始逐渐增加厚度，至板边缘厚度较中间大 25%。在高速公路上，可做成由内侧向外侧边缘逐渐加厚的梯形断面。路面板大多做成单层式；当板较厚时，也可做成双层式，上层厚度不小于 6～7 cm，下层使用品质稍差的材料做成低强度混凝土。为使上下层结合牢固，应对下层表面进行清洁，并设凹槽。

　　②钢筋混凝土路面。

　　在混凝土路面板内沿纵横向配置钢筋网，配筋率为 0.1%～0.2%，钢筋直径 8～12 mm，纵筋间距 15～35 cm，横筋间距 30～75 cm。钢筋设在板表面下 5～6 cm 处，以减少板面裂纹的产生和扩张。板厚和纵缝间距与素混凝土路面相同，但横缩缝间距可增至

10～30 m，并设传力杆。在路基软弱地段和交通特别繁重处，也可将钢筋网设在板底面之上5～6 cm处或设双层钢筋网。

③连续配筋混凝土路面。

在混凝土路面板内大量配筋，配筋率为 0.6％～1.0％，纵筋直径 12～16 mm，间距 7.5～20 cm，可连续贯穿横缝；横筋直径 6～9 mm，间距 40～120 cm。钢筋设在板厚中央略高处，与板表面距离至少 6～7 cm。

在连续配筋混凝土路面板的端部应设置端缝，它有两种形式：一为自由式，即连续设置 3～4 条胀缝，以便板端部自由胀缩；另一为锚固式，即在板底部设置若干根肋梁或桩埋入地基内，以阻止板的胀缩活动。与素混凝土路面相比，连续配筋混凝土路面板厚度可减小 15％～20％，缩缝间距可增长至 100～300 m，但用钢多，造价高，施工较复杂。

④预应力混凝土路面。

按路面构造不同分为以下三种。

a. 无筋预应力混凝土路面。在混凝土板两端设置墩座埋入地基内，墩座与板之间设置弹力缝，放入钢弹簧。板长中央设置加力缝，缝内设千斤顶，对混凝土板逐渐施加压应力至 5 MPa，然后塞入混凝土预制块，取出千斤顶，用混凝土填塞缝隙。

b. 有筋预应力混凝土路面。在混凝土板厚中央预留孔，穿进钢丝束，张拉后将两头锚固，并在孔内注入水泥浆使钢丝束与混凝土粘牢。较窄的板可仅在板的纵向加力，较宽的板需在纵横向同时加力或按与路中线成小于 45°角的斜向加力。后者可以连续浇筑很长的板，在板的两侧施加应力。所加预应力在纵向为 2～4 MPa，在横向为 0.4～1.4 MPa。

c. 自应力混凝土路面。用膨胀水泥制备混凝土铺筑路面，借配筋或在板的两端设置墩座，通过混凝土的膨胀施加预应力。

预应力混凝土路面板厚可减至 10～15 cm，缩缝间距可增至 100～150 m。但因施工工艺复杂，所需机具性能要求较高，目前在高速公路建设中尚未普遍推广。

⑤钢纤维混凝土路面。

于混凝土中掺入 1.5％～2.0％（体积比）的长 25～60 mm、直径 0.25～1 mm 的钢纤维，可使其 28 d 极限抗压强度和极限抗弯拉强度较素混凝土提高 50％以上，而且它的抗疲劳和抗裂缝能力也较素混凝土高。与素混凝土路面相比，钢纤维混凝土路面板厚可减小 30％～50％，缩缝间距可增至 15～30 m，纵缝间距可增至 8 m，胀缝可以不设。

⑥装配式混凝土路面。

这是在工厂中制成混凝土预制板，运至工地现场铺装而成的路面。装配式混凝土板一般做成边长 1～2 m 的正方形或矩形；也可做成边长 1.2 m 的六角形，板厚 12～18 cm；还可做成宽 3.5 m、长 3～6 m 的大型板，但需有相应的运输和吊装机具来配合。板的边缘和角隅可配置钢筋，也可在全板面配设钢筋网。为提高混凝土的质量，可采用预应力、真空吸水、机械振捣和蒸汽养护等工艺。装配式混凝土路面板可以全年生产，不受气候的影响，质量容易保证。而且铺装进度快，铺完即可通车，损坏后易于拆换修理。但其接缝多，整体性差，故高速公路很少采用此路面。

2. 水泥混凝土路面材料要求

用作水泥混凝土面层的材料包括普通混凝土、钢筋混凝土、连续配筋混凝土、钢纤维混凝土、碾压混凝土等。

制备路面用混凝土，要采用强度等级 42.5 及以上的普通硅酸盐水泥，中砂或粗砂，Ⅰ、Ⅱ级碎(砾)石。混凝土 28 d 极限抗压强度不低于 40 MPa，极限抗弯拉强度不低于 5.5 MPa，每立方米混凝土的水泥用量为 300～350 kg。对双层式混凝土路面的下层材料，可适当降低要求。为提高混凝土的使用性能，可掺入少量早强剂、加气剂、增塑剂、减水剂或聚合物等。

在接缝上部所浇灌的填缝料，常用沥青、矿粉、石棉屑、软木屑或橡胶粉，按适当配比制成的沥青玛蹄脂。亦有采用氯丁橡胶空心带、塑料嵌条或聚氯乙烯胶泥等作填缝料，效果较好。

3. 水泥混凝土路面的优缺点

水泥混凝土路面是一种刚度较大、扩散荷载应力能力强、稳定性好和使用寿命长的路面结构。

水泥混凝土路面的优点：强度高、稳定性好、耐久性好、养护费用低、抗滑性能好、利于夜间行车。

水泥混凝土路面的缺点：水泥和水的需要量大、接缝较多、开放交通较迟、养护修复困难。

3.3.2　施工方法及工艺

混凝土路面施工的一般工序：安装边模、接缝嵌条、传力杆和钢筋网等→拌和混凝土混合料并运至工地→摊铺与振捣混凝土混合料→整平混凝土表面并刷毛或刻画防滑小槽→养护与填缝。

早年，混凝土路面的施工使用钢制轨模，它一方面可作为边模，另一方面可供具有钢轮的混凝土拌和机、运料车、摊铺机和振捣机等行驶操作。20 世纪 40 年代，一些工业发达国家混凝土路面施工已全盘机械化，从基础整型、轨模安装与拆卸、混凝土拌和、摊铺、捣实与整面，到切缝、填缝与养护等工序，都使用专门机械，进行流水作业。

1960 年出现了滑模式水泥混凝土路面铺筑机，机尾两侧装有模板随机前进，摊铺、振捣、整面与刻槽等作业顺序完成，成型的路面即在机后延伸出来。此外，还有一种混凝土路面联合铺筑机，它行驶一次即能使路基成型，并完成摊铺、压实基层作业，再于其上铺筑混凝土板。

1. 施工准备

（1）基层验收

基层表面应平整，表面高程、横坡度、宽度、平整度、密实度及强度等应符合设计要求，由现场监理工程师依工序验收合格签认。在混凝土面层施工前，应对基层做全面检查，建立严格的交接制度。

（2）施工设备和人的准备

拌和站人员、配套机械设备、材料、原材料试验设备及人员都已齐备。混凝土施工现场配置三辊轴摊铺机、运输设备、测量仪器等。

（3）砂石料准备

砂子要求含泥量不超过 3%，细度模数大于 2.5，级配良好；石子要求级配良好，针片状含量控制在 10% 以内，最大粒径控制在 30 mm 以内。

（4）水泥准备

宜用终凝时间不超过 6 h 的普通硅酸盐水泥，严禁使用结块水泥。

（5）混凝土配合比

选择合适的混凝土配合比和外加剂，对所选用的砂石料、水、水泥抽检取样，进行试配，制作试样，根据试件养护 7 d 的抗压强度得出试配结果，作为控制指标。

（6）混凝土的运输

混凝土采用自卸车进行运输，车厢要求平整、光滑、严密、不漏浆，使用前后冲洗干净。混凝土拌和料在搅拌机出料后覆盖篷布，运输过程中防颠簸，运至现场浇筑的时间最长不超过 1 h，在气温 30～35℃时最长时间不得超过 45 min。运到浇筑地点的混凝土应具有符合规范要求的坍落度和均匀性。车辆倒车及卸料时，设专人进行指挥，分多堆进行卸料，卸料到位后运输车迅速离开现场。

2. 立模板

立模板：模板采用槽钢，槽钢高度与混凝土高度相同。每米模板应设置 1 处支撑固定装置。横向施工缝端模板应按设计规定的传力杆直径和间距设置传力杆插入孔和定位套管。两边缘传力杆到自由边距离不宜小于 150 mm。每米设置一个垂直固定孔套。按照事先分好的板块铺设模板，模板安装稳固、直顺、平整、无扭曲，相邻模板连接应紧密平顺，不得有底部漏浆、前后错茬、高低错台等现象。模板应能承受摊铺、振实、整平设备的负载、冲击。严禁在基层上挖槽，嵌入模板。

模板安装检验后，与混凝土拌和物接触的表面应涂抹脱模剂，接头应粘贴胶带或用塑料薄膜等密封。

模板上顶高程为混凝土路面高程，采用水准仪测量控制，控制模板顶面高程在允许范围内。

调试摊铺机械，依据路面宽度和规范要求协同监理和业主现场划分摊铺宽度。普通混凝土面板采用矩形，其纵向和横向接缝应垂直相交，纵缝两侧的横缝不得相互错位，纵缝应直顺，施工工艺如图 3-5 所示。

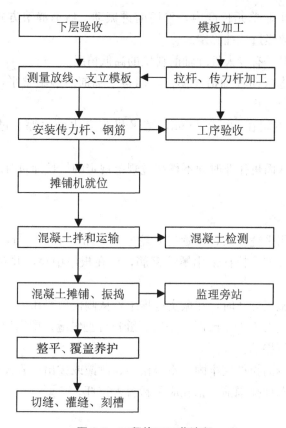

图 3-5 工程施工工艺流程

3. 铺筑

(1)铺筑设备

①整平机的主要技术参数应满足施工需要。采用直径 168 mm 的辊轴,轴长大于路面宽度 600～1 200 mm 的三辊轴机组。

②三辊轴机组铺筑混凝土面板时,同时配备一台安装插入式振捣器组的排式振捣机。当面板厚度较大和坍落度较低时,宜使用 100 Hz 以上的高频振捣棒。

③其他施工辅助配套设施根据施工需要选配。

(2)铺筑工艺流程

①工艺流程:集料→人工振捣→三辊轴整平→人工补料→精平饰面→切缝→养护→填缝。

②有专人指挥车辆均匀卸料。布料与摊铺速度相适应,不适应时配备适当的布料机械。坍落度为 30～50 mm 的拌和物,松铺系数为 1.12～1.15。

③混凝土拌和物布料长度大于 10 m 时,可开始振捣作业。

(3)整平机作业

①整平机按作业单元分段整平,作业单元长度宜为 20～30 m,振捣棒振实与整平两道工序之间的时间间隔不宜超过 15 min。

②滚压振实料位高差宜高于模板顶面 5～20 mm。

③整平机在一个作业单元长度内,采用前进振动、后退静滚方式作业,宜分别滚压2~3遍,最佳滚压遍数经过试铺确定。

④在整平机作业时,有专人处理轴前料位的高低情况。

⑤滚压完成后,将振动辊轴抬离模板,用整平轴前后静滚整平,直到平整度符合要求、表面砂浆厚度均匀为止。

⑥表面灰浆厚度控制在(4±1) mm,整平机前方表面过厚、过稀的灰浆必须刮除丢弃。

⑦刮尺、刮板或抹面机作业时间不得超过规范规定的最长铺筑时间。

4. 接缝施工

(1)纵缝施工

①纵向施工缝采用平缝形式,位置避开轮迹,与路线中线平行,重合或靠近车道线。构造可采用平缝加拉杆型。拉杆采用螺纹钢筋,设在板厚中央,并对拉杆中部100 mm范围内进行防锈处理。

②采用固定模板施工方式时,在振实过程中,从侧模预留孔中手工插入拉杆。

③当一次铺筑宽度大于4.5 m时,采用假缝拉杆型纵缝,即锯切纵向缩缝,纵缝位置按车道宽度设置,拉杆提前预埋。

④插入或置入的侧向拉杆应牢固,不得松动、碰撞或拔出。若发现拉杆松脱、拔出或未插入,在横向相邻路面摊铺前,钻孔应重新置入拉杆。

(2)横向施工缝

①混凝土路面横向缩缝宜按已有路面和设计进行设置。

②钢筋支架具有足够的刚度,传力杆定位准确,摊铺之前在基层表面放样,并用钢钎锚固,宜使用手持振捣棒振实传力杆高度以下的混凝土,然后机械摊铺。

a. 混凝土面板所有接缝凹槽都按图纸规定,用填缝料填缝。填缝材料和填缝方法经监理工程师批准。

b. 在混凝土养护期满后进行填缝,填缝前必须保持缝内干燥清洁,防止砂石等杂物掉入缝内。填缝前经监理工程师检查。

c. 填缝料与混凝土缝壁黏附紧密,其灌注深度宜为缝宽的2倍。

d. 在开放交通前,填缝料有充分的时间硬结。

5. 拆模

①当混凝土抗压强度不小于5 MPa时,方可拆模。当缺乏强度实测数据时,可按照试验室试件强度做出判断。当达不到要求、不能拆除端模时,可空出一块面板重新起头摊铺,空出的面板待两端均可拆模后再补做。

②拆模不得损坏板边、板角和传力杆、拉杆周围的混凝土,也不可造成传力杆和拉杆松动或变形。模板拆卸宜使用专门的拔楔工具,严禁使用大锤强击拆卸模板。

③拆下的模板应将黏附的砂浆清除干净,并矫正局部损坏。

6. 切缝与养护

水泥混凝土路面的切缝在模板拆除后进行,且在混凝土出现温缩裂缝前全部完成,同样按施工经验控制割缝时间，施工时根据现场及天气环境适当调整。切缝位置要预先放好墨线，切缝做到缝隙均匀、缝道顺直等，严防因超出切割时间太长，混凝土出现温缩而引起断板现象的发生。以上工作完成后，及时覆盖双层养护毯并洒水养护 21 d，养护期间封闭交通。

7. 刻纹

刻纹前将工作面清扫干净，在平整度符合规范要求后，根据板块布置情况及刻纹机器性能，等间距放样弹墨线，然后进行横向刻纹作业。刻纹深度按照现场试验确定，槽宽 3 mm，槽间距在 12～24 mm 范围内随机调整。刻纹时要求线条顺直，直线接岔不错位，刻纹深度一致，方向与横向缩缝协调一致。

8. 质量控制要点

①提高基层强度、平整度、高程检查频率，对不符规范要求的做彻底处理，同时严格检测弯沉值。

②严格控制原材料及配合比，避免不合格材料用于工程。定期对配料机进行校核，保证配合比计量准确。

③控制插入式振捣器在每一位置的振捣时间，至拌和物停止下沉、不再冒出气泡并泛出水泥浆为止，但不宜过振。振捣时随时检查模板，如有下沉、变形、松动现象，要及时纠正。

④整平时，严禁用纯水泥砂浆填补、找平。

⑤掌握锯缝时间，避免混凝土收缩产生断板。

⑥加强覆盖养护。

3.3.3 主要病害与养护

1. 水泥混凝土路面的病害

水泥混凝土路面的使用性能在行车和自然因素的作用下不断下降，以致出现各种类型的损坏现象。其形式可分为接缝破坏和混凝土面板损坏，损坏性质也可分为功能性损坏和结构性损坏。

（1）接缝的破坏

①挤碎：出现于横向接缝（主要是胀缝）两侧数十厘米宽度内。胀缝内的滑动传力杆位置不正确、滑动端的滑动功能失效、施工时胀缝内局部有混凝土搭接、胀缝内落入坚硬的杂屑等原因阻碍了板的伸长，使混凝土在膨胀时受到较高的挤压应力，当其超过混凝土的抗剪强度时，板即挤碎。

②拱起：水泥混凝土面板在受热膨胀受阻时，某一接缝两侧的板突然向上拱起，这是由于板收缩时缝隙张开，填缝料失效，坚硬碎屑等不可压缩的材料塞满缝隙，使板在膨胀时产生较大的热压应力，从而出现纵向压曲失稳。

③错台：横向接缝两侧路面板出现的竖向相对位移。胀缝下部嵌缝板与上部缝隙未能对齐、胀缝两侧混凝土壁面不垂直、地面水通过接缝渗入基础使其软化、接缝传荷能力不

足、传力效果降低等都会导致错台的产生。当交通量或基础承载力在横向各幅板上分布不均匀、各幅板沉陷不一致时，纵缝也会产生错台现象。

④唧泥：汽车行经接缝时，由缝内喷溅出稀泥浆的现象。在轮载的频繁作用下，基层由于塑性变形累积而同面层板脱空；地面水沿接缝下渗而积聚在脱空的缝隙内；在轮载作用下，积水变成有压水，同基层内浸湿的细料被混搅成泥浆，并沿接缝缝隙喷溅出来。唧泥的出现使面板边缘部分失去支撑，因而在离接缝 1.5～1.8 m 处容易出现横向裂缝。

此外，纵缝两侧的横缝前后错开、纵缝缝隙拉宽、填缝料丧失和脱落也都属于接缝的破坏。

(2)混凝土板本身的破坏

混凝土板的破坏主要是断裂、裂缝和面层表层类病害。面板由于所受内应力超过了混凝土的强度而出现横向或纵向的断裂和裂缝，其原因是多方面的：板太薄或轮载太重；行车荷载的渠化作用(荷载次数超过允许值)；板的平面尺寸太大，使温度翘曲应力过大；地基塑性变形过量，使板底脱空失去支撑；养护期间收缩应力过大；材料或施工质量不良，混凝土未能达到设计要求；等等。断裂裂缝破坏了板的结构整体性，使板丧失了应有的承载能力。因而，断裂裂缝可被视为混凝土面层结构破坏的临界状态。

表层类病害主要表现为混凝土混合料中集料的耐磨性较差而导致的磨损和露骨；施工养护不当造成的纹裂、网裂和起皮；活性集料反应引起的网裂、粗集料冻融裂纹、坑洞等。

2. 混凝土路面的养护与维修

(1)日常养护

水泥混凝土路面应做好预防性、经常性养护，及早发现缺陷，查清原因，采取适当措施，保持路面状况良好。

路面必须定期清扫泥土和污物，冰雪地区应及时除雪、除冰，路面上出现的小石块等坚硬物应予以清除，中央分隔带内的杂物应定期清除，保持路面整洁。

水泥混凝土路面的接缝应保持表面平顺，接触完好。对于填缝料凸出板面的情况，高速公路超出 3 mm 时应铲除。外溢流淌到接缝两侧面板的填缝料，影响路容和平整度时应予以铲除。填缝料局部脱落时，应灌缝填补；填缝料脱落缺失大于三分之一或因日久老化而失去弹性时，应立即进行整条接缝的填缝料更换。更换填缝料应使用专用机具。更换填缝料之前应将原有填缝料及掉入缝槽内的砂石杂物清理干净，并保持缝槽干燥、清洁。填缝料灌注深度宜为 3～4 cm，填缝料灌注高度夏天宜与板面平，冬天宜稍低于面板 2 mm。

(2)水泥混凝土路面破损维修

①裂缝维修。

对于宽度小于 3 mm 的裂缝，可采取扩缝灌浆。

对于贯穿全板厚的 3～15 mm 的中等裂缝，可采取条带罩面进行补缝。

对于宽度大于 15 mm 的严重裂缝，可采用全深度补块，具体有集料嵌锁法、设置传力杆法。

a. 集料嵌琐法。

在修补的混凝土路面上，平行于缩缝画线，沿画线位置进行全深度切割。在保留板块边部，沿内侧 4 cm 位置，锯 5 cm 深的缝（见图 3-6）。破碎、清除旧混凝土，全深锯口和半深锯口之间的 4 cm 宽条混凝土垂直面应凿成毛面，拌制混凝土混合料，并在拌和后 30~40 min 内卸到补块区内，振捣密实。混凝土达到通车强度后，即可开放交通。

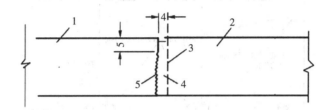

1—保留板；2—全深度补块；3—全深度锯缝；4—凿除混凝土；5—缩缝交错界面。

图 3-6　集料嵌琐法（单位：cm）

b. 设置传力杆法。

如图 3-7 所示，处理基层后，应修复、安设传力杆和拉杆。原混凝土板的传力杆或拉杆折断时，应重新安设或用与原规格相同的钢筋焊接。安装时应在板厚 1/2 处钻出比传力杆直径大 2~4 mm 的孔，孔中心间距 30 cm，其误差不应超过 3 mm。横向施工缝传力杆直径为 25 mm，长度为 45 cm，嵌入相邻保留板内深 22.5 cm。拉杆孔直径宜比拉杆直径大 2~4 mm，应沿相邻板块之间的纵向接缝板厚 1/2 处钻孔，中心间距 80 cm。拉杆采用直径 16 mm 的螺纹钢筋，长 80 cm，其中 40 cm 嵌入相邻车道的板内。传力杆和拉杆宜用环氧砂浆牢牢固定在规定位置，摊铺混凝土前，传力杆的伸出端应涂少许润滑油。

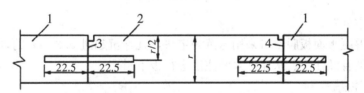

1—保留板；2—全深度补块；3—缩缝；4—施工缝；r—混凝土板的厚度。

图 3-7　设置传力杆法（单位：cm）

② 板块、板角修补。

若水泥混凝土板边轻度剥落，应将剥落的表面清理干净，用沥青混合料或接缝材料修补平整；当板边严重剥落时，可采用前述条带罩面进行修补；若板边全深度破碎，可采用前述全深度补块法进行修补。

板角断裂修补应按破碎面的大小确定切割范围，见图 3-8。切缝后，凿除破损部分时，应凿成规则的垂直面，不应切断原有钢筋，如果钢筋不能全部保留，至少也要保留 20~30 cm 长的钢筋头，且应长短交错。原有传力杆有缺陷时应予更换。基层不良时可采用

C15 混凝土浇筑基层。与原有路面板的接缝面应涂刷沥青，如为胀缝，应设胀缝板。浇筑新混凝土，与原有面板之间的接缝应切出宽 3 mm、深 4 mm 的接缝槽，并灌入填缝材料。待混凝土达到强度后，方可开放交通。

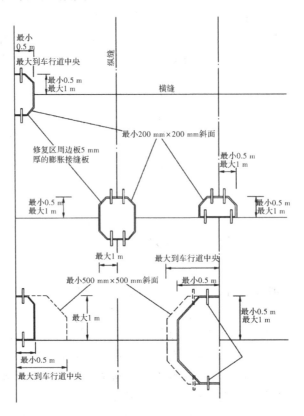

注：修复纵向边不能位于车轮轨迹上。

图 3-8　板角断裂修补法

③板块脱空处置。

判断水泥混凝土面板脱空可采用弯沉测定法，凡弯沉超过 0.2 mm 的，应确定为面板脱空。可采用沥青灌注法、水泥砂浆灌注法进行板下封堵。

a. 沥青灌注法。

按图 3-9 所示布置灌浆孔。灌浆孔钻好后，采用压缩空气将孔中的混凝土碎屑、杂物清除干净，保持干燥；将建筑沥青加热融化，温度一般为 180 ℃，用沥青洒布车或专用设备以 200～400 kPa 的压力将沥青灌注压满后约 0.5 min，拔出喷嘴，用木楔堵塞。待沥青温度下降后，拔出木楔，填进水泥砂浆，即可开放交通。

b. 水泥砂浆灌注法。

灌浆孔的布设同沥青灌注法。灌注机械可采用压力灌浆机或压力泵，灌注压力为 1.5～2.0 MPa。灌浆作业应先从沉陷量大的地方开始。当相邻孔或接缝中冒浆时，即可停止泵送水泥浆，每灌完一孔应用木楔堵孔。待砂浆抗压强度达到 3 MPa 时，用水泥砂浆堵孔，即可开放交通。

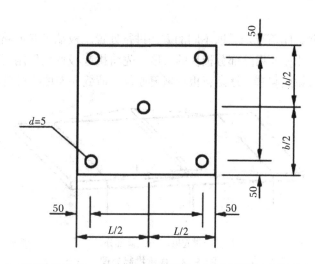

d—灌浆孔直径；L—水泥混凝土面板长度；b—水泥混凝土面板宽度。

图 3-9 灌浆孔布置(单位：cm)

④错台处置。

错台的处置方法有磨平法和填补法，可按错台的轻重程度选定。

高差不大于 10 mm 的错台，可采用磨平机抹平或人工凿平。处理时应从错台最高点开始向四周扩展，边磨边用 3 m 直尺找平，直至相邻两块板齐平为止(见图 3-10)。磨平后将接缝内的杂物清除干净，并吹净灰尘，及时将嵌缝料填入。

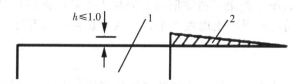

1—下沉板；2—磨平；h—错台高差。

图 3-10 错台磨平法示意图(单位：cm)

高差大于 10 mm 的严重错台，可采用沥青砂或水泥混凝土进行处置。用沥青砂处置时，先清除路面杂物和灰尘，并喷洒一层热沥青或乳化沥青，沥青用量为 $0.40\sim0.60$ kg/m²，再用沥青砂填补，修补面纵坡变化应控制在 1‰ 以内，填补后用轮胎压路机碾压。用水泥混凝土修补时，应将错台下沉板凿除 $2\sim3$ cm 深，修补长度按错台高度除以坡度(1‰)计算(见图 3-11)，清除杂物灰尘，浇筑聚合物细石混凝土，混凝土达到通车强度后，即可开放交通。

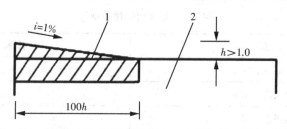

1—凿除修补；2—下沉板；i—坡度；h—错台高差。

图 3-11 错台填补法示意图(单位：cm)

⑤拱起处理。

拱起处理应根据具体情况，采取不同的方法进行处置。板端拱起但路面完好时，应根据板块拱起高低程度，计算要切除部分板块的长度。先将拱起板块两侧附近1～2条横缝切宽，待应力充分释放后切除拱起端，逐渐将板块恢复原位，清缝并灌填缝材料，如图3-12所示。

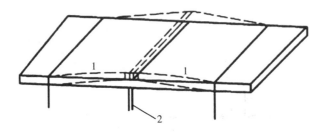

1—拱起板；2—切除部分。

图 3-12　板体拱起处理

当拱起板两端间因硬物夹入发生拱起时，应将硬物清除干净，使板块恢复原位，同时清理接缝内杂物和灰尘，灌填缝料。胀缝间因传力杆的部分或全部在施工时设置不当，使板受热时不能自由伸长而发生拱起，应重新设置胀缝。

⑥坑洞修补。

对于个别的坑洞，应清除洞内的杂物，用水泥砂浆等材料填充，达到平整密实；对较多洞连成一片的，可采取薄层修补方法进行修补：沿与路中心线平行或垂直的方向切割深6 cm以上的矩形槽，将槽壁凿毛，清除槽内的混凝土碎屑，将新拌混凝土拌和物填入槽内，振捣密实，并保持与原混凝土面板齐平，喷洒养护剂，待混凝土强度达到通车强度后，方可开放交通。

⑦接缝维修。

当相邻车道面板发生横向位移，使得纵缝张开宽度在 10 mm 以下时，宜采取聚氯乙烯胶泥、焦油类和橡胶沥青等加热施工式填缝料进行维修；当纵缝张开宽度在10 mm 以上时，先清除缝内杂物和灰尘，采用挤压枪注入聚氨酯类常温施工式填缝料，填缝料固化后方可开放交通；当纵缝张开宽度在 15 mm 以上时，采用沥青砂填缝。

若接缝出现碎裂，先在破碎部位外缘切割出规则图形，其周围切割面应垂直于面板，底面宜为平面，清除混凝土碎块，吹净灰尘杂物，并保持干燥状态，用经过改性的环氧树脂类材料或经乳化反应过的环氧树脂乳液等高强材料进行填充维修，待修补材料强度达到通车要求后，方可通车。补强材料技术要求见表3-1。

表 3-1　补强材料技术要求

性能	技术要求
灌入稠度/s	<20
拉伸强度/MPa	≥5
黏结强度/MPa	≥3
断裂伸长率/%	2～5

⑧表面起皮、剥落、露骨处置。

当水泥混凝土路面局部路段出现磨光时，应采取机械刻槽的方法，以恢复路面的平整度和粗糙度；对较大范围的磨损和露骨，可铺设沥青类磨耗层。

沥青类磨耗层铺筑前，应对混凝土面板进行修整处理，使混凝土路面干燥、清洁，路面喷洒 $0.4 \sim 0.6 \ \mathrm{kg/m^2}$ 的黏层沥青，然后立即铺筑厚 $1.0 \sim 1.5 \ \mathrm{cm}$ 的沥青砂磨耗层。若采用乳化沥青，应待破乳后铺筑。

磨耗层采用稀浆封层机摊铺时应保持槽内有近半槽稀浆，摊铺过程中出现局部稀浆过厚时须用橡皮板刮平，稀浆过少时应用铁锹取浆补齐，流出的乳液需用刮板刮平，摊铺终点接头处应平直整齐。稀浆封层铺筑后到成型前应封闭交通，开放交通初期应有专人指挥，控制车速不得超过 $20 \ \mathrm{km/h}$，并不得紧急制动或掉头。

3. 旧水泥混凝土路面碎石化技术

对于处于使用末期、病害严重的水泥混凝土路面，当采用直接在面板上加铺罩面等措施已不能保证路面使用性能时，必须大修改建。此时可能的处理方式有两种：一是从原位挖除旧水泥混凝土破碎板，重铺路面结构基层、面层；二是原位利用，就地破碎旧水泥混凝土板，并将其作为基层或底基层，其上再新加铺面层。

原位挖除成本很高，对环境造成不利影响，旧路面材料得不到利用。原位破碎利用，既降低成本，又不会对环境造成不良的影响，并充分利用旧水泥混凝土路面材料的强度，因而在破坏严重的水泥混凝土路面结构改造中得到越来越多的应用。水泥混凝土路面破碎后可采用沥青路面，也可采用水泥路面，从国内外工程情况看，加铺沥青路面成为主流。

目前国内外常用的水泥混凝土路面破碎施工机械种类不少且各有特点，在进行水泥混凝土路面破碎施工过程中，有着不同的工艺特点和施工效果。目前我国最常用的水泥混凝土破碎方式及设备有以下几种，可根据路面不同的病害程度、交通量状况与设计使用寿命选用不同的破碎方式。

（1）冲击压实破碎

采用冲击压路机破碎原水泥混凝土路面并使面板与基层紧密结合。

（2）共振破碎

采用共振破碎机械破碎，施工效率较高，每车道每天可破碎 $1\ 500\ \mathrm{m}$。它所施加的振动荷载高频低幅，产生的破碎颗粒粒径小，破碎宽度较小，机械产生的冲击能传播范围及对构造物影响也较小。

（3）多锤头破碎

MNB(multiple-head breaker)是一种多锤头破碎设备，它利用设备所带多个锤的下落重力对水泥混凝土路面板进行锤击和破碎。

第4章　高速公路桥涵施工技术

4.1　桥梁基础施工

4.1.1　桥梁基础工程施工

1. 桥梁基础工程施工技术

桥梁的基础承担着桥墩、桥跨结构(桥身)的全部重量以及桥上的可变倚载。桥梁基础往往修建于江河的流水之中，遭受水流的冲刷。所以桥梁基础一般比房屋基础的规模大，需要考虑的因素多，施工也困难。桥梁基础通常可分为浅基础和深基础(桩基础、沉井基础等)两大类。

(1)明挖基础

浅基础往往采用敞坑开挖的方式施工，因而也称为明挖基础。为了提高地基承载力，一般将基础分层设置，逐层扩大，因此也称为扩大基础。开挖基坑是明挖基础施工中的一项主要工作，可以采用人工开挖、机械开挖、土与石围堰开挖。当地下水位较高时，需采用排水设施。

(2)桩基础

桥梁的桩基础是桥梁基础中常用的形式。当地基上面土层较软且较厚时，如采用刚性扩大基础，地基的强度和稳定性往往不能满足要求。这时采用桩基础是比较好的方案。水流稍深的江河道上的桥梁也多用桩基础。桩基础由若干根桩与承台组成。每根桩的全部或部分沉入地基中，桩在平面排列上可成为一排或几排，所有桩的顶部由承台联成一个整体，在承台上再修筑墩台。桩基础的作用是将墩台传来的外力传到较深的地层中去。承台将外力传递给各桩，起到箍住桩顶使各桩共同作用的目的。各桩所承受的荷载由桩身与周围土之间的摩阻力及桩底地层的抵抗力来支承。因此桩基础一般具有承载力高、稳定性好、沉降小、沉降均匀等特点。在深水河道中，桩基础具有减少水下工程、简化施工工艺、加快施工进度等优点。桩基础有钢筋混凝土预制桩和钢筋混凝土现浇灌注桩两种，因为钢筋混凝土桩的承载能力大，耐久性好。

(3)沉井基础

沉井是桥梁工程中广泛采用的一种无底无盖、形如井筒的基础结构物。沉井在施工时作为基础开挖的围堰，依靠自身重量，克服井壁模阻力逐渐下沉，直至到达设计位置，经过混凝土封底，并填充井孔后成为墩台的基础。

2. 桥梁扩大基础工程施工方法

(1)基础的定位放样

在基坑开挖前，先进行基础的定位放样工作。根据桥梁中心线与墩台的纵横轴线，推出基础边线的定位点，再放线画出基坑的开挖范围。

基坑各定位点的标高及开挖过程中标高检查，一般用水准测量的方法进行。

(2)陆地基坑开挖(以无支撑基坑开挖为例)

有渗水土质的基坑坑底开挖尺寸需按基坑排水设计(包括排水沟、集井、排水管网等)和基础模板设计而定，一般基底尺寸应比设计平面尺寸各边增宽0.5~1.0 m。基坑可采用垂直开挖、放坡开挖、支撑加固开挖等方法，具体应根据地质条件、基坑深度、施工期限与经验，以及有无地表水或地下水等现场因素确定。

(3)基坑排水

①井点排水法。

当土质较差且有严重流沙现象，地下水位较高，基坑较深，坑壁不稳定，用普通排水方法难以解决时，可采用井点排水法。井点排水适用于渗透系数为0.5~150 m/d的土壤，尤其在2~50 m/d的土壤中效果最好。具体可视土层的渗透系数、要求降低地下水位的深度及工程特点等，选择适宜的井点排水法和所需设备。用井点法降低土层中地下水位时，应尽可能将滤水管埋设在透水性较好的土层中，并应在水位降低的范围内设置水位观测孔；对整个井点系统应加强检查和维修，以保证不间断地进行抽水；还应考虑到水位降低区域构筑物受其影响而可能产生的沉降。为此要做好沉降观测，必要时应采取防护措施。

②集水坑排水法。

除严重流沙外，一般情况下均可适用。集水坑(沟)的大小主要根据渗水量的大小而定，排水沟底宽不小于0.3 m，纵坡为1‰~5‰。如排水时间较长或土质较差，沟壁可用木板或荆篱支撑防护。集水坑一般设在下游位置，坑深应大于进水笼头高度，并用荆笆、竹篓、编筐或木笼围护，以防止泥沙阻塞吸水笼头。

③其他排水法。

a. 对于土质渗透性较大、挖掘较深的基坑，可采用板桩法或沉井法。

b. 依据工程特点、工期及现场条件等，还可采用帷幕法，即将基坑周围土层用硅化法、水泥灌浆法、沥青灌浆法及冻结法等处理成封闭的不透水的帷幕。帷幕法除自然冻结法外，均因所需设备较多、费用较大，在桥涵基础施工中应用较少。

c. 自然冻结法在我国北方地区应用前景较好，一般采用分格分层开挖，即将已冻结的水或土壤从上往下逐层分格开挖，连续开挖通过水层或饱和土层直到河底、再通过河床覆盖层达到基础设计标高。

(4)基底检验与处理

①基底检验。

在基础浇筑前，应按规定检验基坑施工是否符合设计要求。其目的在于确定地基的容许承载力的大小、基坑位置与标高是否与设计文件相符，以确保基础的强度和稳定性，不致发生滑移等病害。

基底检验的主要内容包括：检查基底平面位置、尺寸大小，基底标高；检查基底土质均匀性，地基稳定性及承载力；检查基底处理和排水情况；检查施工日志及有关试验资料；等等。

②基底处理。

天然地基上的基础是直接靠基底土壤来承担荷载的，故基底土壤状态的好坏对基础及墩台、上部结构的影响极大，不仅要检查土壤名称与容许承载力大小，也应为土壤更有效地承担荷载创造条件，因此要进行基底处理工作。

(5)基础混凝土浇筑

基础混凝土浇筑分为无水浇筑、排水浇筑和水下浇筑三种情况。

①无水浇筑。

无水浇筑无疑是最合适的施工条件，在无水状态下，按常规的混凝土浇筑方法来进行施工即可。

②排水浇筑。

排水浇筑施工的要点：确保在无水状态下砌筑施工；禁止带水作业及用混凝土将水赶出模板外的灌注方法；基础边缘部分应严密隔水；水下部分施工时，必须待水泥砂浆或混凝土终凝后才允许浸水。

③水下浇筑。

水下浇筑混凝土只有在排水困难时采用。基础施工的水下灌注分为水下封底和水下直接灌筑基础两种。前者封底后仍要排水再砌筑基础，封底只是起封闭渗水的作用，其混凝土只作为地基而不作为基础本身，适用于板桩围堰开挖的基坑。后者直接灌筑基础即可。

浇筑基础时，应做好与台身、墩身的接缝连接，一般要求如下。

①对于混凝土基础与混凝土墩台、墩身的接缝，其周边应预埋直径不小于 16 mm 的钢筋或其他铁件，埋入与露出的长度不应小于钢筋直径的 20 倍。

②对于混凝土或浆砌片石墩台身的接缝，应预埋片石，片石厚度不应小于 15 cm，片石的强度要求不低于基础或墩台、墩身混凝土或砌体的强度。

(6)地基加固

我国地域辽阔，自然地理环境不同，土质强度、压缩性和透水性等性质有很大的差别。其中，有不少是软弱土或不良土，诸如淤泥质土、湿陷性黄土、膨胀土、季节性冻土以及土洞、溶洞等。当桥涵位置处于这类土层上时，除可采用桩基、沉井等深基础外，也可视具体情况采用相应的地基加固措施，以提高其承载能力，然后在其上修筑扩大基础，以求获得缩短工期、节省投资的效果。

一般软弱地基土层加固处理方法可归纳为以下四种类型。

①换填土法。

将基础下软弱土层全部或部分挖除，换填力学物理性质较好的土。

②挤密土法。

用重锤夯实或砂桩、石灰桩、砂井、塑料排水板等方法，使软弱土层挤压密实或排水固结。

③胶结土法。

用化学浆液灌入或粉体喷射搅拌等方法，使土壤颗粒胶结硬化，改善土的性质。

④土工聚合物法。

用土工膜、土工织物、土工格栅与土工合成物等加筋土体，以限制土体的侧向变形，增加土的周压力，有效提高地基承载力。

3. 钻孔桩施工在桥梁深水基础工程施工中的应用

（1）钻孔桩工作平台

深水基础钻孔桩一般为大直径，施工时受洪水、通航、大流速和冲刷的影响，为排除施工干扰，必须在桩位设置临时工作平台。工作平台可分为固定工作平台和浮动工作平台两种。

①固定工作平台。

固定工作平台按构造形式分为支架工作平台和围堰工作平台。支架工作平台包括木桩工作平台、钢筋混凝土桩工作平台以及型钢、钢管桩工作平台等。围堰工作平台包括钢套箱围堰工作平台、钢板桩围堰工作平台、浮运薄壳沉井工作平台。

②浮动工作平台。

在风浪和水流速度较小的深水基础施工中，采用船体、六四式标准舟节、浮箱或木排等浮体拼装成浮动工作平台，浮动的工作平台就位后锚定，插打钢护筒，在平台上安装钻机进行钻孔桩施工。浮体的大小根据水流的情况、工作平台的尺寸和载重的大小决定。浮动工作平台法可充分利用制式器材，节约大量材料。

（2）埋设护筒

在钻孔前须埋设护筒，其目的是固定桩位，引导钻锥方向，保护孔口不坍塌，隔离地面水和保持孔内水位高出施工水位。

钢护筒一般用 3～5 mm 厚的钢板制作，两端有法兰盘，每节长约 2 m，可按需要接长，为增加护筒刚度，防止变形，可在中间加焊加劲肋。钢筋混凝土护筒壁厚为 8～10 cm。

埋设护筒的方法有挖埋式（适用于旱地或当地下水位在地面以下大于 1 m 时）、填筑式（适用于桩位处地面高程与施工水位或地下水位的高差小于 1.5～2.0 m 时）、围堰筑岛（适用于水深小于 3 m 的河床）、深水护筒（适用于水深在 3 m 以上的深水河床中）。

埋设护筒时的施工要求如下。

①护筒因多次周转，采用 3～10 mm 钢板制成护筒内径，使用旋转钻机时比桩径大 20～30 cm，使用冲击钻时比桩径大 30～40 cm。

②护筒中心竖直线应与桩中心线重合，除设计另有规定外，平面允许偏差一般不大于 50 cm，倾斜度不大于 1%，干处可实测定位，水域可依靠导向架定位。

③无水地层护筒宜高出地面 0.3～0.5 m。

④埋置护筒要考虑桩位的地质和水文情况，一般埋置深度为 2.0～4.0 m。

（3）选择钻孔机械

桥梁深水钻孔桩所用钻机根据成孔和出渣特点大体分为螺旋钻机、正循环回旋钻机、反循环回旋钻机、潜水钻机、冲抓钻机和冲击钻机等。应根据桥址区域地质情况、桩径大小、入土深度和机具设备等条件选用适当的钻具和钻孔方法，以保证顺利达到设计孔深。

（4）泥浆制备

①泥浆的作用。

a. 保护孔壁免于坍塌。

b. 使孔内钻渣处于悬浮状态，有利于将钻渣排出孔外。

②泥浆的调制。

制浆前，应把黏土块尽量打碎，便于在搅拌中易成浆，缩短搅拌时间，提高泥浆质量。制浆有机械搅拌、人工搅拌和钻锥搅拌三种方法。在钻孔过程中，需要泥浆的量很大，约为成孔体积的 1/3～1/2，甚至 1.2～2.0 倍，因此在钻进前，应选择适宜的地点修筑泥浆池，制备好足够的泥浆。

（5）钻孔桩成孔

①钻孔。

在桩基施工前，试成孔数量不得少于 2 个，以核对地质资料，检验所选用的设备、机具、施工工艺以及技术要求是否适宜。

开钻前，要用经纬仪进行检查，使钻机顶部的起吊滑轮、转盘和桩孔中心三者位于同一铅垂线上，偏差小于 2 cm。钻机定位要准确、水平、稳固。

成孔施工应一次不间断地完成，不得无故停钻，施工过程应做好施工原始记录。成孔完毕至灌注混凝土的时间间隔不应大于 24 h。成孔过程中，孔内水头压力比地下水位的水头压力大 20 kPa 左右。钻井过程中，若遇松软土层，应调整泥浆性能指标。成孔至设计要求深度后，应会同有关各方对孔深（核定钻头和钻杆长度）、孔径（用全站仪）、桩位进行检查，确保符合要求后，方可进入下一道工序施工。

多台钻机同时施工，相邻钻机间的距离不宜太近，以免互相干扰，在混凝土灌注完毕的桩旁成孔施工，其安全距离不应小于 $4d$（d 为桩径）或时间间隔不应小于 36 h。

从开孔起，就需要在孔内用泥浆护壁，泥浆的相对密度以 1.1 为好。为确保桩基施工质量及文明施工，现场必须分区对泥浆循环进行统一管理，泥浆循环中多余或废弃的泥浆，应按建设单位制定的地点及时运出现场处理。现场采用振动筛旋流泵将废弃泥浆分离后重复使用。

②清孔。

清孔应分两次进行。第一次清孔在成孔完毕后进行；第二次清孔在下放钢筋笼和混凝土导管安装完毕后进行。

清孔过程中，应测定泥浆指标，清孔后的泥浆相对密度应小于 1.15。清孔结束时，应测定孔底沉渣（泥），孔底沉渣（泥）厚度应符合设计及有关规范规定［孔底沉渣（泥）厚度采用测锤的标准水文测绳测定］。

清孔结束后，孔内应保持水头高度，并应在 30 min 内灌注混凝土。若超过 30 min，灌注混凝土前应重新测定孔底沉渣（泥）厚度。若超过规定的沉渣（泥）厚度，应重新清孔直至符合要求。清孔时送入孔内的泥浆不得少于砂石泵的排量，保证循环过程中补浆充足。

（6）泥浆排放

对钻孔、清孔、灌注混凝土过程中排出的泥浆，根据现场情况引入到适当地点进行处理，以防对河流及周围环境造成污染。

（7）钢筋笼施工

钢筋笼宜分段制作。钢筋笼制作前，应将钢筋调直，清除钢筋表面污垢、锈蚀，准确控制下料长度。钢筋笼采用环形模制作。

钢筋笼应经验收合格后方可安装。钢筋笼安装应符合设计要求，其允许偏差为±10 mm。钢筋笼全部安装入孔后，应检查安装位置，确认符合要求后将钢筋笼吊筋固定定位，避免灌注混凝土时钢筋笼上拱。

(8)水下混凝土施工

①钻孔桩混凝土灌注。

混凝土灌注工作开始后，必须连续不断地进行并且尽量缩短每斗混凝土灌注间隔时间，严格控制拆除导管所耗时间，一般不超过 15 min，不能中途停工。在灌注混凝土的过程中，随时探测混凝土高度，及时拆除或提升导管，注意保持适当的埋深。导管埋深一般保持在 2～4 m，最大埋深不大于 6 m。

②灌注混凝土应注意的几个问题。

a. 导管下端距桩底控制为 0.3～0.4 m，在一切工作就绪，经量测孔底沉淀层超标时，采用射水(射风)管冲射 3～5 min。

b. 导管埋入混凝土的深度在任何时候不小于 1.0 m。

c. 水下灌注混凝土的实际桩顶标高应高出桩顶设计标高 0.5 m 左右。

d. 严禁导管漏水或导管底口进水(即封不住底)而造成断桩事故，保证施工质量。

e. 当混凝土灌注完毕后，待桩上部混凝土开始初凝，解除对钢筋笼的固定，保证钢筋笼随着混凝土的收缩而收缩，避免黏结力的损失。

③清理桩头。

当桩头混凝土强度达到设计值的 25% 时，立即拆除护筒并凿除桩头多余混凝土。当达到桩顶设计标高时，采用人工凿除桩头，不采用爆破或其他影响桩身质量的方法。

4. 锚固桩在桥梁基础工程施工中的应用

(1)锚固桩相对于其他桩基础的优势

锚固桩是桩基础的一种。桩基础有很多种，也是常见的一种基础形式。它能够较好地适应各种地质条件与荷载条件的情况。桩基础通常具有承载力大、沉降小的优点。而锚固技术将这种优势发挥得更加明显，不仅可以充分调用和提高岩土体的自身强度和自稳能力，改善土壤的应力状态以维持构筑物或土壤的稳定性，还可以通过减小整桩在施工时的嵌岩深度，从而降低施工难度。同时，灌浆锚固桩技术可以使浆体渗透到地基中，改善地基结构，使其更加密实、牢固，从根本上保证桥梁的安全。

(2)以锚固桩为桥梁基础的施工过程以及主要工艺

对桥梁基础进行锚固桩施工之前，一定要做好充分准备。

①需要认真校核前期理论上的计算结果，确定各项数据都符合相关规范并且计算无误后，就要开始进行认真仔细的现场勘测工作。观察水质条件、地层条件、环境条件以及地下水状况。然后进行现场取样，确定现场水质是否可以作为搅拌水使用。还需要充分估计是否会出现涌水状况，并且做好相应的应急处理。

②根据相关资料以及现场勘测，核实在理论设计计算阶段确定的地下障碍物以及埋设物的具体位置。充分考虑到施工过程中可能出现的问题与解决方法，并且要考虑周围地上

建筑物、构筑物以及周围的植被情况对施工可能会造成的影响。然后做出工程进度安排，编制工程计划书，制订出施工工期、相应的安全要求以及防止可能发生的公害措施。

③要充分考虑现场的形式，是否有方便安全施工的条件。

4.1.2 承台和系梁施工

1. 承台施工

(1)围堰及开挖方式的选择

当承台处于干处时，一般直接采用明挖基坑，并根据基坑状况采取一定措施后，在其上安装模板，浇筑承台混凝土。

当承台位于水中时，一般先设围堰(钢板桩围堰或吊箱围堰)，将群桩围在堰内，然后在堰内河底灌注水下混凝土封底，将混凝土凝结后，将水抽干，使各桩处于干处，再安装承台模板，在干处灌注承台混凝土。

对于承台底位于河床以上的水中的情况，采用有底吊箱或其他方法在水中将承台模板支撑和固定，如利用桩基或临时支撑。承台模板安装完毕后抽水、堵漏，即可在干处灌注承台混凝土。

承台模板支承方式的选择应根据水深、承台的类型、现有的条件等因素综合考虑。

(2)承台底的处理

如图 4-1 所示为高桩和低桩承台。

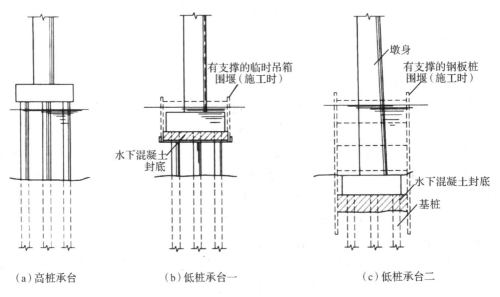

（a）高桩承台　　　　（b）低桩承台一　　　　（c）低桩承台二

图 4-1　高桩和低桩承台

①高桩承台。

当承台底以下河床为松软土时，可在板桩围堰内填入沙砾至承台底面标高。填砂时视情况决定，可抽干水填入或静水填入，要求能承受灌注封底混凝土的质量。

②低桩承台。

当承台底层土质有足够的承载力且无地下水或能排干水时,可按天然地基上修筑基础的施工方法进行施工。当承台底层土质为松软土且能排干水施工时,可挖除松软土,换填 10~30 cm 厚的沙砾土垫层,使其符合基底的设计标高并整平,即立模灌注承台混凝土。

(3)模板及钢筋

①模板一般采用组合钢模,纵、横楞采用型钢,在施工前必须进行详细的模板设计,以保证模板有足够的强度、刚度和稳定性,能可靠地承受施工过程中可能产生的各项荷载,保证结构各部形状、尺寸的准确。模板要求平整,接缝严密,拆装容易,操作方便。一般先拼成若干大块,再由吊车或浮吊(水中)安装就位,支撑牢固。

②钢筋的制作严格按技术规范及设计图纸的要求进行,墩身的预埋钢筋位置要准确、牢固。

(4)混凝土的浇筑

①混凝土的配制除要满足技术规范及设计图纸的要求外,还要满足施工的要求,如泵送对坍落度的要求。为改善混凝土的性能,根据具体情况掺加合适的混凝土外加剂,如减水剂、缓凝剂、防冻剂等。

②混凝土采用拌和站集中拌和,混凝土罐车通过便桥或船只运输到浇筑位置,采用流槽、漏斗或泵车浇筑,也可由混凝土地泵直接在岸上泵入。

③混凝土浇筑时要分层,分层厚度要根据振捣器的功率确定,要满足技术规范的要求。

(5)混凝土养护和拆模

混凝土浇筑后要适时进行养护,尤其是体积较大、气温较高时要尤其注意,防止混凝土开裂。混凝土强度达到拆模要求后再进行拆模。

2. 系梁施工

系梁施工工艺流程如下。

(1)铺设底模

按墩身系梁位置进行底模铺设。

(2)钢筋安装

钢筋在加工场地预制成型,运至施工现场,采用常规方法进行焊接、安装。

(3)模板安装

模板找正采用经纬仪跟踪测量、水平仪测量顶面高程的方法控制,模板支立前涂刷优质脱模剂,以保证混凝土外观质量及拆模便利。

(4)混凝土浇筑

系梁混凝土采用集中搅拌站拌和、人工手持振捣棒分层浇筑振捣、塑料布覆盖洒水保湿养护的方法施工。

(5)拆模

待混凝土强度达到设计规定强度再行拆模,采用人工配合吊车扶模拆卸。拆模时应注意不能损坏台体混凝土。

4.2 桥梁下部结构施工

4.2.1 墩、台身施工

1. 桥梁墩台的构成及典型墩台构造图

桥梁墩台主要由墩（台）帽、墩（台）身和基础三部分组成，主要作用是承受上部结构传来的荷载，并通过基础将该荷载及自重再传递给地基。

（1）桥墩

桥墩指多跨桥梁的中间支承结构物，除承受上部结构的荷载外，还要承受流水压力、风力，以及可能出现的冰荷载、船只、排筏或漂浮物的撞击力，如图 4-2 所示。

重力式桥墩、桩柱式桥墩和空心轻型桥墩构造图如图 4-3～图 4-5 所示。

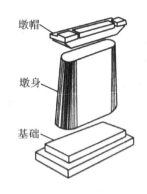

图 4-2　桥墩组成示意图

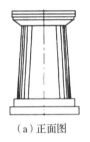

（a）正面图

（b）侧面图

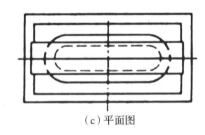

（c）平面图

图 4-3　重力式桥墩构造图

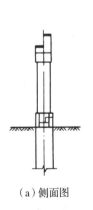

（a）侧面图　　（b）正面图

图 4-4　桩柱式桥墩构造图

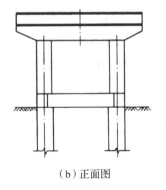

图 4-5　空心轻型桥墩构造图

（2）桥台

支撑桥跨结构物同时衔接两岸接线路堤的构筑物，起到挡土护岸和承受台背填土及填土上车辆荷载附加内力的作用。桥台分重力式桥台和轻型桥台两大类，图 4-6 为重力式桥台。

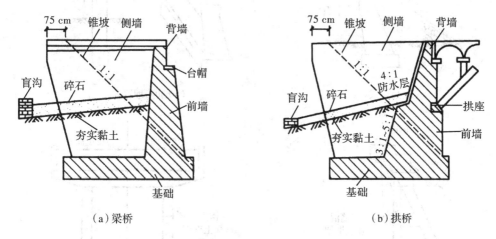

（a）梁桥　　　　　　　　　　　　　　（b）拱桥

图 4-6　重力式桥台

轻型桥台力求体积轻巧、自重小，借助结构物的整体刚度和材料强度承受外力，可节省材料，降低对地基强度的要求，可用于软土地基。

①设有支撑梁的轻型桥台。

这种桥台台身为直立的薄壁墙，台身两侧有翼墙，在两桥台下部设置钢筋混凝土支撑梁，上部结构与桥台通过锚栓连接，于是便构成四铰框架结构系统，并借助两端台后的被动土压力来保持稳定。图 4-7 为地下支撑梁轻型桥台。

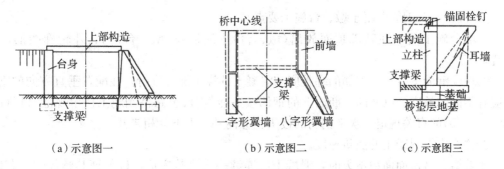

（a）示意图一　　　　　（b）示意图二　　　　　（c）示意图三

图 4-7　地下支撑梁轻型桥台

②埋置式桥台。

如图 4-8 所示，埋置式桥台适用于桥头为浅滩或锥坡受冲刷小的桥梁，将台身埋在锥形护坡中，只露出台帽在外以安置支座及上部构造，桥台所受土压力小，桥台体积也相应减小，但锥坡伸入桥孔，压缩了河道，有时需增加桥长。

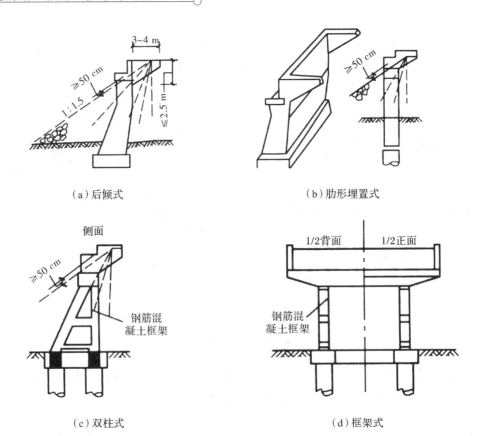

（a）后倾式 （b）肋形埋置式

（c）双柱式 （d）框架式

图 4-8　埋置式桥台

2. 整体式墩台施工要点

（1）混凝土及钢筋混凝土墩、台施工要点

①墩台施工前应在基础顶面放出（墩、台）中线以及（墩、台）内、外轮廓线的准确位置。

②现浇混凝土墩、台钢筋的绑扎应和混凝土的浇筑配合进行。在配置垂直方向的钢筋时应有不同的长度，以使同一断面上的钢筋接头能符合《公路桥涵施工技术规范》(JTG/T 3650—2020)的有关规定。水平钢筋的接头也应内外、上下互相错开。

③注意掌握混凝土的浇筑速度。

④若墩、台截面面积不大时，混凝土应连续一次浇筑完成，以保证其整体性。若墩、台截面面积过大，应分段分块浇筑。

⑤在混凝土浇筑过程中，应随时观察所设置的预埋螺栓、预埋支座的位置是否移动，若发现移位，应及时校正。浇筑过程中还应注意模板、支架情况，如有变形或沉陷，应立即校正并加固。

⑥高大的桥台，若台身后仰，本身自重力偏心较大，为平衡台身偏心，施工时应在填筑台身四周路堤土方的同时砌筑或浇筑台身，防止桥台后倾或向前滑移。未经填土的台身施工高度一般不宜超过 4 m，以免偏心引起基底不均匀沉陷。

⑦V 形、Y 形和 X 形桥墩的施工方法与桥梁结构体系有密切关系。通常把这种桥梁划

为 V 形墩结构、锚跨结构和挂孔部分三个施工阶段。其中 V 形墩是全桥施工的重点，它由两个斜腿和其顶部主梁组成倒三角形结构。

（2）片石混凝土或片石混凝土砌体墩、台施工要点

在浇筑实体墩台和厚大无筋或稀配筋的墩台混凝土时，为节约水泥，可采用片石混凝土或片石混凝土砌体。

①当采用片石混凝土时，混凝土中允许填充粒径大于 150 mm 的石块（片石或大卵石），并应遵守下列规定。

a. 填充石块的数量不宜超过混凝土结构体积的 25%。

b. 应选用无裂纹、无夹层和未煅烧过的并具有抗冻性的石块。

c. 石块的抗压强度应符合《公路桥涵施工技术规范》（JTG/T 3650—2020）的有关规定，与对碎石、卵石的要求相同。

d. 石块在使用前应仔细清扫，并用水冲洗干净。

e. 石块应埋入新浇筑捣实的混凝土中一半左右。受拉区混凝土不宜埋放石块；当气温低于 0 ℃时，应停埋石块。

f. 石块应在混凝土中分布均匀，两石块间的净距不应小于 100 mm，以便捣实其间的混凝土。石块距表面（包括侧面与顶面）的距离不得小于 150 mm，具有抗冻要求的表面不得小于 300 mm，并不得与钢筋接触和碰撞预埋件。

②当采用片石混凝土砌体时，石块含量可增加到砌体体积的 50%～60%，石块净距可减为 40～60 mm，其他要求与片石混凝土相同。

3. 装配式桥墩施工要点

装配式桥墩主要采用拼装法施工。它用于预应力混凝土、钢筋混凝土薄壁墩、薄壁空心墩或轻型桥墩。拼装式桥墩主要由就地浇筑实体部分墩身和基础与拼装部分墩身组成。实体墩身与基础采用就地现浇施工时，应考虑其与拼装部分的连接、抵御洪水和漂流物的冲击、锚固预应力筋、调节拼装墩身的高度等问题。

装配部分墩身由基本构件、隔板、顶板和顶帽组成，在工厂制作，运到桥位处拼装成桥墩。装配部分墩身的分块，要根据桥墩的结构形式、吊装、起重工具和运输能力决定，要尽可能使分块大、接缝小，按照设计要求定型生产为宜。加工制作出来的拼装块件要质量可靠、尺寸准确、内外壁光洁度高。拼装要根据施工现场的地形、水文、运输条件以及墩的高度、起吊设备等具体情况拟定施工细则，认真组织实施。决定拼装方法时，应注意预埋件的位置，接缝处理要牢固密实，预留孔道要畅通。

预应力混凝土空心墩的主要施工工艺流程为如下：

①浇筑桥墩基础。

②浇筑实体墩身（包括预埋锚固件和连接件）。

③安装预制的墩身构件包括预制构件分块、模板制作及安装（在工厂进行）、制孔（在工厂进行）、预制构件浇筑（在工厂进行）、预制构件运输至桥位、安装墩身预制块件。

④施加预应力。

⑤孔道压浆。

⑥封锚。

4. 高桥墩施工要点

(1)提升模板施工法

①单面整体提升模板法。

单面整体提升模板(图 4-9)可分为拼装式模板(图 4-10)和自制式模板。索塔施工时，应分节段支模和浇筑混凝土，每节段的高度应视索塔尺寸、模板数量和混凝土浇筑能力而定，一般宜为 3～6 m。用倒链或吊机吊起大块模板，安装好第一节段模板。在浇筑第一节段混凝土时，应在塔身内预埋螺栓，以支承第二节段模板和安装脚手架。

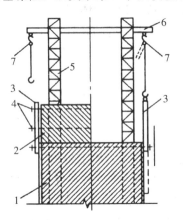

1—已浇索塔；2—待浇节段；3—模板；4—对拉螺栓；5—钢架立柱；6—横梁；7—倒链。

图 4-9　单面整体提升模板

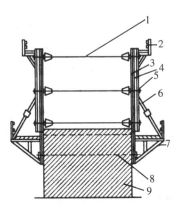

1—拉杆；2—上脚手；3—模板；4—立柱；5—横肋；

6—可调斜撑；7—下脚手；8—预埋螺栓；9—已浇索塔。

图 4-10　拼装式模板

②翻模法。

这种模板系统依靠混凝土对模板的黏着力自成体系，且制造简单、构件种类少，模板的大小可根据施工能力灵活选用，混凝土接缝较易处理，施工速度快。但模板本身不能提升，要依靠塔吊等起重设备。

施工程序为先安装第一层模板(接缝节＋标准节＋接缝节)，浇筑混凝土，完成一个基本节段的施工；以已浇混凝土为依托，拆除最下一层的接缝节和标准节(顶节接缝节不拆），向上提升，将标准节接于第一层的顶节接缝节上，并将拆下的接缝节立于标准节上，安装对拉螺杆和内撑。最后完成第二层模板安装。

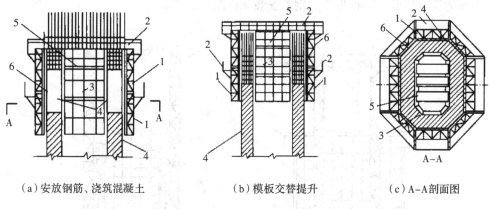

（a）安放钢筋、浇筑混凝土　　（b）模板交替提升　　（c）A-A剖面图

1—模板桁架；2—工作平台；3—内模板；4—已浇混凝土；5—内模平台；6—外模板。

图 4-11　翻模法

③爬模法。

爬模按提升设备不同可分为倒链手动爬模、电动爬架拆翻模和液压爬升模。

a. 倒链手动爬模。

此种装置一般由钢模、提升桁架及脚手架三部分组成，其中模板由背模、前模以及左、右侧模组成。其施工要点：利用提升架上的起重设备，拆除下一节钢模，将其安装到上一节钢模上，浇筑上节钢模内的混凝土并养护；同时绑扎待浇筑节段的钢筋，待混凝土达到规定强度后，用倒链将提升架沿背模轨向上提升（倒链的数量、起吊力的选择一定要依据可提升物的重力等考虑足够的安全系数，并考虑做保险链），再拆除最下节钢模。如此循环操作，全部施工设备随塔柱的升高而升高，具体步骤如图 4-12 所示。

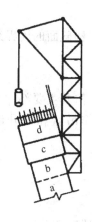 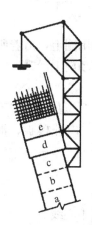 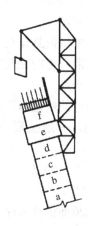

（a）浇筑混凝土　　　（b）养护混凝土、绑扎钢筋　　　（c）爬升模架、安装模板

注：图中字母为爬升顺序。

图 4-12　爬模法

b. 电动爬架拆翻模。

此种装置由模架、模板、电动提升系统和支承系统四部分组成，如图 4-13 所示。其施工步骤为模架爬升、模板拆除、钢筋安装和混凝土施工。

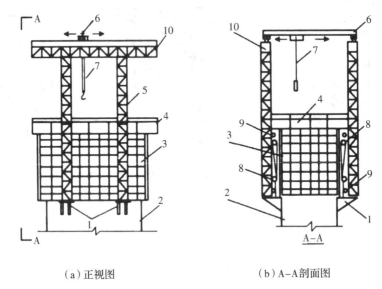

（a）正视图　　　　　　　（b）A—A剖面图

1—支承系统；2—索塔；3—模板；4—工作平台；
5—钢立柱；6—桁车；7—电动葫芦；8—提升系统；9—导向轮；10—模板桁架。

图 4-13　电动爬架拆翻模

c. 液压爬升模。

此种装置由模板系统、网架主工作平台、液压提升系统等组成。当一个节段的混凝土已浇筑并达到规定强度后，即可进行模板的爬升。

（2）滑动模板法

①基本原理。

滑动模板将板悬挂在工作平台的围圈上，沿着所施工的混凝土结构截面的周界组拼装配，并随着混凝土的浇筑由千斤顶带动向上滑升。

②基本构造。

滑动模板的构造因桥墩类型、提升工具的类型不同而稍有差异，但其主要部件与功能则大致相同，一般主要由工作平台、内外模板、混凝土平台、工作吊篮和提升设备等组成。

③施工工序要点。

a. 滑模组装。

在基础顶面搭枕木垛，定出桥墩中心线。

在枕木垛上先安装内钢环，并准确定位，再依次安装辐射梁、外钢环、立柱、顶杆、千斤顶、模板等。

提升整个装置，撤去枕木垛，再将模板落下就位，随后安装余下的设施。待模板滑至一定高度时，及时安装内外吊架。模板在安装前，表面需涂润滑剂，以减小滑升时的摩擦阻力。

组装完毕后，必须按设计要求及组装质量标准进行全面检查，并及时纠正偏差。

b. 浇筑混凝土。

滑模宜浇筑低流动性或半干硬性混凝土，浇筑时应分层、分段地对称进行，分层厚度以 200～300 mm 为宜，浇筑后混凝土表面距模板上缘宜有 100～150 mm 的距离；混凝土入模时，要均匀分布，应采用插入式振捣器捣固，振捣时应避免触及钢筋模板，振捣器插入一层混凝土的深度不得超过 50 mm；脱模时混凝土强度应为 0.2～0.5 MPa，以防其在自重压力下坍塌变形。为此，可根据气温、水泥强度等级，经试验后选定一定量的早强剂掺入，以加强提升混凝土的强度；脱模后 8 h 左右开始养护，用吊在下吊架上的环绕墩身的带小孔的水管来进行。养护水管设在距模板下缘 1.8～2.0 m 处时，养护效果一般较好。

c. 提升与收坡。

整个桥墩浇筑过程可分为初次滑升、正常滑升和末次滑升三个阶段。

从开始浇筑混凝土到模板首次试升为初次滑升阶段，初升滑升后全面检查设备，可进入正常滑升阶段，即每浇筑一层混凝土，滑模提升一次，每次浇筑的高度与每次提升的高度基本一致。在正常气温条件下，提升时间不宜超过 1 h。末次滑升阶段是混凝土已经浇筑到需要高度，不再继续浇筑，但模板尚需继续滑升的阶段。

d. 接长顶杆、绑扎钢筋。

模板每提升至一定高度后，就需要穿插进行顶杆、绑扎钢筋等工作。为不影响提升的时间，钢筋接头均应事先配好，并注意将接头错开。对于预埋件及预埋的接头钢筋，滑模抽离后，要及时清理，使之外露。

e. 混凝土停工后的处理。

在整个施工过程中，由于工序的改变或发生意外事故，混凝土的浇筑工作停止较长的时间，即需要进行停工处理。例如，每隔半小时左右稍微提升模板一次，以免黏结；停工时在混凝土表面插入短钢筋等，以加强新、老混凝土的黏结；复工时还需要将混凝土表面凿毛，并用水冲走残余的渣，湿润混凝土表面，灌注一层厚度为 20～30 mm 的 1∶1 水泥砂浆，再浇筑原配合比的混凝土，继续滑模施工。

4.2.2　盖梁施工技术

1. 墩、台帽施工

（1）放样

墩、台混凝土浇筑或砌石砌至离墩、台帽下缘 300～500 mm 高度时，即需测出墩、台帽纵横中心轴线，并开始竖立墩、台帽模板，安装锚栓孔或预埋支座垫板，绑扎钢筋等。桥台台帽放样时，应注意不要以基础中心线为台帽背墙线。模板立好后，在浇筑混凝土前，应再次复核，以确保墩、台帽的中心、支座垫石等位置、方向和高程不出差错。

（2）模板

①混凝土和钢筋混凝土墩、台帽模板。

墩、台帽系支承上部结构的重要部分，其位置、尺寸和高程的准确度要求较严，墩、台身混凝土浇筑至墩、台帽下缘 300～500 mm 处就应停止浇筑，以上部分待墩、台帽模板立好后一次浇筑，以保证墩、台帽底有足够厚度的紧密混凝土。

台帽背墙模板应特别注意纵向支承或拉条的刚度，防止浇筑混凝土时发生鼓肚，侵占梁端空隙。

②桩柱墩帽模板。

桩柱墩帽亦称盖梁，除装配式的以外，需要现场立模浇筑。盖梁圬工体积小，有条件利用钢筋混凝土桩柱本身作模板支承。其方法是用两根木梁将整排柱用螺栓相对夹紧，上铺横梁，横梁间衬以方木调节间距，也可用螺栓隔桩柱成对夹紧，在横梁上直接安装底模板。两侧模板借助于横梁、上拉杆和一对三角撑所组成的方框架来固定。所有框架、榫眼及角撑均预先制好，安装时只用木楔揳紧框构四周，就能迅速而正确地使模板定位。

(3)钢筋网、预埋件、预留孔等的安装

①钢筋网的安装。

梁桥墩、台帽支座处一般均布设 1～3 层钢筋网。当墩、台帽为素混凝土或虽为配筋混凝土但钢筋网未设置架立钢筋时，施工时应根据各层钢筋网的高度安排墩、台帽混凝土的浇筑程序。为了保证各层钢筋网位置正确，应在两侧板上画线，并加设钢筋网的架立钢筋和定位钢筋，以免振捣混凝土时钢筋网发生位移。

②墩、台的预埋件的种类与施工。

墩、台的预埋件的种类如下：

a. 支座预埋件有以下几类：平面钢板支座的下锚栓及下垫板，切线式支座的下锚栓及垫板，摆柱式支座的锚栓及垫板，盆式橡胶支座的固定锚栓。

b. 防振锚栓。

c. 装配式墩、台帽的吊环。

d. 供运营阶段使用的扶手、检查平台和护栏等。

e. 供观测用的标尺。

f. 防振挡块的预埋钢筋。

预埋件施工应注意下述各点。

a. 为保证预埋件位置准确，应对预埋件采取固定措施，以免振捣混凝土时发生移动。

b. 预埋件下面及附近的混凝土应注意振捣密实，对具有角钢筋的预埋件，尤应注意加强捣实。

c. 预埋件在墩、台帽上的外露部分要有明显标志，浇至顶层混凝土，要注意外露部分尺寸准确。

d. 在已埋入墩、台帽内的预埋件上施焊时，应尽量采用细焊条、小电流、分层施焊，以免烧伤混凝土。

③预留孔的安装。

墩、台帽上的预留锚栓孔须在安装墩、台帽模板时，安装好锚栓留孔模板，在绑扎钢筋时，注意将预留孔位置留出。预留孔应该下大上小，其模板可采用拼装式。模板安装时，顶面可比支座垫石顶面低约 5 mm，以便垫石顶面抹平。带弯钩的锚栓的模板安装时应考虑钩的方向。为便于安装锚栓后灌实锚栓孔，可在每一锚栓孔模板的外侧三角木块部分预留进浆槽。

2. 附属构成施工

(1)桥台翼墙、锥坡施工要点

翼墙、锥坡是用来连接桥台和路堤的防护建筑物，它们的作用是稳固路堤，防止水流的冲刷。

①翼墙施工要点。

a. 翼墙设于桥台两侧，在平面上形成"八"字。

b. 立面上为一般高度的直线墙，其坡度变化与台后路堤边坡的坡度相适应。

c. 翼墙的竖直截面为梯形，翼墙顶设帽石。

d. 根据地基情况，翼墙基础采用浆砌片石或片石混凝土。

②锥坡施工要点。

a. 锥体填土应按设计高程及坡度填足，砌筑片石厚度不够时再将土挖去，不允许填土不足、临时边砌石边补填土。锥坡拉线放样时，坡顶应预先放高 20～40 mm，使锥坡随锥体填土沉降后，坡度仍符合设计规定。

b. 砌石时放样拉线要张紧，表面要平顺，锥坡片石背后应按规定做碎石倒滤层，防止锥体土方被水侵蚀变形。

c. 锥坡与路肩或地面的连接必须平顺，以利排水，避免砌体背后冲刷或渗透导致坍塌。

d. 在大孔土地区，应检查锥坡基底及其附近有无陷穴，并彻底进行处理，保证锥坡稳定。

e. 干砌片石锥坡，用小石子砂浆勾缝时，应尽可能在片石护坡砌筑完成后间隔一段时间，待锥体基础稳定后再进行勾缝，以减少灰缝开裂。

f. 锥体填土应分层夯实，填料一般以黏土为宜。锥坡填土应与台背填土同时进行，并应按设计宽度一次填足。

（2）台后填土要求

①台后填土应与桥台砌筑协调进行。填土应尽量选用渗水土，如黏土含量较少的沙质土。土的含水量要适量，在北方冰冻地区要防止冰胀。如遇软土地基，为增大土抗力，台后适当长度内的填土可采用石灰土（掺 5% 石灰）。

②填土应分层夯实，每层松土厚 200～300 mm，一般应夯 2～3 遍，夯实后的厚度为 150～200 mm，使密实度为 85%～90%（拱桥的填土密实度应为 90%～98%），并作密实度测定。靠近台背处的填土打夯较困难时，可用木棍、拍板打紧捣实，与路堤搭接处宜挖成台阶形。

③石砌圬工桥台台背与土接触面应涂抹沥青或用石灰三合土、水泥砂浆胶泥做不透水层，作为台后防水处理。

④拱桥台后填土必须与拱圈施工的程序相配合，使拱的推力与台后土侧压力保持一定的平衡。

一般要求拱桥台背填土可在主拱圈安装或砌筑以前完成。梁式桥的轻型桥台台后填土应在桥面完成后，在两侧平衡地进行。

⑤台背填土顺路线方向的长度一般应自台身起，底面不小于桥台高度加 2 m，顶面不小于 2 m；拱桥台背填土长度一般不应小于台高的 3～4 倍。

（3）台后搭板的施工要点

①桥头搭板应设置一个较大的纵坡 i_1，若路线纵坡为 i_2，则搭板纵坡应符合 10%≤

$i_2-i_1\leqslant 15\%$，以保证在台后长度方向上的沉降分布较均匀并逐渐减小。搭板的末端顶面应与路基顶面平齐，搭板前端顶面应留有路面面层的厚度。

②台后填土应严格遵守压实要求。应先清理基坑，使其尺寸符合要求，接着进行基底压实。达到规定高程后，便可填筑并压实二灰碎石，用压路机压实，每层碾 6～8 遍。对于边角部位可用小型打夯机补压。在填压达到搭板顶部的高程，压实或通行车辆一段时间后，再挖开浇筑搭板和枕梁。分层压实的厚度一般不大于 200 mm。

③选择填台后路堤材料有困难时，至少应选用透水性良好的砂性土或掺用 40%～70%的砂石料。分层厚度 200～300 mm，压实度不小于 95%。靠近后墙部位(1.5 m 宽)可用小型打夯机，也可填筑块(片)石及级配沙砾石，用振捣器振实。用透水性材料填筑时，应以干容重控制施工质量。

④台背填筑前，应在土基上或某一合适高度设置排水管或盲沟，并注意将排水管及盲沟引出路基之外。

⑤钢筋混凝土箱形通道的搭板可水平设置，但其上应留出路面面层的厚度。路堤填筑的施工要求与台后搭板相同。

(4)台后排水盲沟施工

①地下水较小时，排水盲沟以片石、碎石或卵石等透水材料砌筑，并按坡度设置。沟底用黏土夯实，盲沟应建在下游方向，出口处应高出一般水位 0.2 m。平时无水的干河沟应高出地面 0.3 m。

②当桥台在挖方内、横向无法排水时，排水盲沟可在下游方向的锥体填土内折向桥台前端排水，在平面上成 L 形。

③盲沟施工时应注意的事项。

a. 盲沟所用各类填料应洁净、无杂质，含泥量不应大于 2%。

b. 各层的填料要求层次分明，填筑密实。

c. 盲沟应分段施工，当日下管、填料一次完成。

d. 盲沟滤管一般采用无砂混凝土管或有孔混凝土管，也可用短节混凝土管代替。但应在接头处留 10～20 mm 间隙，供地下水渗入。

e. 盲沟滤管基底应用混凝土浇筑，并与滤管密贴，纵坡应均匀，无反向坡；管节应逐节检查，否则不得使用。

3. 支座安设

目前桥梁上使用较多的是橡胶支座，包括板式橡胶支座、聚四氟乙烯橡胶支座和盆式橡胶支座三种。前两种用于反力较小的中小跨径桥梁，后一种用于反力较大的大跨径桥梁。

(1)板式橡胶支座的安设

板式橡胶支座在安装前应进行全面检查和力学性能检验，项目包括支座长、宽、厚、硬度(邵氏)、容许荷载、容许最大温差以及外观检查等，如不符合设计要求，不得使用。支座中心尽可能对准梁的计算支点，必须使整个橡胶支座的承压面上受力均匀。注意事项见表 4-1。

表 4-1　板式橡胶支座安设的注意事项

项目	内容
清理支垫、梁底面	安装前应将墩、台支座支垫处和梁底面清洗干净，去除油垢，用水灰比不大于 0.5 的 1∶3 水泥砂浆仔细抹平，使其顶面高程符合设计要求
安装季节	支座安装尽可能安排在接近年平均气温的季节里进行，以减少温差过大而引起的剪切变形
梁板安放	梁、板安放时，必须细致稳妥，使梁、板就位准确且与支座密贴，勿使支座产生剪切变形。就位不准时必须吊起重放，不得用撬杠移动梁、板
墩台两端高程不同或顺、横桥向有坡	当墩台两端高程不同，顺桥向或横桥向有坡度时，支座安装必须严格按设计规定处理
设置水坡	支座周围应设水坡，防止积水，并注意及时清除支座附近的尘土、油脂与污垢等
"淘空"现象	板梁支座施工中常见支座"淘空"现象。出现支座"淘空"的原因有：板梁底与墩帽不在同一个平面上；板梁在预制时其四角不在同一平面内。其处理方法主要是垫钢板。应对该现象做重点检查

(2)盆式橡胶支座的安设

盆式橡胶支座顶、底面积大，支座下埋设在桥墩顶的网垫板面积亦较大，钢板的滑动面和密封在钢盆内的橡胶垫块，两者都不能有污物和损伤，否则容易降低其使用寿命，增大摩擦系数。

施工时应注意下列事项：

①安装前应用丙酮或酒精将支座的各相对滑移面和其他部分擦拭干净。

②支座顶面和底面可用焊接或锚固螺栓栓接在梁体底面和墩台顶面的预埋钢板上；采用焊接时，应防止烧坏混凝土；安装锚固螺栓时，其外露螺杆的高度不得大于螺母的厚度；对于上、下支座安装顺序，宜先将上座板固定在大梁上，然后确定底盆在墩台的位置，最后予以固定。

③安装支座的高程应符合设计要求，平面纵、横两个方向应水平，支座承压不大于 5 000 kN 时，其四角高差不得大于 1 mm；支座承压大于 5 000 kN 时，不得大于 2 mm。

④安装固定支座时，其上下各个部件纵轴线必须对正；安装纵向活动支座时，上下各部件纵轴线必须对正，横轴线应根据安装时的温度与年平均的最高、最低温差，由计算确定其错位距离。支座上、下导向挡块必须平行，最大偏差的交叉角不得大于 5°。

(3)其他支座的安设

对于跨径小(10 m 左右)的钢筋混凝土梁、板，可采用油毡、石棉垫或铅板支座。安设这类支座时，应先检查墩台支承面的平整度和横向坡度是否符合设计要求，否则应修凿平整，并以水泥砂浆抹平，再铺垫油毡、石棉垫或铅板。梁板就位后，梁板与支承间不得出现空隙和翘动，否则将发生局部应力集中的现象，使梁、板受损，也不利于梁、板的伸缩与滑动。

4.3 桥梁上部结构施工

4.3.1 梁桥或刚构桥施工

传统的梁桥或刚构桥施工方法是以搭设满堂支架现浇施工，随着预应力技术的发展，逐渐产生了悬臂施工法、预制安装施工法、顶推施工法、逐孔施工法和转体施工法等。可以说，所有桥梁的施工方法都可以运用到梁式桥或刚构桥的施工中。梁桥施工包括简支梁桥施工和连续梁桥或刚构桥的施工。根据施工机具设备和结构的形成方式不同，现将施工方法归纳如下，见图 4-14。

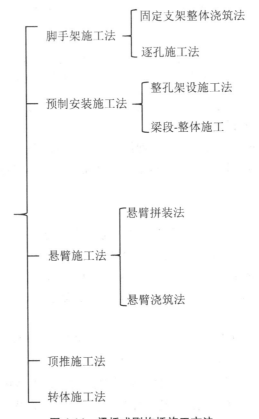

图 4-14 梁桥或刚构桥施工方法

1. 固定支架整体浇筑施工法

固定支架整体浇筑施工法是指在支架上依据钢筋混凝土的施工原理完成梁体制作的方法，是一种古老的施工方法。由于施工需用大量的支架和模板，一般仅在小跨径桥或交通不便的地区采用。随着桥梁结构形式的发展，一些变宽桥、弯桥等复杂的预应力混凝土结构出现了。而且近年来随着临时钢构件、万能杆件和贝雷梁等的大量应用，在其他施工方法都比较困难或经过比较后，其具有施工方便、费用较低的优点。现浇法施工在大、中桥梁也采用。

支架按其构造分为立柱式、梁式和梁-柱式支架，按材料分为木、钢和钢木混合支架。

2. 预制安装施工法

预制安装施工法一般是将梁段横向分片或纵向分片在预制场预制，合格后运到桥头，安装就位。预制安装法施工工艺：分片或分段构件的预制→运输→安装。

当钢筋混凝土构件在混凝土强度达到设计强度70%以上，预应力混凝土构件在预应力筋张拉以后才可出坑。构件出坑一般采用龙门吊将预制梁起吊后移到存梁处或转运至现场，如简易预制场无龙门吊机时，可采用吊机起吊出坑，也可用横向滚移出坑。

预制梁从预制场至施工现场的运输称为场外运输，常用大型平板车、驳船或火车运至桥位现场。预制梁在施工现场内运输称为场内运输，常用龙门轨道运输、平车轨道运输、平板汽车运输，也可采用纵向滚移法运输。

预制梁安装方法如下。

(1)跨墩龙门吊安装法

跨墩龙门吊安装法适用于岸上和浅水滩以及不通航浅水区域安装预制梁。两台跨墩龙门吊分别设于待安装孔的前、后墩位置。预制梁由平车顺桥向运至安装孔的一侧，移动跨墩龙门吊上的吊梁平车，对准梁的吊点放下吊架，将梁吊起。当梁底超过桥墩顶面后，停止提升，用卷扬机牵引吊梁平车慢慢横移，使梁对准桥墩上的支座，然后落梁就位，接着准备架设下一根梁。在水深不超过5 m、水流平缓、不通航的中小河流上的小桥孔，也可采用跨墩龙门机架梁。这时必须在水上桥墩的两侧架设龙门吊机轨道便桥，便桥基础可用木桩或钢筋混凝土桩。在水浅流缓而无冲刷的河上，也用木笼或草袋筑岛来作便桥的基础，便桥的梁可用贝雷组拼。

(2)穿巷吊安装法(双导梁穿行式安装法)

穿巷吊安装法利用两组钢桁架导梁构成的穿巷吊安装桥跨上部构件。穿巷吊是以角钢制成的钢桁架片作为基本构件，其横向连接杆用钢制成，由承重、平衡和引导三部分组成。穿巷吊可支承在桥墩和已架设的桥面上，不需要在岸滩或水中另搭脚手架与铺设轨道，适用于在水深流急的大河上架设水上桥孔、各种跨径和形式的预制梁。其设备简单，不受河水影响。根据穿巷吊的导梁主桁架间净距的大小，可分为宽、窄两种。宽穿巷吊机可以进行边梁的吊起并横移就位；窄穿巷吊机的导梁主桁净距小于两边T梁梁肋之间的距离，因此，边梁要先吊放在墩顶托板上，然后横移就位。

(3)自行式吊车安装法

中小跨径的陆地桥预制梁安装常采用自行式吊车安装法。一般先将梁运到桥位处，采用一台或两台自行式汽车吊或履带吊直接将梁片吊起就位，方法便捷、安装迅速、工期短，不需要其他动力或设备。履带吊机的最大起吊能力达3 MN。

(4)浮吊安装法

预制梁从码头或预制厂直接由运梁驳船运到桥位，浮吊船宜逆流而上，先远后近安装。浮吊船吊装前应下锚定位，航道要临时封锁。浮吊安装法施工速度快，高空作业较少，施工比较安全，吊装能力强，工效也高，是航运河道、海上或水深河道上架梁常用的方法。

（5）架桥机安装法

架桥机架设桥梁一般在长或大的河道上，公路上采用贝雷梁构件拼装架桥机。

在桥很高、水很深的情况下，可选择由龙门架（即门式吊车）、托架（又称蝴蝶架）和钢导梁为主体构成的成套架梁设备联合架桥机进行预制梁的安装。在架梁前，首先要安装钢导梁，导梁顶面铺设供平车和托架行走的轨道。预制梁由平车运至跨径上，用龙门架吊起将其横移降落就位。当一孔内所有梁架好以后，将龙门架骑在蝴蝶架上，松开蝴蝶架，蝴蝶架挑着龙门架，沿导梁轨道移至下一墩台上去。如此循环，直至全部架完。

（6）扒杆（桅杆）悬吊安装法

该方法利用人字桅杆架设梁桥上部结构构件，而不需要特殊的脚手架或木排架。安装方法有人字桅杆架设、人字桅杆两梁连接悬吊法和人字桅杆托架架设三种。

（7）支架便桥安装法

一般可采用摆动排架和移动支架安装。

3. 悬臂施工法

悬臂施工法也称为分段施工法。悬臂施工法是以桥墩为中心向两岸对称地逐节悬臂拼装或现浇接长的施工方法，主要有悬臂拼装法和悬臂浇筑法两种。悬臂拼装法利用移动式悬拼吊机将预制梁段起吊至桥位，然后采用环氧树脂胶及钢丝束预施应力将梁段连接成整体。悬臂浇筑法采用移动式挂篮为主要施工设备，从桥墩开始，对称向两岸逐段浇筑梁段混凝土，待混凝土达到要求强度后，张拉预应力束，再移动挂篮，进行下一节段的施工。悬臂施工的体系有连续体系和铰接体系。

（1）悬臂拼装法施工

①块件预制。

混凝土块件的预制方法有长线预制、短线预制和卧式预制等三种。而箱梁块件通常采用长线预制或短线预制，桁架梁段可采用卧式预制。长线预制在预制厂或施工现场按桥梁底缘曲线制作固定的底座，在底座上安装底模进行块件预制工作。短线预制箱梁块件的施工由可调整外部及内部模板的台车与端模架来完成。卧式预制要有一个较大的地坪，地坪的高低要经过测量，并有足够的强度。

②块件运输。

箱梁块件自预制底座上出坑后，一般先存放于存梁场，拼装时块件由存梁场至桥位处的运输方式，一般可分为场内运输、块件装船和浮运三个阶段。

③悬臂拼装。

预制块件的悬臂拼装可根据现场布置和设备条件采用不同的方法来实现。当靠岸边的桥跨不高且可在陆地或便桥上施工时，可采用自行式吊车、门式吊车来拼装。对于河中桥孔，也可采用水上浮吊进行安装。当桥墩很高或水流湍急而不便在陆上、水上施工时，就可利用各种吊机进行高空悬拼施工。

a. 悬臂吊机拼装法（图4-15）。

悬臂吊机由纵向主桁架、横向起重桁架、锚固装置、平衡重、起重系、行走系和工作吊篮等部分组成（见图4-15），结构较简单，使用普遍。

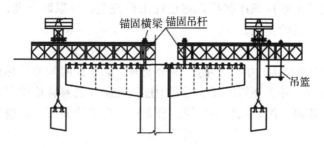

图 4-15　悬臂吊机构造

b. 连续桁架（闸门式吊机）拼装法。

连续桁架悬拼施工可分为移动式和固定式。移动式连续桁架的长度大于桥的最大跨径，桁架支承在已拼装完成的梁段和待拼墩顶上，由吊机在桁架上移运块件进行悬臂拼装（见图 4-16）。这种吊机每移动一次，可以同时拼装两孔桥跨结构。

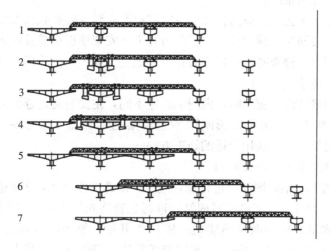

注：数字 1～7 指拼装顺序。

图 4-16　移动式连续桁架拼装法

c. 起重机拼装法。

可采用伸臂吊机、缆索吊机、龙门吊机、人字扒杆、汽车吊、履带吊、浮吊等起重机进行悬臂拼装。根据吊机的类型和桥孔处具体条件的不同，吊机可以支承在墩柱上、已拼好的梁段上，以及栈桥上、桥孔下。

d. 接缝处理及拼装程序。梁段拼装过程中的接缝有湿接缝、干接缝和胶接缝等几种。不同的施工阶段和不同的部位将采用不同的接缝形式。

④穿束与张拉。

穿束有明槽穿束和暗管穿束两种。

a. 明槽穿束难度相对较小，预应力钢丝束锚固在顶板加厚部分，在此部分预留有管道。明槽钢丝束一般为等间距布置，穿束前先将钢丝束在明槽内摆平，再分别将钢丝束穿入两端管道内。管道两头伸出的钢丝束应等长。

b. 暗管穿束一般采用人工推送，实际操作应根据钢丝束的长短进行。顶、腹板纵向钢丝束应按设计要求的张拉顺序张拉，如设计未作规定，可采取分批、分阶段对称张拉。张拉时注意梁体和锚具的变化。

⑤合龙。

顺序一般为先边跨，后中跨。多跨一次合龙时，必须同时均衡对称地合龙。合龙前应在两端悬臂预加压重，并于浇筑混凝土过程中逐步撤除，使悬臂挠度保持稳定。合龙段的混凝土强度等级可提高一级，以尽早张拉。合龙段混凝土浇筑完后，应加强养护，悬臂端应覆盖，防止日晒。

(2)悬臂浇筑法施工

悬臂浇筑法中的挂篮是一个能沿轨道行走的活动脚手架，悬挂在已浇筑、张拉的梁节段上，用以浇筑下一节段，直至梁段全部浇完。浇筑初始几对梁段时，挂篮是连接一起的，并保持平衡；当梁浇筑到一定长度后，再将挂篮分离，并分别用压重平衡。在浇筑时，应注意保护好预应力孔道。挂篮的主要组成部分有承重系统、悬吊系统、锚固系统、行走系统、模板与支架系统。

悬臂浇筑法施工工艺：挂篮前移就位→安装箱梁底模→安装底板及肋板钢筋→浇底板混凝土及养护→安装肋模、顶模及肋内预应力孔道→安装顶板钢筋及顶板预应力孔道→浇筑肋板及顶板混凝土→检查并清洁预应力孔道→混凝土养护→拆除模板→穿钢丝束→张拉预应力钢束→孔道灌浆。

连续梁桥采用悬臂浇筑施工时，因施工程序不同，主要有逐跨连续悬臂施工法、T形刚构-单悬臂梁-连续梁施工法和T形刚构-双悬臂梁-连续梁施工法三种。施工时，可选择合适的一种，也可综合考虑选用合适的施工方法。

①逐跨连续悬臂施工法(见图4-17)。

从B墩开始将梁墩临时固结，进行悬臂施工；岸跨边段合龙，B墩临时固结释放后形成单悬臂梁；从C墩开始，梁墩临时固结，进行悬臂浇筑施工；BC跨中间合龙，释放C墩临时固结，形成带悬臂的两跨连续梁；从D墩开始，梁墩临时固结，进行悬臂施工；CD跨中间合龙，释放D墩临时固结，形成带悬臂的三跨连续梁；按上述方法以此类推进行，最后岸跨边段合龙，完成多跨一联的连续梁施工。

注：图中数字为梁的施工顺序。

图4-17 逐跨连续悬臂施工法程序

逐跨连续悬臂法施工从一端向另一端逐跨进行，逐跨经历了悬臂施工阶段，施工过程中进行了体系转换。逐跨连续悬臂法施工可以利用已建成的桥面进行机具设备、材料和混凝土运输，施工方便。逐跨连续悬臂法常用在多跨连续梁及大跨长桥上。

②T形刚构-单悬臂梁-连续梁施工法(见图4-18)。

从B墩开始，梁墩固结，进行悬臂施工；岸跨边段合龙，释放B墩临时固结，形成单悬臂梁；C墩进行施工，梁墩固结，进行悬臂施工；岸跨边段合龙，释放C墩临时固结，形成单悬臂梁；B、C 跨中段合龙，形成三跨连续梁结构。

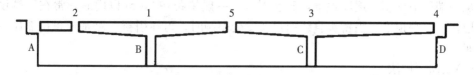

注：图中数字为梁的施工顺序。

图 4-18　T 形刚构一单悬臂梁一连续梁施工法程序

T 形刚构-单悬臂梁-连续梁施工也可以采用多增设两套挂篮设备，B、C 墩同时悬臂浇筑施工，在两岸跨边段合龙，释放 B、C 墩临时固结，最后中间合龙，成三跨连续梁，以加速施工进度、缩短工期。多跨连续梁施工时，可以采取几个合龙段同时施工，也可以逐个进行。T 形刚构-单悬臂梁-连续梁施工是 3～5 跨连续梁施工中常用的施工方法。

③T 形刚构-双悬臂梁-连续梁施工法（见图 4-19）。

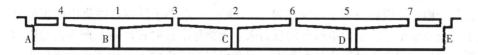

注：图中数字为梁的施工顺序。

图 4-19　T 形刚构一双悬臂梁一连续梁施工法程序

从 B 墩开始，梁墩固结后，进行悬臂施工；从 C 墩开始，梁墩固结后，进行悬臂施工；B、C 跨中间合龙，释放 B、C 墩的临时固结，形成双悬臂梁；A 端岸跨边段合龙；D 端岸跨边段合龙，完成三跨连续梁施工。当结构呈双悬臂梁状态时，稳定性较差，所以一般不适用于大跨径或多跨连续梁。

4. 顶推施工法

顶推施工法沿桥纵轴方向，在桥台后方台座上（引道或引桥上）开辟预制场地，分节段预制梁身并用纵向预应力筋将各节段连成整体，然后通过水平液压千斤顶施力，借助不锈钢板与聚四氟乙烯模压板组成的滑动装置，将梁段向对岸推进。该法适用于中等跨径的连续梁桥。

顶推施工法中的主要装置有千斤顶、滑板和滑道。常用的滑道装置包括墩顶处的混凝土滑台、铬钢板和滑板三部分。临时设施有导梁（又称鼻梁）、临时支柱和斜拉索等。

顶推施工法主要包括单向顶推、双向顶推、单点顶推和多点顶推等。

（1）水平-竖向千斤顶顶推法（推头式顶推）

施工工艺：落梁→梁前进→升梁→退回滑块。如此循环往复，完成顶推工作。可分为单点顶推和多点顶推。

（2）拉杆千斤顶顶推法

水平顶推力是由固定在墩台上的水平千斤顶通过锚固于主梁上的拉杆使主梁前进的，也分为单点顶推和多点顶推。拉杆千斤顶顶推法免去在每一循环顶推过程中用竖向千斤顶将梁顶起使水平千斤顶复位的流程，加快顶推速度。

（3）设置滑动支座顶推法

有设置临时性滑动支承与永久性支座合一的滑动支承两种。

（4）单向顶推法

从一端逐渐预制，逐段顶推，直至对岸。一般桥跨在 50 m 以内时，常在一端设置预制场地，从一端顶推。当桥头直线引道长度受限制时，可在引桥、路基或正桥靠岸一孔设置台座。

（5）双向顶推法

预制场在桥梁两端，并在两端分别预制，分段顶推，在跨中合龙。常采用临时支柱、梁后压重、加临时支点等措施。双向顶推适用于不设临时墩而修建中孔跨径很大的三跨连续梁桥等。在跨径大于 600 m 时，为缩短工期，也可采用双向顶推施工。

（6）单点顶推法

顶推装置集中在主梁预制场附近的桥台或桥墩上，前方墩各支点上设置滑动支承。顶推装置分为两种：一种是由水平千斤顶通过沿箱梁两侧牵动钢杆给预制梁一个顶推力；另一种是由水平千斤顶与竖直千斤顶联合使用，顶推预制梁前进。

（7）多点顶推法

在每个墩台上设置一对小吨位（400～800 kN）的水平千斤顶，将集中的顶推力分散到各墩上。利用水平千斤顶传给墩台的反力来平衡梁体滑移时在桥墩上产生的摩阻力，从而使桥墩在顶推过程中承受较小的水平力，因此可以在柔性墩上采用多点顶推施工。多点顶推所需的顶推设备吨位小，容易获得，所以我国在近年来用顶推法施工的预应力混凝土连续梁桥，较多地采用了多点顶推法。

施工工艺：落梁→顶推→升梁→收回水平千斤顶的活塞→拉回支承块；如此反复作业。

多点顶推施工的关键在于同步。因为顶推水平力是分散在各桥墩上的，一般均需通过中心控制室控制各千斤顶的出力等级，保证同时启动、同步前进、同时停止和同时换向。为保证在意外情况下能及时改变全桥的运动状态，各机组和观测点上需装置急停按钮。

多联桥的顶推可以分联顶推、通联就位，也可合在一起顶推。两联间的结合面可用牛皮纸或塑料布隔离层隔开，也可采用隔离剂隔开。

5. 逐孔施工法

逐孔施工法是从桥梁一端开始，采用一套施工设备或一、二孔施工支架逐孔施工，周期循环，直到全部完成。逐孔施工法常用在对桥梁跨径无特殊要求的中小跨桥的长桥上，如高架道路、跨越海湾和跨越湖泊的桥梁等，有的桥梁总长达数十公里。逐孔施工法可使施工单一标准化、工作周期化，最大程度地减小工费比例，降低造价。

逐孔施工法从 20 世纪 50 年代末期以来得到了广泛应用和发展，首先在欧洲国家，尤其是德国、奥地利等国有大量的应用。先进的施工方法促进了桥梁结构的发展，有利于节省材料用量。

逐孔施工法从施工技术方面可分为三种类型。

（1）用临时支承组拼预制节段逐孔施工

此法是将每一桥跨分成若干节段（包括桥墩顶节段、标准节段），预制完成后在临时支承上（钢桁架导梁、下挂式高架钢桁架等）逐孔组拼施工。节段可在预制厂生产，提高了机械设备的利用率和生产效率。

（2）使用移动支架逐孔现浇施工

此法也称移动模架法，是在可移动的支架、模板上（移动悬吊模架、支承式活动模架）完成一孔桥梁的模板、钢筋、浇筑混凝土和张拉预应力筋等全部工序，然后移动支架、模板，进行下一孔桥梁的施工。该法在桥位上现浇施工，可免去大型运输和吊装设备，桥梁整体性好，主要用于建造孔数多、桥跨较长、桥墩较高及桥下净空受到约束的桥梁。支架分为落地式和梁式。

（3）采用整孔吊装或分段吊装逐孔施工

此法是早期连续梁桥采用逐孔施工的唯一方法。近年来，由于起重能力增强，桥梁的预制构件向大型化方向发展，此法更能体现逐孔施工速度快的特点，可用于混凝土连续梁桥和钢连续梁桥的施工中。

采用逐孔施工时，随着施工的进程，桥梁结构的受力体系在不断变化，由此导致结构内力也随之变化。逐孔施工的体系转换有三种：由简支梁状态转换为连续状态、由悬臂梁转换为连续梁以及由少跨连续梁逐孔延伸转换为所要求的体系。在体系转换中，不同的转换途径将得到不同的结构内力叠加过程，而最终的恒载内力（包括混凝土的收缩、徐变内力重分布）将向着连续梁桥（按照全联一次完成）的恒载内力靠近。

6. 高速公路刚构桥经典案例

六屋郁江特大桥是六宾高速公路全线控制性工程之一，桥梁全长 1 352 m，跨越郁江的主桥跨度为 238 m，主墩高 25 m，墩跨比接近 1∶10 的设计极限，属于典型的矮墩大跨刚构桥，是广西跨度最大的刚构连续梁桥。大桥桥址区位于灰岩区，斜岩、溶洞、高强度灰岩错综复杂，岩溶地区大跨连续刚构施工技术难度国内罕见，是全线的重难点工程。

2022 年 5 月，六屋郁江特大桥主桥顺利合龙，标志着六宾高速公路实现全线贯通。

4.3.2　拱桥施工

拱桥传统施工方法为满堂支架砌筑和现浇法，即在支架上砌筑和现浇混凝土主拱圈后，进行拱上建筑施工，随后落架完成全桥。由于支架施工不利于拱向大跨度发展，缆索吊装法、悬臂法、转体法以及劲性骨架法等无支架施工法应运而生。

拱桥施工主要有现浇钢筋混凝土拱桥施工、装配式钢筋混凝土拱桥施工和钢管混凝土拱桥施工，应综合考虑拱桥的形式、地质地形以及施工设备类型等情况，选择可行的或多种方法组合的施工方法。

1. 现浇法

现浇法是指搭设各种支架（即拱架）进行的施工方法。拱架按所用材料分为木拱架、钢拱架、钢桁架拱架、万能杆件拼装拱架、扣件式钢管拱架、竹拱架、竹木拱架及"土牛拱胎"等。按构造形式分为满堂式拱架、拱式拱架及混合式拱架等。满堂式拱架有立柱式和撑架式。立柱式构造和制作简单，但立柱较多，一般用于高度和跨度不大的拱桥。撑架式是用支架加斜撑代替较多的立柱，在一定程度上满足通航的需要，实际工程中采用较多。

在拱圈合龙以及混凝土或砂浆达到设计强度的 30% 后，即可进行拱上建筑的施工。空腹式拱上建筑一般是砌完腹孔墩后即卸落拱架，然后对称均衡地砌筑腹拱圈、侧墙。实腹式拱上建筑应由拱脚向拱顶对称地砌筑，砌完侧墙后，再填筑拱腹填料及修建桥面结构等。采用柔性吊杆的中承式拱桥的浇筑程序见图 4-20。

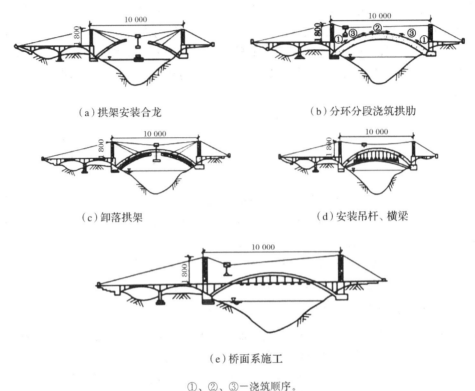

（a）拱架安装合龙　　　　　　　（b）分环分段浇筑拱肋

（c）卸落拱架　　　　　　　（d）安装吊杆、横梁

（e）桥面系施工

①、②、③—浇筑顺序。

图 4-20　中承式拱桥浇筑程序示意（单位：cm）

2. 缆索吊装施工法

缆索吊装施工法是大跨度拱无支架施工的主要方法，利用支承在索塔上的缆索运输和安装拱桥构件。

缆索吊装施工工艺：拱肋（箱）的预制→移运和吊装→主拱圈的砌筑→拱上建筑的砌筑→桥面结构施工等。除拱圈吊装和移运之外，其他工序与有支架拱桥施工方法类似。

缆索吊装设备按其用途和作用分为主索、工作索、塔架和锚固装置等四个基本组成部分，其中主要机具设备包括主索、起重索、牵引索、结索、扣索等。

对于中、小跨径拱桥，拱肋的截面尺寸在一定范围内，可不做施工加载程序设计，按有支架施工方法对拱上结构做对称、均衡的施工。对于大、中跨径的箱形拱桥或双曲拱桥，一般按分环分段、均衡对称加载的原则进行设计。对于坡拱桥，应使低拱脚半跨的加载量稍大于高拱脚半跨的加载量。多孔拱桥的两个邻孔之间，要求均衡加载。两孔的施工进度不能相差太远，否则桥墩会承受过大的单向推力而产生很大位移，导致施工进度快的一孔的拱顶向下沉，而邻孔的拱顶向上升，严重时会使拱圈开裂。

3. 转体施工法

桥梁转体施工是 20 世纪 40 年代以后发展起来的一种架桥工艺，在河流的两岸或适当的位置，利用地形使用简便的支架先将半桥预制完成，之后以桥梁结构本身为转动体，使用机具设备分别将两个半桥转体到桥位轴线位置合龙成桥。转体施工一般适用于单孔或三孔的桥梁。

转体方法可以采用平面转体(有平衡重法和无平衡重法)、竖向转体或平竖结合转体。目前已应用在拱桥、梁桥、斜拉桥、斜腿刚架桥等不同桥型上部结构的施工中。用转体施工法建造大跨径桥，可不搭设支架，减少了安装架设工序，把复杂的、技术性强的高空作业和水上作业变为岸边的陆上作业，不干扰交通，不间断通航，施工安全，质量可靠，对环境损害小，减少了施工费用和机具设备，适合在通航河道或车辆频繁的跨线立交桥上施工。

(1)拱桥平面转体施工法

平面转体施工法是我国首创的施工方法。1977年在四川省遂宁市首次采用四氟板平面转体施工方法建成1孔70 m肋拱桥，随后该法得到迅速推广。在实际工程中，经常将转动体系的重心与下盘磨心设计为有较大的偏心，即偏心转体施工方法。

①有平衡重平面转体施工法。

它是从跨中将拱圈分为两半，分别在两岸利用地形搭设简单支架预制或拼装主拱肋，利用结构本身及扣锚体系，张拉扣索使主拱肋脱架，由拱肋、平衡重、转盘上板及扣索组成转动体系，借助预先设置的摩阻系数很小的环形滑道，通过卷扬机或千斤顶牵引，将拱肋转至河心桥轴线就位合龙。

有平衡重平面转体施工使用的转体装置主要有四氟板环道平面承重转体(由轴心和环形滑道组成)和轴心承重转体(由球面铰、轨道板和钢滚轮组成)。转动体系主要包括底盘、上转盘、背墙、桥体上部构造、拉杆(或拉索)等几部分。

其施工工艺：制作底盘→制作上转盘→布置牵引系统的锚锭及滑轮，试转上转盘到预制轴线位置→浇筑背墙→浇筑主拱圈上部结构→张拉拉杆(或扣索)，使上部结构脱离支架，并且和上转盘、背墙形成一个转动体系，通过配重把结构重心调到轴心→牵引转动体系，使半拱平面转动合龙→封上下盘，夯填桥台背土，封拱顶，松拉杆或索扣，实现体系转换。

有平衡重平面转体施工又分为专门配置平衡重的转体施工和在对称轴上设置磨心的转体施工。专门配置平衡重的转体施工适用于山区深山峡谷的单孔拱桥。一般是将增加的平衡重设计成桥梁永久作用的一部分，如加大桥台厚度、背墙体积等。调整转动体系的重心，使体系的重心基本落在转盘的磨心球铰上。其设计施工相对简易，受力明确。在对称轴上设置磨心的转体施工利用桥梁结构的对称性，在对称轴上设置转动磨心实现转体，不需额外增加平衡重，结构显得更轻便，材料使用也更合理。近年来这种方法用得比较多，一般适用于两岸地形比较开阔，而且两岸地形有可能按照转体要求来布置桥梁岸边引孔的三孔桥位。

②无平衡重平面转体施工法。

该法把有平衡重转体施工中的拱圈扣索拉力锚固在两岸岩体中，用锚固体系代替平衡重，从而省去了庞大的平衡重，锚锭拉力由尾索预加应力传给引桥面板，以压力形式储备。其转体系统主要由锚固体系、转动体系和位控体系构成。

锚固体系由锚锭、尾索(锚索)、支撑(平撑)、锚梁(或锚块)及立柱组成。锚锭设置在引道及边坡岩层中，锚梁支撑于立柱上，两个方向的平撑及锚索形成三角形稳定结构，使锚锭块和上转轴为一确定的固定点。拱箱(拱肋)转至任意角度，由锚固体系平衡拱箱(拱肋)和扣索上的力，从而节省了大量的圬工数量。

转动体系由拱体、上转轴、下转轴、下转盘、下环道、拱箱(拱肋)和扣索组成。上转盘由埋于锚梁(锚块)中的锚套、转轴和环套组成。扣索一端与环套相连，另一端与拱箱(拱肋)顶端连接。转轴在轴套与环套间均可转动。下转盘为一个马蹄形钢环，马蹄形两端各有一个走板，两个走板在固定的环道上滑动。马蹄形转盘卡于下转轴外。下转盘与滑道、下转轴间均有摩阻系数很小的滑道材料，从而可以滑动。拱箱(拱肋)为钢筋混凝土薄壁组合箱。为减轻重量，顶板采用钢筋网架板。扣索采用精轧螺纹钢筋，扣索将拱箱(拱肋)顶部与上转轴环套连接，从而构成转动体系。

位控体系由拱箱(拱肋)顶端扣点的缆风索、转盘牵引系统(无级调速自控卷扬机)、光电测角装置和控制台组成，用以控制在转动过程中转动体的转动速度和位置。

施工流程主要包括转动体系施工、锚锭系统施工、转体施工、合龙卸扣施工。

(2)拱桥竖向转体施工法

竖向转体施工法一般是将拱圈从跨中分为两半，在桥轴线上利用地形搭设简单支架，再在支架上组拼或现浇拱肋。在拱脚安装转动铰，利用扣索的牵引将结构竖向转至设计高程，跨中合龙完成安装。20世纪50年代，意大利曾用竖向转体法修建了跨径70 m的多姆斯河桥，此后欧美一些国家和日本也相继修建了一些桥梁，并在此基础上形成了一套系统的施工理论。

①竖向转体施工法分类。

竖向转体施工法根据转动方向分为由下向上竖转和由上向下竖转两种类型。

由下向上竖转是指当桥位处地形较缓、河谷不深、水深较浅、搭设支架不困难时，可以将拱肋在桥位拼装成半跨，然后用扒杆起吊安装；当桥位处水较深或在通航河流施工时，可以在桥位拼装成半跨，浮运至桥轴线位置，再用扒杆起吊安装。浙江新安江大桥就是采用船舶浮运至拱轴线位置起吊安装的。

由上向下竖转是指当桥位处地形陡峭、搭设支架困难时，常利用桥台结构竖向搭设组拼拱肋的脚手架，拱肋由上向下竖转至设计高程。目前拱桥的竖向转体法施工大部分采用由下向上竖转。

②竖向转体法施工法体系。

主要由拱肋、拱脚旋转装置、索塔、扣索、锚锭和缆风索组成。

③竖转施工法的主要施工流程。

主拱基础→承台→拱座施工，同时预埋活动铰和索塔预埋件。

(3)竖转和平转相组合的施工

竖转和平转相组合的施工方法是在竖转和平转施工方法基础上产生的，有效地利用了地形，即通过竖转将组拼拱肋的高空作业变为在低矮支架上拼装拱肋的低空作业，再通过平转完成障碍物的跨越。

4. 钢管混凝土拱桥施工法

钢管混凝土可作为大跨径中、下承式拱桥的拱圈(肋)。其施工工艺：首先制作与加工钢管、腹杆、横撑等，并在样台上拼装钢管拱圈(肋)，按照先端段后顶段的顺序逐段进行；其次吊装钢管拱圈(肋)就位，调整拱段标高及焊接接缝，合龙、封拱脚混凝土，使钢管拱圈(肋)转化为无铰拱；再次按设计要求浇灌管内混凝土；最后安装吊杆、纵横梁、桥面板，浇筑桥面混凝土。

钢管混凝土拱桥施工法有支架法、缆索吊机斜拉扣挂悬臂拼装法、转体施工法、整体大节段吊装法和拱上爬行吊机法等。拱圈(肋)的管内混凝土可采用泵送顶升、高位抛落和人工浇捣等浇筑方法。

5. 高速公路拱桥经典案例

水落河特大桥位于四川省、贵州省境内，是泸州经古蔺至金沙高速公路(古蔺至川黔界)重要的控制性工程。

大桥于 2020 年 12 月启动建设；2021 年 9 月，桥金沙岸拱座主体浇筑完成。水落河特大桥分为两幅，左幅全长 1 721.25 m，右幅 1 681.25 m。主跨计算长度为 335 m。全桥设计为上承式钢筋混凝土悬臂浇筑拱桥，大桥桥面系采用预应力混凝土简支梁组合桥面板构成，两岸引桥共 33 孔 40 m 跨径 T 梁。2023 年 8 月 11 日，水落河特大桥拱圈顺利合龙。建成后，该桥将成为全世界最大跨径悬浇拱桥。

4.3.3　斜拉桥施工

斜拉桥的施工一般分为基础、墩塔(索塔或桥塔)、主梁、斜拉索等四部分，因桥塔高度较大，有 Y 形和宝石形等外形构造形式的变化，且塔顶索区构造复杂，如何保证各构件准确定位是施工中的关键问题。主梁可采用梁桥的施工方法，但索的制造、架设和张拉具有特殊性，施工时，塔、梁和索必须互相配合。

1. 索塔的施工

斜拉桥索塔构造比一般桥墩复杂，塔柱可以是倾斜的，塔柱之间可有横梁，塔内须设置前后交叉的管道以备斜拉索穿过锚固，塔顶有塔冠并设置航空标志灯和避雷器，沿塔壁设置检修步梯，塔内还可建观光电梯。斜拉桥索塔的材料有钢、钢筋混凝土或预应力混凝土。钢筋混凝土索塔应用较为普遍，其主要形式有单塔柱和双塔柱，单塔柱主要采用 A 形、倒 Y 形和倒 V 形布置；双塔柱主要采用门形(含 H 形)、A 形布置。

钢塔目前国内应用较少。南京长江三桥是国内首次使用的人字形钢塔结构形式，为中国第一钢塔，其人字形结构为世界首次采用。塔高为 215 m，塔柱外侧圆曲线半径为 720 m，设 4 道横梁，其中下塔柱及下横梁为钢筋混凝土结构，其余部分为钢结构。

钢索塔施工一般为预制吊装，采用焊接、螺栓连接和铆接等；混凝土索塔施工采用搭架现浇、预制吊装、滑模施工等几种方法。

(1)搭架现浇

搭架现浇时不需要专用施工设备，能适应较复杂的断面形式，对锚固区的预留孔道和预埋件的处理也较方便，但费工、费料、速度慢。跨度在 200 m 左右的斜拉桥，一般塔高(指桥面以上部分)在 40 m 左右，搭架现浇比较适合，如广西红水河桥、上海柳港桥、济南黄河大桥的桥塔；跨度更大的斜拉桥，塔柱可以分为几段施工，但因各段尺寸、倾角不同，采用的方法也可能不同。下段塔柱适合搭架现浇，如跨度超过 400 m、塔高在 150 m 以上的上海南浦大桥、杨浦大桥、徐浦大桥和武汉长江二桥，均采用了传统的脚手架翻模工艺，但施工周期较长。

(2)预制吊装

要求设备有较强的起重能力或采用专用起重设备，当桥塔不太高时，可以加快施工进度，降低高空作业的难度和劳动强度。如东营黄河桥塔高 69.7 m(桥面以上 56.4 m)，采用钢箱与混凝土组合结构进行预制吊装。国外的钢斜拉桥桥塔基本上采用预制吊装方法，而我国混凝土斜拉桥采用的不多，仅有 1981 年建成的四川金川县曾达桥，塔高 24.5 m，是卧地预制而成的，在地面上用绞车和滑轮组翻起，由锚固于对岸山壁上的钢丝绳和滑轮组提供吊装力。

(3)滑模施工

滑模施工最大的优点是施工进度快，适用于竖直或倾斜的高塔柱施工，但对斜拉索锚固区预留孔道和预埋件的处理比较困难。滑模(或称爬模、提模)的构造大同小异。滑模施工时，模板沿着所浇筑的混凝土(强度必须达到模板滑升时的强度)由千斤顶(螺旋式或液压式)带动向上滑升。提模施工时，把所拆的模板挂在支架上，模板随着支架的提升而上升。支架提升是由设在塔四周的若干组滑车组完成的，其上端与塔柱内的预埋件连接，下端与支架的底框连接，支架随拉动手拉葫芦而徐徐上升。

2. 主梁施工

主梁施工一般可采用缆索法、支架法、顶推法、转体法(平转法)、悬臂浇筑和悬臂拼装(自架设)以及混合法等。斜拉桥梁体尺寸较小，各节间有拉索，可以利用索塔架设辅助钢索，因此更有利于采用无支架施工法。实际工作中，悬臂施工法(特别是悬臂浇筑)是混凝土斜拉桥主梁(T 梁、连续梁或悬臂梁)施工中普遍采用的方法，而结合梁斜拉桥和钢斜拉桥多采用悬臂拼装法。

(1)支架法

当所跨越河流通航要求不高或岸跨无通航要求，且允许设置临时支墩时，可以直接在脚手架上拼装或现浇，或利用临时支墩上设置的便梁进行拼装或现浇。

(2)顶推法

当跨越道路或铁路的高架桥不允许设置过多临时支架时，可以采用顶推法。

(3)转体法

转体法在斜拉桥施工中采用不多，案例有 1988 年比利时建成的跨越默兹河的独塔邦纳安桥。

(4)悬臂拼装法

国外早期建造的钢斜拉桥大多数是用悬臂拼装而成的。混凝土斜拉桥的悬臂拼装施工是将主梁在预制场分段预制，由于主梁预制混凝土龄期较长，收缩、徐变变形小，且梁段的断面尺寸和混凝土质量容易得到保证，上海柳港桥(1982 年)、安康汉江桥(1979 年)和郧阳汉江桥(1994 年)等均采用悬臂拼装法。

(5)悬臂浇筑法

我国在 20 世纪 70 至 80 年代悬臂浇筑的大部分斜拉桥是沿用一般连续梁桥常用的挂篮。桁梁式挂篮或斜拉式挂篮均采用后支点形式，挂篮为单悬臂受力，承受负弯矩较大，浇筑节段长度受到了限制，挂篮自重与所浇筑梁段重力之比一般在 0.7 以上，有的达到1～2。如1981 年建成的广西红水河铁路斜拉桥，跨度为 48 m＋96 m＋48 m，中跨悬臂浇筑，采用的桁梁式挂篮自重与梁段重力之比为 0.77。20 世纪 80 年代后期，开始研制前支点的斜拉式挂篮。利用施工节段前端最外侧两根斜拉索牵引，将挂篮前端大部分施工荷载传至桥塔，变悬臂负弯矩受力为简支正弯矩受力，使节段悬臂长度和承受能力大为提高(见图 4-21)。如吉林临江门斜拉桥、浙江上虞人民桥、铜陵长江公路大桥以及武汉长江二桥等。

3. 斜拉索的制作与安装

(1)斜拉索的组成与防护

斜拉索由两端的锚具、中间的拉索传力件及防护材料等部分组成，称为拉索组装件。材料有钢丝绳、粗钢筋、高强钢丝、钢绞线等。拉索的防护有两个方案：一是在单根绞线上逐根外包 PE 护套，然后挂线、张拉，成索后再外包或不再外包环氧织物，绞线应涂防锈脂或其他防锈涂层，挤包 PE 可用小型挤塑机在现场进行，工艺简单；二是在 PE 管内压注水泥浆，绞线不需要涂层。

(2)斜拉索的安装

斜拉索的安装方法有单吊点法、多吊点法、导索法和起重机安装法。一般包括引架和张拉两个过程。

①斜拉索的引架。

斜拉索的引架作业是将斜拉索引架到桥塔锚固点和主梁锚固点之间的位置上。在工作索道上引架是先在斜拉索位置上安装一条工作索道，斜拉索沿着工作索道引架就位。国外早期的斜拉桥多采用此法，现已很少采用。

②斜拉索的张拉。

一是用千斤顶将塔顶鞍座顶起。每一对斜拉索都支承在各自的鞍座上，鞍座就位时低于其最终的位置，当斜拉索引架就位后，将鞍座顶到预定的设计高程，使斜拉索张拉达到其承载力。

二是在支架上将主梁前端向上顶起。斜拉索引架时处于不受力状态，比受力状态时要短。因此，在主梁与斜拉索的连接点上将梁顶起，能够达到张拉目的。

三是用千斤顶直接张拉。

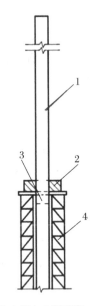

（a）支架上立模现浇

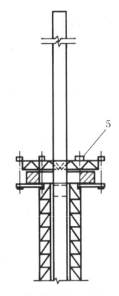

（b）拼装连体挂篮，对称浇筑梁段

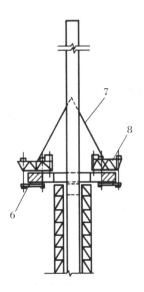

（c）挂篮分开前移，对称悬浇梁段并挂索

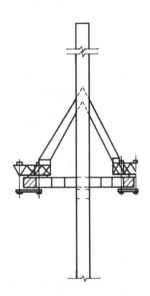

（d）依次对称悬浇、挂索

1—索塔；2—立支架现浇梁段；3—下横梁；

4—现浇梁支架；5—连体挂篮；6—悬浇梁段；7—斜拉索；8—悬浇挂篮。

图 4-21　悬臂浇筑程序

4. 高速公路斜拉桥经典案例

金沙江特大桥是 G7611 国高网都香高速公路的控制性重难点工程，由中交三公局施工建设，项目横跨金沙江，连接川滇两省，是国内最大跨径钢箱混合梁独塔斜拉桥，大桥主塔高 197.6 m，全长 565 m，主跨跨径 340 m，采用双向 4 车道高速公路设计标准，设计时速 80 km。

　　大桥钢箱梁由 22 节钢箱梁组合而成，主桥钢箱梁总重约 5 714 t，采用 300 t 架梁吊机进行架设，是国内目前采用大型悬臂架桥机后方喂梁、前方回转落梁起吊的最重节段。大桥合龙段钢箱梁长 6 m、宽 32.3 m、高 3.52 m，重约 150 t，采用"汽车吊＋架梁吊机"整体吊装。

　　2023 年 9 月 1 日，都香高速金沙江特大桥顺利合龙，主桥全面贯通。

4.3.4　悬索桥施工

　　悬索桥施工主要为索塔、主缆索、锚锭、加劲梁、吊索和索鞍等的制作和安装。细部构造有主索鞍、散索鞍和索夹等。索鞍分为塔顶的主索鞍和锚固用的散索鞍。索鞍通常采用铸焊组合件组成，大型组件采用分块制作，安装后通过螺栓或焊接连成整体。

　　悬索桥施工一般分为下部工程和上部工程（见图 4-22）。下部工程包括锚锭基础、锚体、塔柱基础。下部工程施工的同时也可进行上部工程的准备工作，包括施工工艺设计、施工设备购置或制造、悬索桥构件加工等。上部工程结构施工一般为主塔工程、主缆工程、加劲梁工程的施工。

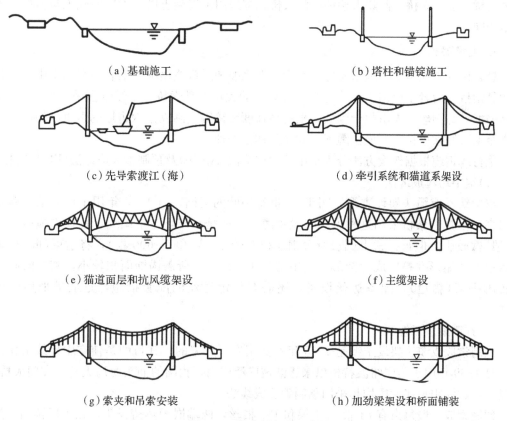

（a）基础施工　　　　　　　　　　（b）塔柱和锚锭施工

（c）先导索渡江（海）　　　　　　　（d）牵引系统和猫道系架设

（e）猫道面层和抗风缆架设　　　　　（f）主缆架设

（g）索夹和吊索安装　　　　　　　　（h）加劲梁架设和桥面铺装

图 4-22　悬索桥架设示意图

1. 锚锭与索塔的施工

（1）锚锭

锚锭是主缆锚固装置的总称，主要由锚锭基础、混凝土锚块（含钢筋）及支架（锚锭架）、固定装置（锚杆）、鞍座（散索鞍）等组成。主缆由空中成束的形式进入锚锭，是要经过一系列转向、展开、锚固的构件。

锚锭（块）的形式有重力式和隧道式。

①重力式锚锭。

重力式锚锭依靠其巨大的自重来承担主缆索的垂直分力，而水平分力则由锚锭与地基之间的摩阻力或嵌固阻力承担。

②隧道式锚锭。

隧道式锚锭（或称岩洞式锚锭）则将主缆中的拉力直接传递给周围的基岩，适用于锚锭处有坚实岩层的地质条件。

（2）索塔

索塔主要采用钢结构和钢筋混凝土结构。大跨度悬索桥索塔在 20 世纪 50 年代以前基本上采用钢塔，施工速度快、质量易保证、抗震性能好。直到 1959 年，法国建成主跨608 m 的坦卡维尔悬索桥开始采用混凝土塔。我国新近建造的几座大跨度悬索桥，如汕头海湾大桥、虎门大桥、西陵大桥和江阴大桥，都采用了混凝土塔。索塔的施工与斜拉桥塔基本相同。

2. 主缆架设

悬索桥的主缆是主要承重构件，有钢丝绳钢缆和平行线钢缆。前者一般用于中、小跨度的悬索桥，后者主要用于主跨为 500 m 以上的大跨度悬索桥。主缆索多采用直径 5 mm的高强度镀锌钢丝。先由数十到数百根的高强度镀锌钢丝制成正六边形的索束（股），再将数十至上百股索束挤压形成主缆索，并做防锈蚀处理。

平行线钢缆根据架设方法分为空中纺丝成缆法（AS 法）及预制索股成缆法（PPWS 法）。

（1）空中纺丝成缆法

空中纺丝成缆法架设主缆发明于 19 世纪中叶的美国，自 1855 年用于尼亚瓜拉瀑布桥以来，多数悬索桥采用这种方法架设主缆。一般是在现场空中编缆，每根主缆所含索束（股）数较少，但每根索束（股）所含钢丝根数较多（为 300～600 根），将索束（股）配置成六边形或矩形并挤紧成为圆形。空中纺丝法工期长，所需锚锭面积较小，施工时必须设置脚手架（猫道）、配备送丝设备，还需有稳定送丝的配套措施，是最早采用的成缆法。

（2）预制索股成缆法

预制索股成缆法架设主缆是 1965 年在美国发展起来的，其目的是使空中架线工作简化。自 1969 年用于美国纽波特桥以来逐渐被广泛应用，我国的汕头海湾大桥、虎门大桥、西陵大桥、江阴长江大桥均是采用预制索股成缆法。

预制索股一般每束有 61 根、91 根和 127 根丝，两端嵌固热铸锚头，在工厂预制，先配置成六角形，然后挤紧成圆形，在现场使用索束编缆。每根主缆索所含索束（股）数较多，但每根索束（股）所含钢丝根数较少，施工周期较短，所需锚固面积较大，是现代悬索桥较多采用的成缆法。架设的过程同空中纺丝法一样，但在猫道之上要设置导向滚轮以支持绳股。

3. 加劲梁架设

加劲梁架设的主要工具是缆索起重机(或称跨缆起重机)，主要由主梁、端梁及各种运行、提升机构组成。加劲梁的架设可以从主跨跨中开始，向桥塔方向逐段吊装，也可以从桥塔开始，向主跨跨中和边跨、岸边前进。

加劲梁均为钢结构，通常采用桁架梁和箱形梁。预应力混凝土加劲梁仅适用于跨径 500 m 以下的悬索桥，大多采用箱形梁。加劲梁架设方式也同钢架桥，从桥塔开始，向主跨跨中和岸边逐段吊装。在每一梁段拼好以后，立即将其与对应的吊索相连，使其自重由吊索传给主缆。三跨悬索桥一般需要四台缆索起重机，分别从两塔向两个方向前进，为了使塔顶纵向位移尽可能小，主跨拼成几段时，边跨也应拼几段，应推算决定吊装次序。

当加劲梁的重力逐渐作用到主缆上时，主缆将产生较大的位移，改变原来悬链线的形状，所以在吊装过程中，上缘一般顶紧(铰接)而下缘张开，直至全部吊装完毕，下缘才闭合(铰接或刚接等)，但必须通过施工控制确认此时闭合是结构和其连接件都能够承受的。

起重机主梁的跨度是两主缆的中心距。主缆中心线与水平面的最大夹角为吊装索塔附近梁段时在索塔处与水平面的夹角，起重机在此倾角状态下应能正常工作和行走。起重机在全部索夹安装就位后在主缆上运行和工作，其运行机构必须能跨越索夹障碍。在倾斜状态下，起吊时产生的下滑力由索夹承受，应设置起重机与索夹相对固定的夹紧机构。

4. 吊索和索夹

吊索(吊杆)分为竖直吊索和斜吊索，后者应用很少。吊索一般采用有绳芯的钢丝绳制作，二根或四根一组，其上端通过索夹与主缆索相连，下端与加劲梁连接。吊索与主缆索的连接有鞍挂式和销接式两种，两端均为销接式的吊索可采用平行钢丝索束作为吊索。吊索与加劲梁的连接有锚固式和销接固定式两种。锚固式连接是将吊索的锚头锚固在加劲梁的锚固构造处。销接固定式连接是将带有耳板的吊索锚头与固定在加劲梁上的吊耳通过销钉连接。

吊索制作的工艺：材料准备→预张拉→弹性模量测定→长度标记→切割下料→灌铸锥形锚块→灌铸热铸锚头→恒载复核→吊索上盘。

索夹是分成上下或左右两个半圆形的铸钢件，有两种构造形式：一是用竖缝分成两半，吊索骑在索夹上，用高强度螺栓将两半拉紧，使索夹内壁压紧主缆；二是在索夹下方铸成竖向节点板，在板上钻有孔眼，通过销钉与吊索相连。

5. 猫道

猫道是指位于主缆之下(大约 1 m)，沿着主缆设置，供主缆架设、紧缆、索夹安装、吊索安装以及空中作业的脚手架。猫道宽度不大，在架设过程中，应注意左右边跨、中跨的作业平衡，尽量减少对塔的变位影响，确保主缆的架设质量。猫道上面有横梁、钢丝网面层、横向通道、扶手绳、栏杆立柱、安全网等。

6. 高速公路悬索桥经典案例

桐梓河特大桥是一座位于贵州省仁怀市、桐梓县交界处的桥梁，该桥横跨桐梓河，全长 1 422 m，主塔高 208 m，主跨达 965 m，主桥为双塔单跨钢桁梁悬索桥，为贵州金(金沙)仁(仁怀)桐(桐梓)高速的组成部分。

桐梓河特大桥桥面距离河谷约 365 m。锚固体系同时采用了隧道锚和重力嵌岩锚，项目部首次采用牛腿式加劲梁，两岸高低塔分别采用了群桩基础和扩大基础的形式建设。此建设方式充分利用了地质岩层的受力特性，有效保证了大桥的结构安全。这是全球首个高低塔采用无桩基础设计的大跨度悬索桥，是贵州金仁桐高速公路跨度最大、施工难度最大的控制性工程。

2023 年 7 月，桐梓河特大桥实现全桥贯通，这是金仁桐高速公路全线第一个实现双幅贯通的特大桥。

4.3.5　钢桥施工

钢桥是各种桥梁体系特别是大跨度桥梁中的一种常见的结构形式。近年来，钢桥已越来越多地进入更大的跨度领域，并且在结构形式、材料及加工制造、施工架设方面不断有开拓和创新，主要有板梁桥、桁梁桥、桁拱桥、箱拱桥、悬索桥、斜拉桥等。

1. 钢构件的制作

钢构件的制作主要包括下列工艺过程。

(1)放样

根据施工图放样。利用放样的样板或样条在钢料上标出切割线及栓孔位置。一般构件的普通样板用薄铁皮或 0.3～0.5 mm 的薄钢板制作。桥梁的栓孔可采用机器样板钻制。机器样板在厚 12～20 mm 的钢板上布置，精确地嵌入经过渗碳淬火处理的钢质钻孔套。钻孔套是旋制的。钻孔套直径公差为 ±0.05 mm，孔心距公差为 ±0.25 mm。钻孔时将机器样板覆盖在要加工的部件上，用卡具夹紧，锚头即通过钻孔套钻制加工部件上的安装孔。用样板钻出的孔精度高而统一，可省去号孔工作。

(2)号料

利用样板或样条在钢材上画出零件切割线。号料使用样板或样条而不使用钢尺，以免出现不同的尺寸误差，而使钉孔错位。号料的精度应和放样的精度相同。

(3)切割

切割使用剪切机、火焰切割、联合剪冲和锯割等。剪切机不能剪切的厚钢板以及因形状复杂不能剪切的板材都可采用火焰切割，有手工切割、半自动切割和自动切割机切割。联合剪冲用于角钢的剪切，目前联合剪冲机可剪切的最大角钢规格为 125 mm×125 mm×12 mm。锯割用圆锯机，主要用于槽钢、工字钢、管材及大型角钢。

(4)零件矫正

钢材在轧制、运输和切割等过程中会产生变形，因此需要进行矫正。钢板常采用辊压机来撵平，角钢也可用辊压机进行调直。对于切割后呈马刀形弯曲的料件，当宽度不大时，可以在顶弯机上矫正；对于宽厚钢板的马刀形弯曲，则要用火焰加热进行矫正，火焰温度应控制在 600～800 ℃。

(5)制孔

号孔是借助样板或样条，用样冲在钢料上打上冲点，以表示钉孔的位置。如采用机器样板，则不必进行号孔。钻孔的一般过程：画线钻孔、扩孔套钻、机器样板钻孔、数控程序钻床钻孔。使用机器样板钻孔可以使杆件达到互换使用。

(6)组装

组装是按图纸把制备完成的半成品或零件拼装成部件、构件的工序。构件组装前应对连接表面及焊缝边缘 30～50 mm 范围内进行清理，应将铁锈、氧化铁皮、油污、水分等清除干净。钢梁的主杆件截面形式大多为 H 形，H 形杆件的组装是在转动式工艺装备（即工装）上进行的，为了保证组装质量，对组成杆件的各零件的相对位置、形状和尺寸，均应进行检查。在零件顶紧就位检查无误后，即可进行定位焊。定位焊的焊缝长度为 50～100 mm，各段之间的距离为 400～600 mm。

(7)焊接

钢桥的焊接方法有自动焊、半自动焊和电弧焊等。焊接质量在很大程度上取决于施焊状况。焊接时所采用的电流强度、电弧电压、焊丝的输送速度以及焊接速度都直接影响焊接质量。在焊接前，应做好焊接工艺评定试验，并据此确定焊接工艺。焊接完毕后，应检查所有焊缝质量，内部检查以超声波探伤为主。焊缝中主要缺陷有裂缝、内部气孔、夹渣、未熔透、咬边、烧穿及焊缝尺寸不符合规定等。

(8)试拼装

栓焊钢梁某些部件时，由于受运输和架设能力的限制，必须在工地进行拼装。运送工地的各部件在出厂之前应进行试拼装，以验证工艺装备是否精确可靠。如钢桁梁桥试拼装按主桁、桥面系、桥门架及平纵联四个平面进行。试拼装时，钢梁主要尺寸，如桁高、跨度、上拱度、主拱间距等的精度应满足要求。新设计的以及改变工装后制造的钢梁均应进行试拼装。对于成批连续生产的钢梁，一般每 10～20 孔应试拼装一次。

2. 钢桥的安装

钢桥的安装有很多方法，如支架法、导梁法、缆索法、悬臂法、顶推法、逐孔架设法、拖拉法等。

(1)悬臂拼装法安装钢梁

①杆件预拼。为了减少拼装钢梁时的高空作业，减少吊装次数，通常将各个杆件预先拼装成吊装单元，把能在桥下进行的工作尽量在桥下预拼场内进行，以期加快施工进度。

②钢梁杆件拼装。拼装好的钢梁杆件经检查合格后，即可按拼装顺序先后进行提升，由吊机把杆件提运至在钢梁下弦平面运行的平板车上，由牵引车运至拼梁吊机下拼装就位。拼梁吊机通常安放在上弦，遇到上弦为曲弦时，也可安放在下弦平面。

伸臂拼装第一孔钢梁时，根据悬臂长度大小，需要一定长度的平衡梁，并应保证倾覆稳定系数不小于 1.3。平衡梁通常在路堤（无引桥的情况）、引桥（通常是顶应力钢筋混凝土梁或钢板梁）或满布膺架上进行拼装。在拼装工作中，应随时测量钢梁的立面和平面位置是否正确。

③高强度螺栓施工。在高强度螺栓施工中，常用的控制螺栓预拉力的方法是扭角法和扭矩系数法。安装高强度螺栓时，应设法保证各螺栓中的预拉力达到其规定值，避免超拉

或欠拉。

④临时支承的布置。临时支承主要有临时活动支座、临时固定支座、永久活动支座、永久固定支座、保险支座、接引支座等，这些支座随拼梁阶段与作业程序的变化将互相更换、交替使用。

⑤钢梁的纵移。钢梁在悬臂拼装过程中，梁变形的影响、温度变化、制造误差、临时支座的摩阻力对钢梁变形的影响等都会引起钢梁纵向长度几何尺寸的偏差，致使钢梁各支点设计位置不能落在各桥墩上，使桥墩偏载。为了调整这一误差至允许范围内，钢梁需要纵移。常用的纵移方法有温差法，它是利用一天的气温差倒换支座(活动支座与固定支座相互转换)，达到纵移目的的顶落梁法；在连续梁中，利用该联钢梁中间某一个支点的顶落及两旁支点的支座变"固"或变"活"的相互转换，能够使钢梁像蛇一样地爬行，向着预定的方向蠕动。

⑥钢梁的横移。钢梁在伸臂安装过程中，由于受日光偏照和偏载的影响，加之杆件本身的制造误差，钢梁中线位置会随时改变，有时偏向上游侧，有时偏向下游侧，以致到达墩顶后，钢梁不能准确地落在设计位置上，使桥墩偏载。为此必须进行钢梁横移，使偏心在允许范围之内。横移可用专用的横移设备，也可以根据情况采取临时措施。横移必须在拼装过程中逐孔进行。

(2)拖拉法安装钢梁

①半悬臂的纵向拖拉。根据被拖拉桥跨结构杆件的受力情况与结构本身的稳定性要求，在永久性的墩(台)之间设临时性的中间墩架，以承托被拖拉的桥跨结构。

在水流较深且水位稳定，以及有浮运设备而不便搭设中间臆架时，可采用中间浮运支承的纵向拖拉。

②全悬臂的纵向拖拉。全悬臂的纵向拖拉指在两个永久性墩(台)之间不设置任何临时中间支承的情况下的纵向拖拉架梁方法。拖拉钢桁梁的滑道可以布置在纵梁下，也可以布置在主桁下。纵梁中心距通常为 2 m，主桁中心对单线梁通常为 5.75 m。

3. 高速公路钢桥经典案例

京雄大桥位于永定河与京雄高速"交会点"，全长 1.62 km，其中东引桥 410 m、西引桥 690 m、主桥 520 m，主拱跨度达 300 m。建成后，该桥将成为北京单跨跨度最长的桥梁。大桥主梁宽度达 48 m，未来将承载京雄高速双向八车道的车流。

京雄大桥主桥桥梁采用飞燕式拱桥结构，桥梁拱肋和主梁均采用钢结构设计，钢材用量达 2.2 万 t。为了方便加工制造和吊装，全桥钢结构共划分成 126 个形态各异的钢"积木"，最重的单个 240 t，最大长度 48 m，宽 9 m，采用两台 200 t 级液压模块车进行运输。为了建造京雄大桥，施工方中铁上海工程局利用两台 610 t 浮吊进行安装施工，这也是北京首次在不通航水域，引入如此大规模的浮吊用于桥梁建设。施工过程中，充分利用 360°无死角监测系统，实时显示吊装关键指标，精准把控拱肋翻身、起吊、行走、就位等环节。对"积木"进行拼接时，还需用三维液压千斤顶"精调"，将误差控制在毫米级，确保工程精益求精、万无一失。

2023 年 6 月 25 日，京雄高速公路全线重点控制性工程京雄大桥完成所有钢结构焊接施工，拱肋受力体系初步形成，为京雄高速全线通车奠定了基础。

4.4　桥梁桥面系及其附属工程施工

4.4.1　桥面系施工工艺技术

1. 桥面铺装

桥面铺装的施工顺序：凿除浮渣、清洗桥面→精确放样→绑扎钢筋→安装模板→模板标高、轴线放样→浇筑桥面铺装混凝土→混凝土养护。

桥面铺装混凝土浇筑是桥面铺装重点环节。

①浇筑前桥面应充分湿润，并以不积水为度。

②混凝土摊铺要均匀，布料高度应略高于桥面 2 cm 左右，以备整平和收浆；人工粗平后，用平板振捣器横向平行振捣密实；一边用人工整平，一边用直径 75 mm 的滚筒滚压数遍进行提浆滚平；进行真空吸水，吸水时间视气温而定，一般为 13 min 左右，然后用磨光机提浆及粗平；用直径 75 mm 的钢管刮尺，贴紧模板顺桥向连续反复几次直到刮平。

③再用长 6 m、断面为 100 mm×60 mm 的铝合金直尺纵横反复检测直到平整度符合要求为止。

④为保证铺装层有一定的粗糙度，在混凝土初凝前进行拉毛。

⑤采用特制的塑料扫把横向拉毛，拉毛应线条均匀，深度控制在 1～2 mm；拉毛后以手指按压混凝土，如无痕迹，再覆盖无纺土工布，并充分保持湿润 7 d 以上。

2. 沥青混凝土桥面施工

(1)沥青混合料配合比设计

沥青混合料配合比的设计在监理工程师确认合格的试验室进行，并接受监理工程师的监督，按《公路沥青路面施工技术规范》(JTG F40—2023)规定进行原材料试验和混合料组成设计。根据沥青混合料的类型，集料级配和沥青用量符合技术规范的规定，沥青用量必须通过试验确定。沥青混合料的各种技术指标应符合规范的规定，上面层的沥青混合料进行配合比设计时，对混合料进行抗车辙能力的检验，使动稳定度达到规范要求。

试验室做出的配合比一般不直接输入拌和设备的电脑，还需进行生产验证，即进行生产配合比的设计。在生产配合比的设计阶段从拌和设备的各热料仓中取样，并进行筛分，确定各热料仓的材料比例，供拌和机控制室使用，同时调整冷料仓进料比例，使供料平衡，经生产验证后的配合比，在施工过程中不能随意变更，除非装入拌和设备的冷料的碎石级配(即料源)发生明显变化。

(2)铺筑试验路段

沥青路面正式施工前，选定一段合适的路段做试验路段，试铺长度不小于 200 m。沥青路面试验路段分试拌及试铺两个阶段。试验内容如下：

①根据沥青路面各种施工机械相匹配的原则，确定合理的施工机械、机械数量及组合方式。

②通过试拌确定拌和的上料速度、拌和数量、拌和时间、拌和温度等控制参数。

③通过试铺确定摊铺机的摊铺温度、摊铺速度、摊铺宽度、自动找平方式等操作工艺；确定压路机的压实顺序、碾压温度、碾压速度及碾压遍数等压实工艺；确定松铺系数、接缝方法等。

④验证沥青混合料配合比设计结果，提出生产用的矿料配合比和沥青用量。

⑤建立用钻孔法及核子密度仪法测定实度的对比关系。确定各种类型沥青混凝土压实标准密度。

（3）拌和

可采用间歇式强制拌和机，在拌和过程中，可自动控制沥青、各种矿料的用量及拌和温度。沥青采用导热油炉加热，沥青混合料的拌和时间以混合料拌和均匀、所有矿料颗粒全部裹覆沥青结合料为度，并经试拌确定。

石料的加热温度控制在 160～170 ℃，沥青的加热温度控制在 150～160 ℃，经与矿粉、沥青拌和后的混合料温度控制在 145～165 ℃，出厂温度不低于 140 ℃。拌和厂拌和的沥青混合料做到均匀一致、无花白料、无结团成块或严重的粗细料分离现象，不符合要求时不出厂，并及时调整。出厂的沥青混合料每车都要过磅称重，以掌握每天实际摊铺的沥青混合料数量。

（4）摊铺

在进行沥青路面摊铺前，有必要对下封层再次进行检查，通常检查的内容有基层表面下封层有无损坏、沥青路面病毒处理是否彻底，以及平整度、横坡、宽度、高程等是否符合要求，同时将与沥青混合料接触的构造物表面、路缘石的内侧壁涂上粘层沥青。

为了提高路面平整度，摊铺速度与拌和能力要匹配，保证摊铺机在一个作业段内连续不断地摊铺。下面层或基层摊铺采用钢丝绳引导的高程控制方式，上面层采用平衡梁式摊铺厚度控制方式。

摊铺前熨平板要用煤气预热到 120 ℃，摊铺温度不低于 130 ℃，采取全幅路面摊铺，以避免纵向工作接缝，摊铺过程不得随意变换速度或中途停顿，摊铺后的混合料不得用人工反复修整。

（5）碾压

碾压作业在混合料处于能获得最大密实度的温度下进行，开始碾压时温度一般不低于120 ℃，各种机型的压路机碾压终了温度：钢轮压路机不低于 70 ℃，轮胎压路机不低于80 ℃，振动压路机不低于 65 ℃。压实工作按铺筑试验路面确定的压实设备组合和程序进行。

碾压的一般程序为初压、复压、终压三个阶段。碾压速度保持慢而均匀，一般初压速度为 1.5～2 km/h，终压速度为 2～3 km/h，在摊铺机连续摊铺时，压路机不得随意停顿。

（6）接缝

横向接缝处理的好坏直接影响到沥青路面的平整度和行车舒适性。铺筑时，应尽量把横向接缝设在构造物的连接处，如桥梁的两端或伸缩缝处。如无法避免在连接处接缝，应在施工结束时，在接近摊铺机端部约 1 m 处将熨平板稍稍抬起驶离现场，用人工将端部混合料铲齐后再予碾压，然后用 3 m 直尺检查平整度，趁尚未冷却时垂直刨除端部厚层不足的部分，使下次施工时成直角连接。重新摊铺前，应用 3 m 直尺仔细检查端部平整度，当平整度不符合要求时，应予以清除。平整度符合要求后，在垂直面上涂粘层沥青，摊铺时调整好预留高度，摊铺后及时进行碾压。先用钢轮压路机进行横向碾压，碾压带的外侧应放置供压路机行驶的垫木，碾压时，压路机位于已压实的混合料层上，碾压新铺层的宽度为 15 cm。然后每压一遍向新铺混合料移动 15～20 cm，直至全部压在新铺层上为止，再改为纵向碾压。接缝处施工后，再用 3 m 直尺检查平整度，当不符合要求时，应趁混合料尚未冷却时立即处理，以保证横向接缝处路面的平整度。另外应注意相邻两幅或上下层的横向接缝均要错位 1 m 以上。

3. 防撞栏施工

（1）模板及其支撑

为保证防撞栏外观质量，防撞栏模板采用大块定型钢模板。钢模板事先进行设计，请专业厂家制作，并按设计要求严格验收。

（2）钢筋制作与安装

调正已预埋的防撞栏主筋；安装水平纵向分布筋；安装并固定预埋件，确保预埋件位置准确；在钢筋外侧绑扎砂浆垫块，以保证保护层的厚度。

（3）浇筑防撞栏混凝土

采用现场拌制混凝土，搅拌车运输，用起重机配合浇筑，插入式振捣器振捣。混凝土的搅拌同预应力现浇箱梁。浇筑前派专人对每车混凝土进行质量检验，包括坍落度、离析情况等，满足要求才投入使用，并预备试件以作强度检查；采用水平分层连续浇筑法浇筑防撞栏混凝土，由专人统一指挥。用较慢速度浇灌，并用插入式振动器振捣密实，振动点间距不大于 50 cm。插入式振动器难以插进的个别部位，应用小铁条伸入补插；随振捣按标高抹平混凝土顶面，并检查防撞栏的顶宽。如顶宽或标高的偏差超过允许偏差时，及时采取措施纠正；防撞栏混凝土不应出现蜂窝、麻面，外表应平整、光洁、美观。

（4）混凝土养护

混凝土终凝后，以麻袋覆盖并浇水养护。浇水次数以保持混凝土湿润状态为度，养护时间为 7 d 以上。

4. 伸缩缝安装

伸缩缝的安装温度按 20 ℃设计；在伸缩缝生产厂家的指导下，根据伸缩缝设计图标示的伸缩缝槽口尺寸，准确地在梁顶上预留伸缩缝槽；伸缩缝装置的安装应在伸缩缝装置生产厂家派员指导下进行，按实际安装温度调整其间隙；桥面铺装后进行伸缩缝安装，并浇筑钢纤维混凝土，伸缩装置应加盖临时保护措施，避免撞击及直接承受车辆荷载。伸缩伸施工完成后，在桥面上不应出现缝隙，且桥面与伸缩装置齐平。

4.4.2 桥面系附属设施施工技术

桥面系附属设施主要内容如下。

（1）桥面布置

采用常用跨度梁有砟轨道整孔双线箱梁桥面布置，接触网支柱设在桥面板外缘，内侧距线路中心线不小于 3.0 m，挡砟墙内侧距线路中心 2.2 m，电缆槽两侧设置，通信信号电缆合槽槽道净宽 350 mm，电力槽净宽 200 mm。

（2）电缆槽

电缆槽由竖墙和盖板组成。

①竖墙。

竖墙兼作分割电缆槽、连接遮板和支撑电缆槽盖板之用。竖墙在梁体现浇完成后在桥面上进行现场灌筑。竖墙按 2 m 一段设置单元。竖墙施工时，各竖墙的高度必须保持一致，确保电缆槽盖板受力均匀。

②盖板。

电缆槽盖板为预制结构，分为通信、信号电缆槽盖板和电力电缆槽盖板两大类。进行电缆槽盖板施工时，电缆槽盖板顶面设置横向波纹或凹槽，一方面可起到防滑作用，另一方面对盖板方向进行标识。

（3）人行道栏杆、遮板

在桥梁两侧外边缘设置人行道栏杆。栏杆包括钢栏杆、活性粉末混凝土与钢管的组合栏杆和 C40 混凝土与钢管的组合栏杆，声屏障采用插入式声屏障。遮板形式有多种，例如 1 996 mm、1 680 mm 等。根据桥梁长度选型，必要时可适当调整预制件长度。施工时，横向伸出钢筋与竖墙预留钢筋应绑扎牢固。设置接触网支柱及下锚拉线基础位置时，遮板的连接钢筋应与支柱基础钢筋绑扎后，再灌筑接触网支柱基础或下锚拉线基础混凝土。

（4）防排水系统

①桥面采用双侧排水，挡砟墙内侧人字排水坡坡度为 2%，并设置外径为 160 mm 的 PVC 泄水管；挡砟墙外侧电缆槽内从外到内设置 2% 排水坡。为保证桥面排水畅通，在保护层施工时，应根据泄水管位置设置一定的汇水坡，在泄水管的保护层设置 45°的倒角，以便积水快速流到泄水孔。

②防水层及保护层。

a. 混凝土基层面检查及处理。

防水层施工前应先对基层面进行验收，基层应做到平整、无尖锐异物，不起砂、不起皮，以及无凸凹不平现象。

平整度的要求：用 1 m 长靠尺测量，空隙不大于 3 mm，空隙只允许平缓变化，一般每米不应超过一处。

b. 桥面基层应无浮渣、浮灰、油污等，同时挡砟墙根部应无蜂窝、麻面。

c. 采用高聚物改性沥青基层处理剂，涂刷高聚物改性沥青基层处理剂时基层应干燥。

d. 不需要卷材的聚氨酯防水涂料型防水层施工。基层符合要求后，聚氨酯防水涂料选用喷涂或刮涂的方式施工。

e. 高聚物改性沥青防水卷材防水层施工。高聚物改性沥青基层处理剂不少于 0.4 kg/m²，可采用机械烘烤设备热熔铺贴卷材，也可采用多台喷灯同时烘烤热熔铺贴卷材。在基层上涂刷高聚物改性沥青基层处理剂时，应涂刷均匀，不露底面，不堆积；当基层处理剂干燥不黏手时，方可进行卷材的铺贴。防水卷材纵、横向的搭接长度均不得小于 100 mm。在已涂刷基层处理剂并干燥的基层表面，留出搭接缝尺寸，将铺贴卷材的基准线弹好，以便按此基线进行卷材铺贴施工。卷材铺贴应从一端开始，桥面横向由低向高按顺序进行，点燃喷灯，烘烤卷材底面的沥青层及基层上的处理剂，烘烤要均匀，将卷材底面沥青层融化后，即可向前滚铺。为确保卷材和基层的黏结，卷材热熔铺贴过程中，应边铺贴边滚压排气黏合。

(5)挡砟墙

挡砟墙在桥上进行现场浇筑，应注意其端部钢筋与伸缩缝锚固钢筋的绑扎，直线、曲线内侧挡砟墙高度设置为 900 mm，曲线外侧挡砟墙高度设置为 1 080 mm；挡砟墙每隔 2 m 设 10 mm 断缝。

(6)伸缩装置

采用耐候型钢伸缩缝。伸缩缝由耐候钢型材、橡胶密封带、挡砟盖板、挡砟侧板、伸缩锚固钢筋、定位钢管、定位钢筋及梁体预埋件组成。伸缩缝的施工应根据伸缩缝的构造和特点进行，伸缩缝构造及施工方法具体如下。

①安装时将伸缩缝安装区清理干净。

②吊装伸缩装置、调整伸缩装置中心线与梁端间隙中心线基本重合，型钢通过拉线调直。

③按梁体保护层顶面或梁端挡水台标高控制型钢顶面标高。

④布置横穿钢筋并将锚筋等焊牢，然后及时解除固定型钢间隙的弓形板。

⑤用泡沫条填塞型钢型腔，并用封箱胶带将型腔封贴，安装梁端模板。

(7)控制标准

①防水层、保护层及伸缩缝。

a. 防水层、保护层和伸缩缝所用原材料的品种、规格、性能等必须符合有关规定及设计要求。

b. 防水层施工部位、构造形式、厚度、坡度和细部做法等必须符合有关规定和设计要求。

c. 保护层施工部位、构造形式、厚度、坡度和断缝处理必须符合设计要求和有关规定。桥面保护层表面裂缝宽度不得大于 0.2 mm。

d. 防水层不得渗水。

e. 梁端伸缩缝应符合有关规定及设计要求，预埋件位置应准确，橡胶止水带外形尺寸应满足设计要求，盖板平整。

f. 防水层的基层应平整、清洁、干燥，不得有空鼓、松动、蜂窝、麻面、浮渣、浮土和油污。

g. 防水层的表面质量应达到涂层厚薄一致、卷材粘贴牢固、搭接封口正确的要求。不得有滑移、翘边、起泡、损伤等现象。坡度平顺，排水通畅。

h. 保护层施工时，不得损坏防水层，保护层应表面平整，周边新旧混凝土黏结牢固、密贴，排水坡满足设计要求。保护层与防水层应黏结牢固，结合紧密，厚度均匀一致。

i. 防水层和保护层的材料称量的允许偏差应为 2%。

②挡砟墙、电缆槽及接触网支柱基座。

a. 两挡砟墙内侧净距及外形尺寸应满足设计要求。

b. 电缆槽及接触网支柱基座设置位置必须满足设计要求，接触网支柱基座预埋螺栓位置应准确，基座平整，外形尺寸应满足设计要求。

c. 泄水管材料及数量应满足设计要求，位置应准确，相对设计位置允许偏差为15 mm。应安装牢固，泄水管顶面不得高于桥面。底面伸出上翼缘板的长度应满足设计要求。

4.5 涵洞工程施工

4.5.1 拱涵、盖板涵施工

1. 盖板涵施工

(1)盖板涵的组成

盖板涵主要由盖板、涵台(涵墩)、基础、洞身铺底、沉降缝及防水层等组成，各部分构造如图 4-23 所示。

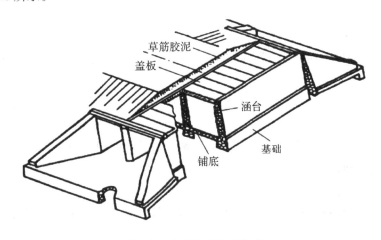

图 4-23 盖板涵各组成部分

盖板是涵洞的主要承重结构，宜采用钢筋混凝土盖板，跨径较小时亦可采用石盖板；涵墩、涵台及基础一般用浆砌片(块)石或混凝土修筑。

除设置在岩石地基上的涵洞外，涵洞的洞身和基础应根据地基土的情况，按设计要求设置沉降缝，以防不均匀沉降而引起涵身断裂。一般沿洞身每隔 4～6 m 设一道沉降缝，缝宽 20～30 mm，填缝料应具有弹性和不透水性(如沥青、麻絮等)，并应填塞紧密。沉降缝应在整个断面(包括基础)断开，且沉降缝处的两端面应竖直、平整，上下不得交错。

为了防止雨水从路基中浸入涵洞结构，影响结构的使用寿命和安全，应在涵洞洞身及端墙、基础顶面以上被土掩埋部分的表面设置防水层。常用的方法有涂刷热沥青层、设置防水砂浆和涂抹草筋胶泥等。

(2)盖板涵施工

盖板涵的施工程序及注意事项与相应的简支梁桥等基本相同，下文仅介绍不同之处。

①施工程序。钢筋混凝土盖板涵施工一般分为盖板预制吊装和现场浇筑两种。预制吊装的施工程序如图 4-24 所示，盖板涵施工的实例图如图 4-25 所示。

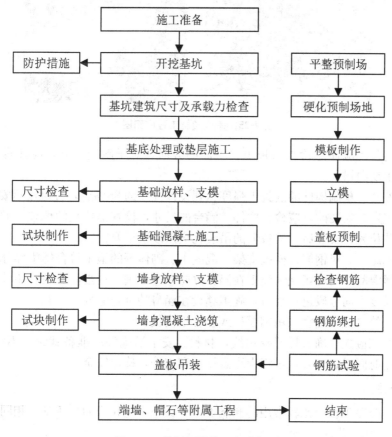

图 4-24　盖板涵的施工程序框图

图 4-25 盖板涵施工程序组图

②盖板的预制应注意检查盖板上、下面的方向，对于斜交涵洞，应注意斜交角的方向，避免发生反向错误。

③盖板安装。预制构件的混凝土强度达到设计强度的 85% 后，方可搬运安装，设计有规定时从其规定。安装前，应检查构件、涵台的尺寸，检查锚栓孔的位置，并在涵台上画出盖板的安装位置；安装后，盖板上的吊装孔应以砂浆填塞密实。

④盖板涵施工，对钢筋、模板支架、混凝土、砌体等的施工符合桥梁部分的要求。

⑤盖板涵混凝土的现场浇筑施工在涵长方向宜连续进行；当涵身较长不能一次连续完成时，可沿长度方向分段进行浇筑，施工缝设在涵身的沉降缝处。

⑥就地浇筑的盖板涵宜采用钢模板或胶合板模板。

⑦基坑开挖应先准确放样开挖边线，材料、安全措施等应准备就绪，不能贸然开挖，以防地基暴露时间过长。开挖过程中注意排水和支护，确保安全。

2. 拱涵施工

拱涵也是公路工程中比较常用的涵洞类型。其施工与相应的拱桥基本相同。

（1）拱涵的施工程序

拱涵的拱圈施工一般有用浆砌片（块）石砌筑和现场混凝土浇筑两种方法。施工程序如图 4-26 所示。

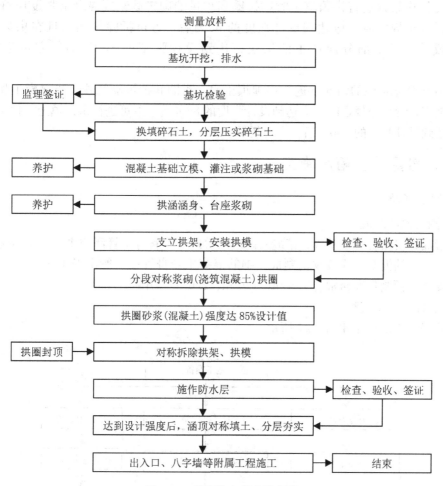

图 4-26　拱涵施工程序流程图

（2）拱涵的支架与拱架

拱涵施工的支架一般有钢拱架、木拱架和土牛拱胎支架，对于钢拱架、木拱架，一定要重视其支架的强度和刚度，防止不均匀变形。

在小桥涵施工中，用土牛拱胎代替拱架，既安全又经济。根据河沟流水情况，土牛拱胎可做成全填拱胎（设有盲沟）的土拱胎、三角形木架木拱胎、木排架木拱胎等。

（3）施工要点

①拱圈和出入口拱上端墙的砌筑施工，应由两侧向中间同时对称进行。

②现浇混凝土拱圈时，应对称浇筑，最后浇筑拱顶，或在拱顶预留合龙段最后浇筑并合龙。拱圈的现场浇筑在涵长方向宜连续进行；当涵身较长不能一次连续完成时，可沿长度方向分段进行浇筑，施工缝应设在涵身的沉降缝处。

③预制拱圈的混凝土强度要达到设计强度的 85% 后，才可搬运安装；对于拱座与拱圈、拱圈与拱圈的拼装接触面，应先拉毛或凿毛（沉降缝处除外），安装前应浇水湿润，再以 M10 水泥砂浆砌筑。

④拱架拆除和拱顶填土要符合以下要求。

a. 先拆拱架再进行拱顶填土时，拱圈和护拱的砌筑砂浆或混凝土强度应符合设计规定，设计未规定时，应达到设计强度的 85% 后，方可拆除拱架，且在拱架拆除时应先完成拱脚以下部分回填土的填筑；达到设计强度的 100% 后，方可进行拱顶填土。

b. 在拱架未拆除的情况下进行拱顶填土时，拱圈和护拱砌筑砂浆或混凝土强度应符合设计规定，设计未规定时，应达到设计强度的 85% 后，方可进行拱顶填土；拱架应在拱圈强度达到设计强度的 100% 后，方可拆除。

4.5.2 圆管涵、箱涵施工

1. 圆管涵施工

(1)圆管涵的组成

圆管涵主要由管身、基础、接缝及防水层等组成。管身是管涵的主要组成部分，通常由混凝土、钢筋混凝土或波纹钢制成。钢筋混凝土管身管径一般小于 1.50 m，管身多采用预制安装，预制长度通常有 0.5 m、1.0 m、2.0 m 等几种。

(2)管涵的施工流程

圆管涵的施工程序如图 4-27 所示。

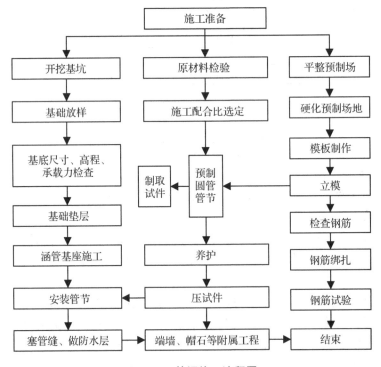

图 4-27　管涵施工流程图

(3)管涵的预制、运输要求

管涵管节成品要做到管节端面平整并与其轴线垂直，斜交管涵进出水口管节的外端面应按斜交角度进行处理。混凝土圆管管节成品质量应符合表 4-2 的规定。

表 4-2 混凝土圆管管节成品质量标准

项次	检查项目	规定值或允许偏差	检查方法和频率
1	混凝土强度/MPa	在合格标准内	按有关规定检查
2	内径/mm	不小于设计值	尺量：2个断面
3	壁厚/mm	正值不限，—3	尺量：2个断面
4	顺直度	矢度不大于0.2%管节长	沿管节拉线量，取最大矢高
5	长度/mm	+5，0	尺量

管节在运输、装卸过程中应采取措施防止管节因碰撞而损坏。根据道路情况和设备条件，运输管节的工具可采用汽车、拖拉机、拖车等。运输途中，每个管节底面宜铺以稻草，用木块圆木楔紧，并用绳索捆绑固定，防止管节滚动、相互碰撞而破坏。管节的装卸可根据工地条件，使用各种起重设备，如龙门吊机、汽车吊，以及小型起重工具滑车、链滑车等。

（4）管节安装

管节的安装通常使用吊机、绳索配合滚木、撬杠等。管节安装应从下游开始，使接头面向上游；每节涵管应紧贴于垫层或基座，管座或垫层的弧形面必须与管身弧度吻合，使其紧密贴合，保证涵管受力均匀；所有管节应顺水流方向安装平顺，符合轴线和图纸所示坡度。当管壁厚度不一致时，调整高度使下部内壁齐平；管节应垫稳坐实，安装完成后，管内不得遗留泥土等杂物。

插口管安装时，其接口应平直，环形间隙应均匀，并安装特制的胶圈或用沥青、麻絮等防水材料填塞；平接管安装的接缝宽度宜为10～20 mm，用有弹性的不透水材料嵌塞密实，严禁用加大接缝宽度的方式来满足涵洞长度要求。管节的接缝不得有间断、裂缝、空鼓、漏水等现象。管涵施工质量标准应符合表4-3的规定。

表 4-3 管涵施工质量标准

项次	检查项目		规定值或允许偏差
1	管座或垫层混凝土强度		在合格标准内
2	管座或垫层宽度、厚度		不小于设计值
3	相邻管节底面错台/mm	管径≤1 m	3
		管径＞1 m	5
4	轴线偏位/mm		50
5	流水面高程/mm		±20
6	涵管长度/mm		+100，—50

2. 箱涵施工

箱涵又称矩形涵。它与盖板涵的区别如下：

①盖板涵的台身与盖板是分开的，台身还可以采用砌石圬工，为简支结构。

②箱涵的顶板、底板与两侧墙身是连续浇筑的，称为刚性结构。

箱涵的基础分为有圬工基础和无圬工基础两种。箱涵施工分预制钢筋混凝土箱涵施工和现浇箱涵施工两种。

(1)预制钢筋混凝土箱涵施工

预制箱涵节段的质量要求应符合钢筋混凝土的施工要求。节段在运输、装卸过程中，应使其受力符合设计规定，尤其注意吊点位置的选择；选择合适的运输和装卸机具，保证运输、装卸过程中构件的安全，使其免受碰撞。

设计未规定时，预制构件的混凝土强度达到设计强度的85%，方可吊运、安装；构件安装前，应完成构件、地基、定位测量等验收工作。箱涵管节拼装时，接缝两侧的混凝土表面应采用清水冲洗干净，再按设计要求进行拼接施工。

(2)现浇箱涵施工

就地浇筑箱涵可视情况分段施工，宜先进行底板和梗肋的混凝土浇筑，然后完成剩余部分的混凝土浇筑。本阶段施工时前一阶段的混凝土强度要求以及施工缝的处理见混凝土部分。

箱涵施工中，应注意施工缝的设置位置，不应设置在受力较大处，底部倒角的混凝土应注意振捣密实；顶部仰角处，注意钢筋的连接应符合要求，模板不得漏浆，应支立坚固。

混凝土强度到设计强度的85%时，方可拆除支架；达到设计强度的100%后，方可进行涵顶回填土。设计有具体要求时从其规定。

现浇箱涵施工流程一般如图4-28所示。箱涵施工质量标准见表4-4。

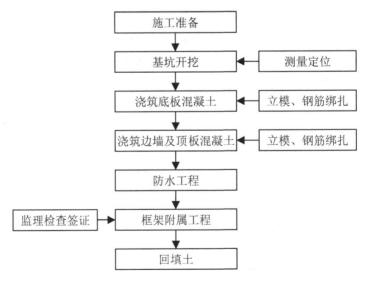

图 4-28　箱涵施工流程图

表 4-4 箱涵施工质量标准

项次	检查项目		规定值或允许偏差
1	轴线偏位/mm	明涵	20
		暗涵	50
2	流水面高程/mm		±20
3	涵长/mm		+100，−50
4	混凝土强度/MPa		在合格标准内
5	高度/mm		+5，−10
6	宽度/mm		±30
7	顶板厚/mm	明涵	+10，−0
		暗涵	不小于设计值
8	侧墙和底板厚/mm		不小于设计值
9	平整度/mm		5

第5章 高速公路隧道施工技术

5.1 新奥法隧道施工

5.1.1 新奥法施工概述

1. 新奥法简介

新奥法即新奥地利隧道施工方法的简称，原文是 new Austrian tunnelling method，简称 NATM。新奥法概念是奥地利学者拉布西维兹(L. V. Rabcewicz)教授于 20 世纪 50 年代提出的。它是以隧道工程经验和岩体力学的理论为基础，将锚杆和喷射混凝土组合在一起作为主要支护手段的一种施工方法，经过一些国家的许多实践和理论研究，于 20 世纪 60 年代取得专利权并正式命名。之后这个方法在西欧、北欧、美国和日本等许多地下工程中获得极为迅速的发展，已成为现代隧道工程新技术标志之一。20 世纪 60 年代新奥法被介绍到我国，并于 20 世纪 70 年代末 80 年代初得到迅速发展。可以说所有重点难点的地下工程中都离不开新奥法，新奥法几乎成为在软弱破碎围岩地段修筑隧道的一种基本方法。

新奥法是在利用围岩本身所具有的承载效能的前提下，采用毫秒爆破和光面爆破技术，进行全断面开挖施工，并以形成复合式内外两层衬砌来修建隧道的洞身，即以喷混凝土、锚杆、钢筋网、钢支撑等为外层支护形式，称为初次柔性支护，系在洞身开挖之后必须立即进行的支护工作。蕴藏在山体中的地应力由于开挖成洞而产生再分配，隧道空间靠空洞效应而得以保持稳定，也就是说，承载地应力的主要是围岩体本身，而采用初次喷锚柔性支护的作用，是使围岩体自身的承载能力得到最大限度的发挥，第二次衬砌主要起安全储备和装饰美化作用。

2. 新奥法的施工特点

(1)及时性

新奥法施工以喷锚支护为主要手段，可以最大限度地紧跟开挖作业面施工，因此可以利用开挖施工面的时空效应，以限制支护前的变形发展，阻止围岩进入松动的状态，在必要的情况下可以进行超前支护，加之喷射混凝土的早强和全面黏结性，保证了支护的及时性和有效性。

巷道爆破后立即以喷射混凝土支护，能有效地制止岩层变形的发展，并控制应力降低区的伸展，从而减轻支护的承载，增强岩层的稳定性。

(2)封闭性

喷锚支护能及时施工，因此能及时有效地防止因水和风化作用造成围岩的破坏和剥落，制止膨胀岩体的潮解和膨胀，保护原有岩体强度。

巷道开挖后，围岩由于爆破作用产生新的裂缝，加上原有地质构造上的裂缝，随时都有可能产生变形或塌落。混凝土以较高的速度射向岩面，很好地充填围岩的裂隙、节理和凹穴，大大提高了围岩的强度。同时喷锚支护起到了封闭围岩的作用，隔绝了水和空气同岩层的接触，使裂隙充填物不致软化、解体而使裂隙张开，导致围岩失去稳定。

(3)黏结性

喷锚支护同围岩能全面黏结，这种黏结作用可以产生三种作用。

①联锁作用。

即将被裂隙分割的岩块黏结在一起，若围岩的某块危岩活石发生滑移坠落，则引起临近岩块的连锁反应，相继丧失稳定，从而造成较大范围的冒顶或片帮。开巷后如能及时进行喷锚支护，喷锚支护的黏结力和抗剪强度可以抵抗围岩的局部破坏，防止个别危岩活石滑移和坠落，从而保持围岩的稳定。

②复合作用。

即围岩与支护构成一个复合体(受力体系)共同支护围岩。喷锚支护可以提高围岩的稳定性和自身的支撑能力，同时与围岩形成一个共同工作的力学系统，具有把岩石荷载转化为岩石承载结构的作用，从根本上改变支架消极承担的弱点。

③增加作用。

开巷后及时进行喷锚支护，一方面将围岩表面的凹凸不平处填平，消除因岩面不平引起的应力集中现象，避免过大的应力集中造成围岩破坏；另一方面，喷锚支护使巷道周边围岩由双向受力状态变成三向受力状态，就是提高了围岩的强度。

(4)柔性

喷锚支护属于柔性薄型支护，能够和围岩紧粘在一起共同作用，可以和围岩共同产生变形，在围岩中形成一定范围的非弹性变形区，并能有效控制允许围岩塑性区有适度的发展，使围岩的自承能力得以充分发挥。此外，喷锚支护在与围岩共同变形中受到压缩，对围岩产生越来越大的支护反力，能够抑制围岩产生过大变形，防止围岩发生松动破坏。

3. 高速公路隧道新奥法施工经典案例

娄衡高速檀树湾隧道位于湖南省娄底市双峰县境内，左线娄底端里程桩号 ZK11＋670，衡阳端里程桩号 ZK12＋698，隧道全长 1 028 m；其中明洞 30 m，Ⅲ级围岩 529 m，Ⅳ级围岩 221 m，Ⅴ级围岩 248 m。右线娄底端里程桩号 K11＋670，衡阳端里程桩号 K12＋690，隧道全长 1 020 m；其中明洞 30 m，Ⅲ级围岩 520 m，Ⅳ级围岩 222 m，Ⅴ级围岩 248 m。场地地貌类型为丘陵地貌，地表剥蚀较强烈。隧道所穿越的丛毛大山基本呈不规则带状，山顶最大高程 282.5 m；隧道起点段位于丛毛大山北侧坡脚，山前冲沟底部最低高程为 113.7 m，北侧山坡坡脚较缓，为山坡坡前堆积体，厚度较大，缓坡宽 130～150 m；山坡上部自然坡底较大，覆盖层较薄。左、右线洞门均无偏压，娄底端洞门采用削竹式洞门，衡阳端采用端墙式洞门。

根据工程特点及工期要求，安排两个隧道施工队承担檀树湾隧道的施工任务，隧道施工一队承担檀树湾隧道左线娄底端的施工，隧道施工二队承担檀树湾隧道右线娄底端的施工。采用单侧双洞同时施工的方式，总体实行掘进、支护、衬砌三条机械化作业线，施工时左、右线掌子面错开 40 m 左右。在檀树湾隧道娄底端洞口外布置施工驻地、集中搅拌场、风水电供应系统、加工场地以及料库存放场地。

隧道的Ⅴ级围岩段采用环形开挖预留核心土法开挖，以机械开挖为主、局部爆破为辅的方式。Ⅳ级围岩段采用台阶法开挖（当上台阶掌子面稳定性差时及时预留核心土，改为环形开挖预留核心土法），人工利用作业台架成孔装药、光面爆破方式。

隧道出渣采用无轨运输方式，由挖掘机配合装载机装渣、自卸汽车运弃。

初期支护、超前支护：超前及径向系统锚（管）杆由人工利用多功能作业台架、手持风钻成孔、安设；人工利用机具安设钢筋网及钢架、进行喷射混凝土作业；超前大管棚由管棚钻机成孔、装管，注浆泵压注浆液。

防水层：采用无钉法铺设，热熔法焊接工艺。

二次衬砌：洞身段Ⅴ级围岩二次衬砌距离掌子面 50～60 m，Ⅳ级围岩二次衬砌与掌子面的距离为 60～100 m。仰拱及填充采用分幅施工，拱墙衬砌采用人工绑扎钢筋、轨行式钢模台车分节、整体浇筑混凝土，混凝土由混凝土罐车运送、输送泵泵送入模。车、人行横洞的拱墙衬砌采用定型和组合钢模板、利用碗扣式脚手架作支撑进行作业。

通风方式：采用压入式机械通风，风机选用低噪、节能隧道专用通风机。

施工顺序：上台阶开挖→上台阶拱墙支护→下台阶开挖→下台阶边墙及仰拱初期支护→仰拱施作→二次衬砌整体浇筑。

5.1.2 新奥法的施工方法

1. 全断面开挖法

这是一种先将洞室一次开挖成型，再衬砌的方法，适用于围岩很稳定、无塌方掉块危险或断面尺寸较小的隧道。这种方法的优点是施工场地开阔、出渣方便、掘进速度快。全断面开挖法又可分为全断面一次掘进法和导洞全断面开挖法两种。

全断面开挖法又称全断面掘进法，即按巷（隧）道设计开挖断面、一次开挖到位的施工方法。其开挖方式主要有三种：新奥地利全断面开挖法、护板全断面开挖法和掘进机护板全断面开挖法。

（1）施工顺序

全断面开挖法施工操作比较简单，主要工序：首先使用移动式钻孔台车，全断面一次钻孔，并进行装药连线；其次将钻孔台车后退到 50 m 以外的安全地点起爆，一次爆破成型，出渣后钻孔台车再推移至开挖面就位，开始下一个钻爆作业循环，同时施作初期支护；最后铺设防水隔离层（或不铺设），进行二次模筑衬砌。该流程突出两点：增加机械手进行复喷作业，先初喷后复喷，以利于稳定地层和加快施工进度；铺底混凝土必须提前施作，且不滞后 200 m。当地层较差时，铺底应紧跟，这是确保施工安全和质量的重要做法。

（2）适用范围

全断面开挖法主要适用于Ⅰ～Ⅲ级围岩。当断面在 50 m² 以下，隧道又处于Ⅲ类围岩地层时，为了减少对地层的扰动次数，在采取局部注浆等辅助施工措施加固地层后，也可采用全断面开挖法施工。但在第四纪地层中采用此施工方法时，断面一般均在 20 m² 以下，且施工中仍须特别注意，山岭隧道多用此法。

（3）优点

①工序少，相互干扰相对减少，便于施工组织的管理。

②全断面开挖有较大的作业空间，有利于采用大型配套机械化作业，提高施工速度。

③全断面一次成型，对围岩的扰动次数减少，对隧道的围岩稳定有利。

（4）缺点

由于开挖面较大，围岩稳定性降低，且每个循环工作量较大。

2. 台阶开挖法

台阶开挖法（简称台阶法）是指先开挖隧道上部断面（上台阶），上台阶超前一定距离后开始开挖下部断面（下台阶），上、下台阶同时并进的施工方法。

（1）台阶开挖法的特点

①增加了工作面，前后干扰较小，有利于机械化作业，进度较快。

②一次开挖面积较小，有利于掌子面稳定，特别是下台阶开挖时较为安全。

③短台阶法相互干扰，增加对围岩的扰动次数。

（2）分类

根据台阶长度的不同，台阶法划分为长台阶法、短台阶法和微台阶法三种。施工中采用哪一种要根据两个条件来决定：一是对初期支护形成闭合断面的时间要求，一般围岩越差，要求闭合时间越短；二是对上部断面施工所采用的开挖、支护、出渣等机械设备需要施工场地大小的要求。对软弱围岩，主要考虑前者，以确保施工安全；对较好围岩，主要考虑如何更好地发挥机械设备的效率，保证施工中的经济效益，因此只考虑后者。

①长台阶法。

长台阶法开挖断面小，有利于维持开挖面的稳定，适用范围较全断面法广，一般适用Ⅰ～Ⅲ级围岩。在上、下两个台阶上，分别进行开挖、支护、运输、通风、排水等作业线，因此台阶长度长。但台阶长度过长，如大于 100 m，则增加了支护封闭时间，同时增加了通风排烟、排水的难度，降低了施工的综合效率。因此，长台阶一般在围岩条件相对较好、工期不受控制、无大型机械化作业时选用。

②短台阶法。

短台阶法适用于Ⅲ～Ⅴ级围岩，台阶长度定为 10～15 m，即 1～2 倍开挖宽度，主要考虑既要实现分台阶开挖，又要实现支护及早封闭。上台阶一般采用小药量的松动爆破，出渣采用人工或小型机械转运至下台阶。因此，台阶长度又不宜过长，若超过 15 m，则出渣所需的时间显得过长。

短台阶法可缩短支护闭合时间，改善初期支护的受力条件，有利于控制围岩变形。缺点是上部出渣对下部断面施工的干扰较大，不能全部平行作业。

③微台阶法。

微台阶法是全断面开挖的一种变异形式，适用于Ⅴ～Ⅵ级围岩，一般台阶长度为 3～5 m。当台阶长度小于 3 m 时，无法正常进行钻眼和拱部的喷锚支护作业；当台阶长度大于 5 m 时，利用爆破将石渣翻至下台阶有较大的难度，必须采用人工翻渣。微台阶法上下断面相距较近，机械设备集中，作业时相互干扰大，生产效率低，施工速度慢。

（3）适用范围

台阶法一般适用于Ⅲ、Ⅳ级围岩，Ⅴ级围岩应在必要的超前支护措施稳定开挖面后采用台阶法开挖，单线隧道及围岩地质条件较好的双线隧道可采用二台阶法；隧道断面较高、单层台阶断面尺寸较大时可采用三台阶法；当地质条件较差时，为增强掌子面自稳能力，可采用三台阶预留核心土法开挖。

台阶长度必须根据隧道断面跨度、围岩地质条件、初期支护形成闭合断面的时间要求、上台阶施工所需空间大小等因素来确定。地质条件较好时，往往采用长台阶法开挖，通过普通凿岩机上下台阶同时钻孔和起爆，达到隧道开挖掘进同步的目的，效率比全断面开挖略低，但设备投入相对较少。当地质条件较差时，为利于支护及时封闭成环，应缩短台阶长度，宜为5 m左右，如采用三级台阶法，第一个台阶高度宜控制在2.5 m以下。三级台阶法所采取的辅助施工措施使得上下台阶相互干扰较大，施工效率降低，因此需要解决好上下台阶施工干扰的问题。

（4）施工注意事项

采用台阶法施工时应注意以下事项。

①台阶长度不宜超过隧道开挖宽度的1.5倍。台阶不宜多分层。一般以一个垂直台阶开挖到底，保持平台长2.5～3 m为好，易于掌握炮眼深度和减少翻渣工作量。装渣机应紧跟开挖面，缩短扒渣距离以提高装渣运输效率。

②上部开挖时，因临空面较大，易使爆破面渣块过大，不利于装渣，应适当密布中小炮眼。但采用先拱后墙法施工时，对于下部开挖，应注意上部的稳定，必须控制下部开挖厚度和用药量，并采取防护措施，避免损伤拱圈及确保施工安全。若围岩稳定性较好，则可以采取分段顺序开挖；若围岩稳定性较差，则应缩短下部掘进循环进尺；若围岩稳定性非常差，则可以左右错开或先拉中槽后挖边帮。

③上台阶钢架施工时，应采取有效措施控制其下沉和变形；下台阶应在台阶喷射混凝土强度达到设计强度的70%后开挖。

3. 分部开挖法

分部开挖法是把设计的巷（隧）道断面划分成若干部分，进行二次及其以上开挖，最后达到巷（隧）道设计开挖断面的一种施工方法。

分部开挖法可分为三种变化方案：台阶分部开挖法、双侧壁导坑法、单侧壁导坑法。

（1）台阶分部开挖法

台阶分部开挖法又称环形开挖留核心土法，一般将断面分成环形拱部、上部核心土、下部台阶等三部分。根据断面的大小，环形拱部又可分成几块交替开挖。环形开挖进尺为0.5～1.0 m，不宜过长。可以加长台阶，通常情况下单车道隧道上部核心土和下台阶的距离为2倍洞跨，双车道隧道为1倍洞跨，适用于一般土质或易坍塌的软弱围岩地段。与单（双）侧臂导坑法相比，台阶分部开挖法机械化程度高，施工进度更快。

（2）双侧臂导坑法

双侧臂导坑法又称眼镜工法。当隧道跨度很大、地表沉陷要求严格、围岩条件特别差、单侧壁导坑法难以控制围岩变形时，可采用双侧壁导坑法。特点是施工安全系数高，施工进度慢，成本造价高。现场实测表明，双侧壁导坑法所引起的地表沉陷仅为短台阶法的 1/2。这种方法一般将断面分成四块：左侧壁导坑、右侧壁导坑、上部核心土、下台阶。导坑尺寸拟定的原则同前，但宽度不宜超过断面最大跨度的 1/3。左、右侧导坑错开的距离，应根据开挖一侧导坑所引起的围岩应力重新分布时不致波及另一侧已成导坑的原则确定。

（3）单侧臂导坑法

隧道跨度较大、围岩不稳定、难以控制地面沉陷的地带多用单侧臂导坑法。这种方法一般将断面分成三块：侧壁导坑、上台阶、下台阶。侧壁导坑尺寸应本着充分利用台阶的支撑作用，并考虑机械设备和施工条件而定。一般侧壁导坑宽度不宜超过洞宽的 1/2，高度以到起拱线为宜，这样，导坑可分二次开挖和支护，不需要架设工作平台，人工架立钢支撑也较方便。导坑与台阶的距离没有硬性规定，但一般应以导坑施工和台阶施工不发生干扰为原则，所以在短隧道中，可先挖通导坑，再开挖台阶。

5.1.3　新奥法隧道施工技术要点

新奥法隧道施工工艺主要体现在"先排水、短开挖、弱爆破、强支护、早衬砌、勤测量"的十八字方针上。

（1）必须有详细的施工方案为依据

施工方案是保证施工计划、施工组织设计等的基础，往往根据实际开挖过程中围岩条件变化与施工主客条件不同等因素影响，以施工安全为前提，以质量为核心，利用经济技术可行性分析，结合施工单位与建设单位实际情况选用全断面法、台阶法、分部开挖法、中隔墙法、交叉中隔墙法等作为主要施工方案。施工方案的确定，为后续工作的开展提供了方法和依据。

（2）做好施工计划是项目成功的关键

施工计划是保证隧道顺利施工的指导纲领性文件。其内容很宽泛，施工组织设计、工期计划图表等对未来实施活动有计划性的文件，都属于施工计划的范畴。能否做好施工计划，是考查施工方案是否落实的关键。

（3）及时反馈岩体情况是保证施工安全的重点

施工过程中，不但要采用超前钻孔、隧道地震勘探（tunnel seismic prediction，TSP）等超前地质预报手段对掌子面前方的地质情况有一定的认识，随时做到心中有数，而且要在钻爆开挖掌子面的过程中随时监测前方岩体变化，以防止出现探报纰漏，以及人员疏忽造成的意外瓦斯、涌水事故，造成不必要的经济损失和人员伤亡。

（4）及时锚喷支护是新奥法施工的主要手段

开挖后通过及时地锚喷支护，不但能够控制岩层形状变化，防止围岩松动脱落，保证施工质量安全，而且利用混凝土与锚杆、钢支撑的全面黏结，能够形成初步的柔性支撑体系，为承受外界环境带来的各种应力提供帮助，加强岩层的稳定性。不仅如此，及时地喷锚支护，可以最大限度地利用流水施工保证对施工空间的有效利用、满足进度计划的要求。

（5）监控量测是消除开挖安全隐患的核心步骤

根据《公路隧道施工技术规范》（JTG/T 3660—2020），复合式衬砌的量测内容主要有目测、收敛位移量测、地层性态参数的测定等。现场测量技术人员将系列量测数据进行分析，对隧道围岩的变化趋势进行预测，及时反馈隧道变形中出现的"反弯点"，进而通过调整支护参数，使围岩变形控制在规定的红线以下。所以，监控量测工作既是新奥法施工的前提，又是新奥法施工的核心。

（6）防水排水措施是保证施工顺利进行的重要因素

隧道施工过程中，造成岩体坍塌的大部分原因都与水有关，如外部水压作用岩体、膨胀性地压、湿陷性黄土、流砂、熔岩等自身特性，都与水的存在有直接的联系。所以，在施工过程中，必须采取排、堵、截、引等一系列措施手段，对地表水、衬砌背后的水以及地下水进行有效的处理。

5.2 盾构法隧道施工

5.2.1 盾构法施工概述

盾构法是暗挖法施工中的一种全机械化施工方法。它是在地中推进盾构机械，通过盾构外壳和管片支承四周围岩防止发生往隧道内的坍塌，同时在开挖面前方用切削装置进行土体开挖，通过出土机械运出洞外，靠千斤顶在后部加压顶进，并拼装预制混凝土管片，形成隧道结构的一种方法。

盾构机是一种带有护罩的专用设备，利用尾部已装好的衬砌块作为支点向前推进，用刀盘切割土体，同时排土和拼装后面的预制混凝土衬砌块。盾构机掘进的出渣方式有机械式和水力式，以水力式居多。水力盾构在工作面处有一个注满膨润土液的密封室。膨润土液既用于平衡土压力和地下水压力，又用作输送排出土体的介质。

盾构机既是一种施工机具，又是一种强有力的临时支撑结构。从外形上看，盾构机是一个大的钢管机，较隧道部分略大，是设计用来抵挡外向水压和地层压力的。它包括三个部分：前部的切口环、中部的支撑环以及后部的盾尾。大多数盾构的形状为圆形，也有椭圆形、半圆形、马蹄形及箱形等其他形式。

1. 盾构法的特点

（1）适用条件

在松软含水地层或地下线路等设施埋深达到 10 m 及更深时，可以采用盾构法。

①线位上允许建造用于盾构进出洞和出渣进料的工作井。

②隧道要有足够的埋深，覆土深度宜不小于 6 m 且不小于盾构直径。

③相对均质的地质条件。

④如果是单洞，则要有足够的线间距。

⑤从经济角度讲，连续的施工长度不小于 300 m。

（2）优点

①安全开挖和衬砌，掘进速度快。

②盾构的推进、出土、拼装、衬砌等全过程可实现自动化作业，施工劳动强度低。

③不影响地面交通与设施，同时不影响地下管线等设施。

④穿越河道时不影响航运，施工中不受季节、风雨等气候条件的影响，施工中没有噪声和扰动。

⑤在松软含水地层中修建埋深较大的长隧道往往具有技术和经济方面的优越性。

（3）缺点

①断面尺寸多变的区段适应能力差。

②新型盾构购置费昂贵，对施工区段短的工程不太经济。

③工人的工作环境较差。

2. 盾构法施工步骤

①在置放盾构机的地方打一个垂直井，再用混凝土墙进行加固。

②将盾构机安装到井底，并装配相应的千斤顶。

③用千斤顶之力驱动井底部的盾构机往水平方向前进，形成隧道。

④将开挖好的隧道边墙用事先制作好的混凝土衬砌加固，地压较高时可以采用浇铸的钢制衬砌加固来代替。

盾构法施工中，其隧道一般采用以预制管片拼装的圆形衬砌，也可采用挤压混凝土圆形衬砌，必要时可再浇筑一层内衬砌，形成防水功能好的圆形双层衬砌。

5.2.2　盾构法隧道内部结构施工技术

1. 盾构机纠偏原则

当发生偏差时，通过改变分区千斤顶推力来调整。在小曲率段，自动导向系统的激光站每次移站的距离短，移站频率高，盾构机自动导向系统无法反映盾构机的真实姿态。但移站频率高、吊篮不及时复测，会对自动导向精度造成一定的影响，因此需增加人工复测频率。

为确保盾尾密封效果、管片质量，减小对地层的扰动，盾构机纠偏遵循以下原则：

①每环的纠偏幅度不应太大。

②当水平、垂直方向都需要纠偏时，一个方向纠完后，再纠另外一个方向，且宜先稳住垂直姿态，再水平纠偏。

盾构机在全、强风化凝灰熔岩地层中施工小曲率隧道时，应保证速度的稳定性，可以比较容易控制纠偏的尺度，太快或太慢都不利于盾构机纠偏。

2. 盾构法隧道施工管片保护

隧道姿态不理想时，利用管片吊装孔，同步注水泥-水玻璃速凝浆液。另外，若盾构机位于曲线段，考虑超挖，可适当增加注浆量。在软弱地层中，由于围岩自稳性差，应力释放快，塑性变形大，这一环形空间在管片脱出盾尾后，拱顶围岩极有可能发生变形或拱顶围岩下沉，减小了围岩与管片之间的间隙，同时减压掘进和同步注浆使此间隙能得到有效填充，有利于管片快速稳定。在盾构掘进施工中，盾构通常保持微微抬头姿势掘进，一般底部油缸推力较大，此推力会在设计轴线法线上产生一个向上的分力，特别是在下坡段，底部推进力增大，分力随之增大，这个分力加剧了管片的上浮，尤其是在同步注浆浆液没有完全提供约束力的情况下。由于双液浆在同步注浆管过程中易堵管，可选择在管片注浆孔进行注浆，即管片脱出盾尾后，人工对管片进行注浆。

但通过吊装孔注双液浆时往往要停止掘进，为减小注浆对施工进度的影响，可在管片脱出盾尾后管片间相对上浮量不超过界限要求的前提下，选择隔环注双液浆的方式减小管片悬臂距离，同时优化同步浆液配合比。这样的处理有 2 个优势：

①有效封堵后部来水，降低同步注浆浆液前窜概率。

②有效填充管片壁后建筑间隙，以达到防止管片上浮和稳定管片的目的。

3. 盾构机施工过程中常见故障

盾构机是采用盾构方法挖掘隧道的高科技施工设备，能在施工过程中实现渣土装运、隧道掘进及衬砌支护等一次性开挖成型功能。第二次工业革命之后，盾构技术相继传入法国、美国、日本、德国等国，并得到改进和快速发展，从最初的人工开挖发展为机、电、液、压为一体的开挖方式。

高速公路隧道盾构机常见故障主要有刀盘故障和盾构机推进系统故障，这就需要控制盾构机推进的偏移量，也是控制超挖现象，保证盾构开挖面的稳定性。同时检测在盾构掘进时地面发生变形而产生的曲线并及时反馈，不断调整和优化掘进参数，保证施工参数的合理性，从根本上对地面土体位移和地面沉降的程度进行控制。盾构机掘进偏移带来的一个较明显的后果即姿态控制难，所以在推进油缸行程时，要控制推进速度，且在推进时定期派人检查和监测盾构机的推进情况。

4. 盾构法隧道施工通风技术

为了实现较好的节能降耗的效果，尽量采用可变化风量的轴流式通风机。当风量要求较大时，风机高速运转；当要求风量较低时，风机又可以低速运转。为降低设备采购成本和便于管理，同一标段的各区间配置的设备型号规格不宜过多、过杂，尽量统一，也便于灵活组合。压入式通风机必须装设在洞外，避免污风的循环。通风机应设两路供电，并设风电闭锁装置，当一路电源停止供电时，另一路电源应在 15 min 内接通，保证风机正常运转。通风机开关应设置于专用开关箱内，采用专用线路、专用开关、专用断路器控制。隧道应采用抗静电、阻燃的风管。风管口到开挖面的距离应小于 5 m，风管百米漏风率不应大于 2%。

为保证盾构法隧道施工通风安全，需要采取的技术措施如下。

(1)风机安装

①风机必须具有产品合格证，使用前进行外观检查，风机的支座应稳固结实，避免运行中产生振动，风机出口处应设置加强型柔性风管与风筒布连接，风机与风筒布连接处应多道绑扎，减少漏风。

②通风机前后 5 m 范围内不要堆放杂物，确保进气通畅。

③通风机进气口应设置铁丝网，并应装有保险装置，同时应及时做好管片拼装后风管的及时延伸。

(2)风管安装

①风管必须有出厂合格证，使用前进行外观检查，保证无损坏，粘接缝牢固平顺，接头完好严密。

②通风管应优先采用高强、抗静电、阻燃的软质风管。

③风管挂设应做到平、直，且无扭曲和褶皱。

④隧道作业时，已衬砌管片的区间隧道应根据衬砌管片缝在洞顶每 5 m 标出螺栓位置，然后用电钻打眼，安置膨胀螺栓。布八号镀锌铁丝，用紧线器张紧，风管吊挂在拉线下。为避免铁丝受冲击波振动、洞内潮湿空气腐蚀等原因造成断裂，每十米增加设置一个尼龙绳挂圈。

⑤通风管破损时，应及时修补或更换。

⑥通风管的节长尽量加大，以减少接头数量，接头应严密，百米漏风率不宜大于 2%。

⑦弯管平面轴线的弯曲半径不得小于通风管直径的 3 倍。

5.2.3　盾构法隧道软土地层盾构进出洞施工技术

1. 主要洞门土体加固技术

盾构进出洞时必须采取合理的土体稳定措施，使洞门外土体能稳定自立，为盾构进出洞提供条件。当前常用的土体稳定技术有型钢水泥土搅拌墙(soil mixing wall，SMW)工法、高压旋喷桩、深层搅拌桩、降水法、分层注浆法、冻结法等，主要采取深层搅拌桩法洞门加固技术。洞门土体采用深层搅拌桩进行加固，工作井边缘与搅拌桩之间的间隙采用高压旋喷桩进行封闭。土体加固范围一般不小于一倍盾构半径，向前加固范围一般不小于盾构自身长度。为使土体密实，防止渗水，需有一定的强度，但为方便盾构进出洞作业，其强度又不宜过高，一般加固土体的强度达到 0.8 MPa 比较合适。

2. 影响盾构进出洞安全的主要因素

影响盾构进出洞安全的因素主要有以下几方面。

(1)洞门土体加固方案的合理性

洞门前土体加固区域是连接车站工程和区间工程的过渡区域，其加固方案的合理性是决定盾构进出洞安全的前提。洞门土体加固方案需统筹考虑洞门埋置深度、水文地质条件、周边环境情况等，明确加固方案的目标和目的，进行合理的方案设计。对于复杂水文地质和工况条件下的进出洞作业，在满足洞门土体自立稳定的同时，还应考虑到渗透稳定性及其他一些不利的影响因素。当工程周边有重要建(构)筑物需要保护时，需要明确环境保护等级，制订明确的变形控制要求和目标，按相关控制要求制订合理的土体加固方案。

(2)洞门土体加固施工质量控制

制订合理的洞门土体加固方案后，如何按设计要求做好洞门土体加固十分重要。如果洞门加固处理不到位，可能会造成洞门土体失稳、渗透破坏等重大事故。洞门土体加固在满足设计要求范围及强度的同时，其均匀性十分重要，加固不均匀的土体、硬度过大的加固体将成为进出洞时的掘进障碍物，会造成盾构进出洞时姿态发生偏移，使土体扰动过大，对周边环境产生十分不利的影响。

(3)进出洞时盾构掘进参数控制

洞门土体加固区是车站与区间的过渡区域，土体加固区与天然土区域的地质条件相差很大。为确保盾构顺利进出洞，并将进出洞对周边环境的影响控制在可承受范围内，在盾构进出洞前，必须请检测单位对加固土体的强度和均匀性进行检测，为盾构进出洞门加固土体区域时设定合理的掘进参数提供依据。同时在盾构掘进过程，经过不同地质区域时，应及时调整掘进参数，防止盾构掘进出现严重超挖欠挖、轴线偏移、姿态突变等情况，对机械、人员安全及周边环境造成不利影响。

(4)进出洞时洞门防水装置的安装

洞门外部注浆孔的布设和洞门防水装置的安装在进出洞过程中也起到重要的作用，但在加固施工过程中不可能做到完美，因此，进出洞过程中的防水装置及洞门外部的注浆孔起到了重要的作用。

3. 盾构进出洞质量控制措施

盾构进出洞风险控制是一项系统的工程，全流程都应做好充分的准备工作。

(1)盾构进出洞作业前的周边环境排摸、方案制订

盾构进出洞作业前，施工单位应委托专业单位对施工影响范围内的雨污水管进行探测。管径在1.2 m及以上的雨污水管必须采取潜水员进入雨污水管内直接探测的方法；管径在0.45~1.2 m的雨污水管应采取闭路电视(closed-circuit television，CCTV)等探测方法，根据探测情况形成书面报告，书面报告应包括平面关系图、纵断面关系图、雨污水管病害探测情况、修理建议等。根据探测情况报告，并结合工程所处的水文地质及周边工况等条件，编制合理的盾构进出洞专项方案，提出进出洞对周边环境保护指标参数。

(2)盾构进出洞施工作业中的监测和检测

盾构进出洞作业前，检测单位在对加固土体进行强度检测的同时，应采取垂直和倾斜取芯的检验方法(其中斜孔不少于2孔)对加固土体的均匀性进行检测，并出具检测报告。盾构在敏感地段[包括施工影响范围内有重要建(构)筑物、重要管线或管道和密集住宅小区等]进出洞作业，必须设置深层监测点，加强对路面沉降的监测；施工影响范围内有大口径管线的，应对管线布设直接监测点。

(3)盾构进出洞作业的应急预案制度

盾构进出洞专项方案应包括应急预案。应急预案应明确工程出险后的施救技术路线，确保相关抢险设备和专业抢险队伍能及时赶到现场救援。盾构进出洞作业前，应由建设单位组织召开进出洞作业涉及的各类地下管线单位会议，确定工程出险后地下管线单位的抢险配合工作。

(4)盾构进出洞施工的降低施工风险技术措施

①进出洞区域加固应根据所处的水文地质条件选择可靠的加固方法。例如，对于砂性土层，土体加固(非冰冻法)长度应不小于盾构机长度，如果条件不能满足，应采取相应措施。

②盾构在复杂水文地质条件下进出洞作业时，应事先在加固土体外侧打设降水井，以及在洞门周边结构上预埋至少8个注浆孔，上下4个作为备用，但在降水过程中，应注意环境保护，防止注浆孔堵塞。

③盾构在复杂水文地质条件下进出洞作业时，洞圈宜采用箱体密封装置。

④在规划设计阶段和管线搬迁规划时，重要的管线距洞口水平距离不应少于10 m，如不满足要求，应采取相应的技术措施。

5.3　沉管法隧道施工

5.3.1　沉管法施工概述

1. 沉管法简介

沉管法是在水底建筑隧道的一种施工方法。沉管隧道就是将若干个预制段分别浮运到海面(河面)现场,并一个接一个地沉放安装在已疏浚好的基槽内,以此方法修建的水下隧道。

沉管法是预制管段沉放法的简称,是在水底建筑隧道的一种施工方法。其施工顺序是先在船台上或干坞中制作隧道管段(用钢板和混凝土或钢筋混凝土),管段两端用临时封墙密封后滑移下水(或在坞内放水),使其浮在水中,再拖运到隧道设计位置。定位后,向管段内加载,使其下沉至预先挖好的水底沟槽内。管段逐节沉放,并用水力压接法将相邻管段连接。最后拆除封墙,使各节管段连通成为整体的隧道。其顶部和外侧用块石覆盖,以保安全。20 世纪 50 年代起,水下连接等关键性技术有了突破,沉管法现已成为水底隧道的主要施工方法。

2. 沉管法施工优点

对于水下段隧道,相对于盾构法,沉管法有诸多优点。

(1)容易保证隧道施工质量

管段为预制,混凝土施工质量高,易于做好防水措施;管段较长,接缝很少,漏水机会大为减少,而且采用水力压接法可以实现接缝不漏水。

(2)工程造价较低

水下挖土单价比河底下挖土低;管段的整体制作、浮运费用比制造、运送大量的管片低得多;接缝少而使隧道每米单价降低;隧道顶部覆盖层厚度可以很小,隧道长度可缩短很多,工程总价大为降低。

(3)在隧道现场的施工期短

因预制管段(包括修筑临时干坞)等,故大量工作不在现场进行。

(4)操作条件好、施工安全

除极少量水下作业外,基本上无地下作业,故不用气压作业。

(5)适用水深范围较大

水上作业较多,水下作业极少,故几乎不受水深限制。

(6)断面形状、大小可自由选择,断面空间可充分利用

大型的矩形断面的管段可容纳 4～8 车道,而盾构法施工的圆形断面利用率不高,且只能设双车道。

3. 沉管法施工适用条件

适合于沉管法施工的主要条件是水道河床稳定和水流不过急。前者不仅便于顺利开挖

沟槽，也能减少土方量；后者便于管段浮运、定位和沉放。

4. 管段制作方法

按管段制作方式可分为船台型管段制作和干坞型管段制作两大类型。

(1)船台型管段制作

船台型管段制作是利用船厂的船台，先预制钢壳，将其沿滑道滑移下水后，在浮起的钢壳内灌筑混凝土。该类管段的横断面一般为圆形、八角形和花篮形。由于管段内轮廓为圆形，在车辆界限以外的上下方空间可以被用作送、排风道，但车道高程相应压低，致使隧道深度增加，因此沟槽深度和隧道长度均相应增大；又因其内径受限制而只能设置双车道的路面，亦限制了同一隧道的通行能力；同时耗钢量大，管段造价高，而且钢壳焊接质量及其防锈尚未能完善解决，因此只是早期在美国应用较多。

(2)干坞型管段制作

干坞型管段制作是在临时的干坞中制成钢筋混凝土管段，向干坞内放水后，将其浮运到隧址沉放。其断面大多为矩形，不存在圆形断面的缺点；不用钢壳，可节省大量钢材。但在制作管段时，对混凝土施工工艺须采取严格措施，以满足其均质性和水密性特别高的要求，并保证必需的干舷(管段顶部浮出水面的高度)和抗浮安全系数。这类管段较船台型管段的造价经济，自20世纪50年代以来，在欧洲已成为最常用的制作方式。荷兰鹿特丹马斯河水底隧道为用干坞制作管段的最早例子。

5. 管段沉放

浮箱吊沉法是比较新的一种管段沉放法。通常在管段上方放4只方形浮箱，用吊索直接将管段系吊，浮箱分成前后两组，每组2只浮箱用钢桁架连成整体，并用锚索将各组浮箱定位，在浮箱顶上安设起吊卷扬机和浮箱定位卷扬机。管段的定位须在其左右前后另用锚索牵拉，其定位卷扬机则设于定位塔的顶部。这一沉放法的主要特点是设备简单，适用于宽度20 m以上的大、中型管段。小型管段可采用方驳杠吊法，即在管段两侧分设4艘或2艘方驳船，左右2艘之间设钢梁作杠吊管段的杠杆。这一方法在沉放时较平稳，且在浮运时可以用左右的方驳夹住管段以提高稳定性。

6. 管段水下连接

20世纪50年代以前，对钢壳制作的管段，曾采用水下灌筑混凝土的方法进行水下连接。对钢筋混凝土制作的矩形管段，普遍采用水力压接法。此法是于20世纪50年代末期在加拿大隧道实践中创造成功的，故也称温哥华法。它利用作用于管段后端封墙上的巨大水压力，使安装在管段前端周边上的一圈尖肋型胶垫产生压缩变形，形成一个水密性良好的止水接头。施工中在每节管段下沉着地时，结合管段的连接，进行符合精度要求的对位，然后使用预设在管段内隔墙上的2台拉合千斤顶(或利用定位卷扬机)，将刚沉放的管段拉向前一节管段，使胶垫的尖肋略微变形，起初步止水作用。完成拉合后，即可将前后两节管段封墙之间被胶垫封闭的水通过前节管段封墙下部的排水阀排出，同时利用封墙顶部的进气阀放入空气。排水完毕后，作用在整个胶垫上更为巨大的水压力将其再次压缩，达到完全止水的目的。完成水力压接后，便可拆除封墙(一般用钢筋混凝土筑成)，使已沉放的管段连通岸上，并可开始铺设路面等内部装修工作。

7. 沉放管段基础处理

处理沉放管段基础的目的是使沟槽底面平整，而不是为了提高地基的承载力。在水下开挖的沟槽，其底面凹凸不平，如不加以整平，管段沉放后会因地基受力不均匀而导致局部破坏，或因不均匀沉陷而开裂。为了提高沟槽底面的平整性，绝大多数建成的水底隧道采用垫平的方法。早期大多采用一种在管段沉放之前先铺沙石作为垫层的先铺法。它是在作业船上通过卷扬机和钢索操纵特制的刮铺机或钢犁，沿着沟槽底面两侧设置的、具有规定标高和坡度的导轨，将放下的垫料往复刮平。该法缺点较多。另一种垫平的方法为后填法。即先将管段沉放在沟槽底上的临时支座上，并使管底形成一定的空间(管段底板内预设液压千斤顶，在定位时可以顶向支座，调节管段高程)，随后用垫层材料充填密实。后填法中最早用的是灌砂法，仅适用于底宽不大的船台型管段。

20 世纪 40 年代初创造成功的喷砂法，适用于宽度较大的大型管段。从水面上用砂泵将砂水混合料通过伸入管段底下的喷管向管底空间喷注，使混合料形成一厚实均匀的砂垫层，喷砂作业须设专用台架和一套喷砂与回吸用的 L 形钢管。喷砂开始前，可利用它清除沟槽底上回淤土或塌方土。喷砂完毕，随即松开定位千斤顶，利用管段重量将砂垫层压实。这一基础处理方法在欧洲使用较多。

20 世纪 70 年代，日本用沉管法建造东京港、衣浦港等水底隧道时，采用了压浆法、压混凝土法等管段基础处理的新技术。

8. 高速公路隧道沉管法施工经典案例

深中通道是我国国家高速公路网 G2518 跨珠江口的重要组成部分，也是粤港澳大湾区核心交通枢纽工程，全长 24 km，集"桥、岛、隧、水下互通"于一体。其中，海底隧道长约 6.8 km，总用钢量约 32 万 t。其中钢壳混凝土沉管隧道长约 5 km，分为 32 个管节(26 个标准管节、6 个非标管节)和 1 个最终接头，标准管节长 165 m、宽 46 m、高 10.6 m。

海底沉管隧道工程共分为三大关键技术：基础处理、管节浮运安装及接头处理。其中，基础处理包括基槽开挖、软基处理及基床整平。基础处理的要求极高，海底 20～40 m 深处基槽开挖精度、碎石整平精度均要求达到亚米级。深中通道项目创新海相深厚淤泥层"大直径深层水泥搅拌桩＋块石振密"复合地基处理新技术，软土地基沉降控制在 48 mm 以内，达到国际领先水平。深中通道专门研发的"一航津平 2"是当前世界上最先进的沉管隧道基槽碎石整平船，在完成基槽清淤、深层水泥搅拌桩、块石抛填后，基槽碎石整平船在其上方均匀铺设 1 m 厚的碎石层。

管节采用"沉放驳＋拖轮"的方式进行浮运沉放，使沉管的浮运安装达到较高水平。

深中通道沉管隧道采用的整体预制水下管内推出式最终接头，是世界首创的全新结构装置，将最终接头与最后一节沉管(E23)一同制造，推出段放置在管节对接端的扩大端内，与最后一节沉管一并浮运沉放，待最后管节标准段与已安装管节完成对接并确认姿态合适后，推出段就像一个巨型的抽屉内盒(长 5.1 m×宽 46 m×高 9.75 m，重 1 600 t)，利用千斤顶将推出段(抽屉)从一侧推出，与 E24 管节的端钢壳完成对接。这种接头具有安全性好、施工快速、不需要大型装备、经济性好等优点。

5.3.2 沉管法隧道管内施工

当管段水下成功对接结束，对其管段基础底部灌砂及灌浆封孔完成，之后的管内施工中，首先要将管段的重量改由沙基础承托，即在管内将垂直千斤顶推杆回收到管段底部与管底平齐；同时将上下鼻托间的临时导向装置拆除，以使管段完全支承在沙基础上；紧跟着完成管段外两侧及顶部的抛石回填，即管段相对稳定后，才可以置换水箱和拆除端封墙。

管段依靠管内水箱压载，使管段达到要求的负浮力进行沉放，沉放完成后也是靠在压载水箱内增加水量达到稳定压载。置换水箱就是分段分步的替换压载水箱，最后用压重混凝土来达到管内稳定压载。

管内施工是沉管隧道建设中一项非常重要、非常关键的环节，直接影响管段沉放后的稳定，施工工艺步骤环环相扣，前后顺序不能有误，必须严格按照一套完善的技术方案进行，否则将会带来严重的甚至是难以弥补的后果，所以采用严谨的技术方案是管内施工顺利的唯一保障。

1. 垂直千斤顶推杆回收及同步进行上、下导向装置的拆除

首先把沉管的一端命名为 A 端，另一端为 B 端。管段沉放对接时，A 端用导向装置支承在鼻托上，而 B 端用垂直千斤顶支承在临时垫块上。

垂直千斤顶是沉管沉放过程中管段尾部的高程调节系统即高程定位；垫块承载力按管段在抗浮安全系数 1.05 下所要求的负浮力进行设计。垂直千斤顶中心轴距管段 B 端 15 m 左右，距边墙 0.5 m 左右。

导向装置是沉管沉放过程中管段头部的定位，即轴线与高程定位；在管段沉放对接时，可通过导向装置把对接管段 A 端与已安装管段 B 端对接位置横向误差控制在 ±10 mm 范围内。导向装置由预埋件和主体结构两部分组成，在管段制作时先将预埋件埋入鼻托端面。导向装置主体结构安装时须严格按设计精度进行复测，以满足管段沉放精度要求。

当沉管沉放准确就位并对其底部灌砂、两侧锁定完成后的一个关键动作，就是回收垂直千斤顶推杆，同时拆除导向装置：

①垂直千斤顶推杆回收到与管底平齐，一定要注意不能有凸点。

②拆除导向装置必须要在消除导向装置残余应力后进行。

完成上述两个任务后，对沉管两侧进行锁定，将管面部分回填，沉管相对稳定后可以进行下一道工序。

2. 管内压重混凝土浇筑同时置换压载水箱

沉管安装有一套完整的沉放系统来保证管段沉放安装就位，其中沉放过程中向管内的压载水箱注水可以达到两个目的：一是调节沉管的平衡，确保吊驳的四个吊点受力均衡；二是得到准确的负浮力。

当沉管安装完成，底部灌砂和侧面回填完毕，即沉管相对稳定后，再进行管内压重混凝土的浇筑，同时进行压载水箱置换。必须注意，在管段完成从临时支承转换到永久灌砂基础之前，抗浮安全系数均须严格控制在 1.05。压重混凝土浇筑完毕后，管段的结构抗浮安全系数应不小于 1.1。

3. 端封墙拆除

端封墙分混凝土端封墙和钢端封墙两种。端封墙就是将预制好的沉管两端封起来的一堵墙，使沉管成为一个密闭体，是在管段浮运、沉放时密封管段的临时性结构。在进行端

封墙的设计时，必须为管段沉放对接作业在封墙面板上留有进气管、进(排)水管、电缆孔管、水密门等。这样就可以将沉管浮在水面上，通过一套完整的沉管沉放系统控制可使沉管处在水中的任何位置，沉管沉放对接成功后，管内施工下一步就是端封墙拆除。

当采用混凝土端封墙时，端封墙的拆除必须是在管段对接完成，沉管底部灌砂、沉管外两侧及顶部抛石回填施工结束，沉管沉降量趋于稳定后，清除接头位置的淤泥、杂物及污水，并对吉娜(Gina)止水带进行临时保护，随后进行的工作是拆除接头位置的两道端封墙。

(1)端封墙拆除工艺顺序

端封墙的拆除工作应严格按照施工工艺顺序进行。以某隧道 E1、E2 两条管段为例，制订如下拆除计划。

E1 管段与暗埋段对接安装完成并稳定→E2 管段与 E1 对接安装完成并稳定→E1 管内置换水箱完成→拆除暗埋段与 E1 沉管接头端封墙→E2 管内置换水箱完成→拆除 E1 与 E2 沉管接头端封墙。

端封墙拆除施工尽量在暗埋段通路的情况下进行，也可在所有沉管沉放对接安装结束并稳定后进行。

(2)端封墙拆除内容及工艺方法

端封墙包括混凝土枕梁、钢牛腿、H 型钢、水密门及封墙体。拆除施工先从 H 型钢开始，包括钢牛腿和混凝土枕梁，单根 H 型钢长度约 6.5 m，重量约 2.6 t，通过螺栓与预埋件上部牛腿、下部枕梁连接。拆除工艺如下。

①在 H 型钢两边近处及 H 型钢顶部 1~1.5 m 位置，腹板两面各焊接两只 30 kN 眼板，左右各通过一只 30 kN 手拉葫芦连接，并调整使其处于轻载状态，用气割割除 H 型钢顶部与钢牛腿连接的固定螺栓，缓慢收左侧葫芦，同时松右侧葫芦，使 H 型钢偏离钢牛腿支座，接着在其上部重新锁定一条吊索，交于汽车吊或凿打机，同时松左右两个葫芦，并将重量交给汽车吊，解除两只 30 kN 手拉葫芦，移离脚手架，将拆除的 H 型钢翻码装车。

②在脚手架上用气割割除钢牛腿固定支座。

③封墙体采用破坏性拆除，自上而下分区作业，维修通道端封墙则不作分区，混凝土封墙体拆除后，将与其相接的管段四周残留钢筋头清除，再用不低于管段混凝土标号的环氧砂浆填平、补平毛面。

④制作路面处理施工即防撞侧石、电缆沟、廊道排水沟、廊道中隔板等。

5.4　明挖法隧道施工

5.4.1　明挖法施工概述

1. 明挖法简介

明挖法是指地下结构工程施工时，从地面向下分层、分段依次开挖，直至达到结构要求的尺寸和高程，然后在基坑中进行主体结构施工以及防水作业，最后恢复地面的一种工法。明挖法施工简单、方便，地层表面附近(浅埋)的地下工程多采用明挖法进行修建。

明挖法通常分为无支护放坡开挖和基坑支护开挖两种形式。

①无支护放坡开挖。

无支护放坡开挖的优点是不必设置支护结构，而且主体结构施工时场地较大，便于施工布置；缺点是开挖工程量相对较大，而且占用场地大。在旷野适合采用明挖法修建地下工程。

②基坑支护开挖。

在场地条件受限的情况下，常采用基坑支护开挖方法。通常，为保证基坑侧壁稳定及邻近建筑物的安全，须采取基坑侧壁的支护加固措施，即设置基坑支护结构，包括支护桩墙、支撑系统、围檩、防渗帷幕、土钉及锚杆等。基坑支护结构安全与否，不仅直接关系到所建工程的成败，而且关系到邻近已建工程的安危。

施工时，应根据工程地质条件、开挖工程规模、地面环境条件、交通状况等因素综合确定采用无支护放坡开挖还是基坑支护开挖方式。

2. 明挖法适用条件

明挖法的应用与许多因素相关，如建筑周边的环境条件，工程地质、水文地质条件，结构物的埋深，技术经济指标，等等。因此，选用明挖法修建各种地下工程时，应全面、综合考虑各种因素。

(1)浅埋地下工程施工

浅埋工程的覆土厚度(埋入土中的深度)多为 5～10 m，一般都采用明挖法施工。在某些情况下，有的埋深达十多米甚至二十多米的地下工程，也可采用明挖法施工。但是，明挖法施工明显受结构埋深的制约。当埋深较大时，由于施工技术难度大，且开挖和回填工程量很大，工程费用有可能比暗挖法高，此时从技术经济角度考虑，选用明挖法就不适宜了。

(2)平面尺寸较大的地下工程

对于大平面尺寸的地下工程，明挖法施工时通常采用分部开挖法或沟槽开挖法。先在周边开挖至设计标高，建造好外围结构；然后开挖中间部分；再进行内部结构施工及顶板施工和覆土回填。

(3)基坑工程

基坑工程是许多工程建设的辅助工程，且只能采用明挖法施工。

(4)其他工程

有些工程需要深基坑作为施工辅助工程，如桥梁工程中的锚锭基坑工程，需要将锚锭板埋置于很深的地层中，这就需要开挖深基坑。此外，盾构法和顶管法施工的施工井也采用自地面垂直向下开挖的明挖法进行修建。

3. 明挖法分类

按照对边坡维护方式的不同，明挖法可分为放坡明挖法、悬臂支护明挖法和围护结构加支撑明挖法。应当注意的是，当采用悬臂支护明挖法或围护结构加支撑明挖法时，工程的重点和难点就转化为深基坑的维护问题。

（1）放坡明挖法

放坡明挖法是根据隧道侧向土体边坡的稳定能力，由上向下分层放坡开挖隧道所在位置及其上方土体至设计隧道基底高程后，再由下向上顺隧道衬砌结构和防水层，最后施作结构外填土并恢复地表状态的施工方法。

放坡明挖法主要适用于埋置特浅、边坡土体稳定性较好，且地表没有过多的限制条件的隧道工程。放坡明挖法虽然开挖方量较大且易受地表和地下水的影响，但可以使用大型土方机械，故施工速度快，质量也易得到保证，作业场所环境条件好，施工安全度高。边坡局部稳定性较差时，可采用喷射混凝土进行坡面防护或采用锚杆加固边坡土体。

（2）悬臂支护明挖法

悬臂支护明挖法是将基坑围护结构插入基底高程以下一定深度，然后在围护结构的保护下开挖基坑内的土体至设计隧道基底高程，再由下向上顺作隧道主体结构和防水层，最后施作结构并回填土以恢复地表状态的施工方法。

悬臂支护明挖法常用的围护结构有打入木桩、钢桩、钢筋混凝土预制桩、就地挖孔或钻孔灌注钢筋混凝土桩、钻孔灌注钢筋混凝土连续墙等，以上各种措施也可联合采用。悬臂支护明挖法主要适用于埋置较浅、边坡土体稳定性较差且地表有一定限制性要求的隧道工程。

（3）围护结构加支撑明挖法

围护结构加支撑明挖法是当基坑深度较大、围护结构的悬臂较长时，在不增加围护结构的刚度和插入深度的条件下，在围护结构的悬臂范围内架设水平支撑以加强维护结构，共同抵抗较大的外侧土压力；在主体结构由下向上顺作的过程中，按要求的时序逐层分段拆除水平支撑，完成结构体系转换，最后施作结构外回填土并恢复地表状态的施工方法。

围护结构加支撑明挖法主要适用于埋置较深、边坡土体稳定性较差、外侧土压力较大且地表有一定限制性要求的隧道工程。

水平支撑的强度、刚度、间距、层数及层位等技术参数，应根据对水平支撑与围护结构的共同工作状态、结构体系转化过程工艺的要求进行力学分析计算确定。施工中必须经常检查支撑状态，必要时应对其应力进行监控和量测。水平支撑的优点是墙体水平位移小，可靠安全，开挖深度不受限制。

水平支撑常用的形式有横撑、角撑和环梁支撑。平面矩形围护结构的基坑拐角或断面变化处用角撑，短边方向一般用横撑，平面环梁支护结构采用环梁支撑。开挖基坑宽度较大、水平支撑刚度不足时，还可考虑加设中间支柱来保持其稳定性。水平支撑结构以钢管、型钢及型钢组合构件为好，因其拆装方便，所占空间较小，回收率较高，故在实际工程中应用较多。

5.4.2 明挖隧道止水帷幕补强施工技术

1. 施工技术准备

组织技术人员熟悉需补强的围护桩部位的具体情况，编制施工技术交底书，并向施工班组人员进行全面交底。

2. 开挖土方，桩空隙间挂网、喷射混凝土封闭

①在喷射混凝土施工前，准备好场地布置图、机具、混合料配合比资料，并附简要

说明。

②原材料要求：

a. 水泥采用 425 号粉煤灰水泥，使用前做复查试验。

b. 细骨料采用硬质洁净的中粗砂，细度模数宜大于 2.5，预先用水冲洗浸润，使含水率为 8%～12%。

c. 粗骨料采用坚硬耐久的碎石，粒径不大于 15 mm，级配良好，预先用水冲洗浸润，使含水率为 4%～6%。

d. 使用前，做速凝剂与水泥的相容性试验及水泥净浆凝结效果试验，使用时按最佳掺量准确计量。

③喷射混凝土的配合比满足混凝土强度和喷射工艺的要求，可按经验选定并通过试验确定。一般水泥与砂、石重量比为 1∶5～1∶4，骨料含砂率宜为 45%～55%，水灰比宜为 0.4～0.45，速凝剂一般为水泥重量的 5%。

④混合料的搅拌时间不小于 2 min，运输时间不超过 20 min，随拌随用。

⑤工作风压一般为 0.12～0.25 MPa，喷头处的水压不低于 0.15～0.2 MPa。

⑥喷射前用风冲洗受喷面，设置喷层厚度检查标志，检查机具设备及管路，并进行试运转。

⑦喷射混凝土分段分片进行，喷射作业自下而上，复喷时先喷平凹面，后喷凸面，后一层喷射在前一层混凝土终凝后进行，若终凝后间隔 1 h 以上再次喷射，应用风、水清洗受喷面。

⑧喷射混凝土的喷头垂直于受喷面，喷头距受喷面的距离以 0.6～1.0 m 为宜，喷头运行轨迹为螺旋状，使喷层厚度均匀、密实。喷射混凝土终凝 2 h 后开始洒水养护。

⑨喷射混凝土的过程中，经常会发现喷料不均匀、不稳定和不连续，混合料拌和不匀，水泥与砂、石分离，工作水压与水量突然变化，水环孔眼部分堵塞等情况，均会引起水灰比变化，对这些短时变化，及时判断予以调节。

⑩喷射混凝土作业时加强通风、照明，采取防尘措施降低粉尘浓度，并且确保施工、机具设备安全。

3. 在桩缝之间对封闭后对土体进行注浆加固

(1)小导管制作

采用直径 32 mm、壁厚 3.25 mm 的普通水煤气管，管长 3.5 m，一端呈尖头形，另一端焊上铁箍，沿管壁间距 100～200 mm，呈梅花形布设注浆孔，孔位互成 90°，孔径 6～8 mm。

①注浆管向漏桩外插角 20°～30°。

②注浆压力根据地层致密程度确定，一般为 0.4～0.6 MPa。

③注浆小导管上下垂直间距 0.5 m。

④水泥浆水灰比为 0.8∶1～1∶1，水玻璃模数 2.4～2.8，水玻璃浓度使用范围为 20～35 °Bé，水泥与水玻璃浆体积比为 1∶1，初凝时间可通过改变配合比和掺入少量磷酸氢二钠来控制。

(2)施工操作要求及注意事项

①检查各种机具，进行试运转。

②按设计要求选择好耐侵蚀性注浆材料。浆液配合比需经试验确定，并报监理工程师审定。

③注浆前喷射混凝土，封闭作业面，防止漏浆。

④准确测定孔位，按照设计的外插角采用钻机顶入，其顶入长度不小于管长的 90%。

⑤注浆过程中，根据地质情况等控制注浆压力，注浆压力一般为 0.3～0.5 MPa，注浆终压为注浆压力的 2～3 倍，并设专人做好记录，注浆达到需要的强度后方可进行开挖。

⑥注浆过程中严格控制注浆压力，不得使浆液逸出地面及超出有效注浆范围，施工原则为多打管，适量均匀注浆。

⑦处理措施必须与开挖同时进行，直到基坑止水达到要求为止。

5.4.3　明挖隧道结构防水层施工技术

1. 明挖隧道结构防水层施工概述

防水工程应该遵循以防为主、防排结合、刚柔相济、多道防线、因地制宜、综合治理等原则，在施工过程中，要注意对使用材料以及技术的加工和处理，从而在真正意义上达到防水的效果。

无论是在进行施工期间还是在建成后，隧道一直受到影响。如果防水措施处理得不好，地下水就会通过漏洞源源不断地流到隧道内，对隧道的整体结构造成毁坏，对交通安全产生威胁。有关数据显示，我国现在已经建成的隧道都在一定程度上存在着渗水的不良情况。所以，为了满足社会发展和交通安全的需要，必须重视明挖隧道的防水层施工技术问题。

2. 明挖隧道经常出现地下水渗漏的原因

（1）施工人员对防水层施工在明挖隧道中的意义认识不足

明挖隧道涉及防水设计、防水施工等多道工序。因为只有保证防水效果，才能真正保证隧道建成后的良好使用。可是在明挖隧道的过程中，施工人员却常常忽视防水层的重要性，只是采用传统的防水工艺，简单地进行常规性操作，没有从真正意义上为明挖隧道做好防水层工作。

（2）在施工过程中使用的混凝土密度不够

在防水层的施工过程中，会使用大量的混凝土。而混凝土作为一种非均质材料，存在较多缺点，例如它的内部有很多孔隙，而这些孔隙又大小不同。所以在施工过程中，若对混凝土的处理不到位，地下水就会通过这些大小不同的空隙进入隧道，严重时还会导致隧道出现不同程度的裂缝，从而影响到隧道的正常使用。

（3）对材料处理的不当引起隧道渗水情况

在对防水层进行施工的过程中，对使用材料进行搅拌十分重要。若材料的搅拌方式和搅拌时间不当，在涂抹的过程中，被涂抹的地方就会出现不均匀的情况，而且涂抹的过程中会出现大量的气泡或者形成大小不同的气孔，使得隧道在基层就受到损害，地下水就会通过这些基层的薄弱部位进入隧道，这样也会导致隧道出现大面积水患的严重情况。

（4）设计人员对于不同隧道制订的防水方案不合理

对不同地质进行隧道的施工，不能固守传统的思维模式，要制订有针对性的防水方案。

例如，有些地区需要对混凝土进行加工处理，有些在施工过程中需要使用大量的防水板。现在有很多施工队伍没有对要实施的路段进行实质上的地质分析，就盲目地选择较为简单的施工方案，可是由于地质环境的不同，他们所采取的措施根本无法达到工程标准的要求。

3. 如何加强对防水层的施工技术

(1)加强施工过程中对使用材料的处理

在施工的过程中，材料的搅拌方法及搅拌时间都将直接决定材料的使用价值，所以材料在进行搅拌时，要使用功率大但是转速不是很高的电动搅拌器，要尽量使用圆桶，以方便搅拌的均匀性。搅拌的时间要控制在 $2\sim5$ min范围内，这样才能够保证搅拌的效果。涂抹防水层的基层一定要干净，不能留有沙粒或大量灰尘；在涂抹过程中，要及时使用材料涂抹密实基层所出现的空隙，这样才能从根本上保证防水层的防水效果。

(2)对防水层出现的不良情况要进行及时的处理

人为或是不良环境的影响常会导致防水层出现起鼓、翘边、破损等情况，应及时对防水层出现的问题进行处理。当发现防水层出现起鼓的情况时，要及时将起鼓部分割去，把潮气放出来，等基层真正干燥后，再进行涂料，然后按照施工的正规方法进行逐层涂抹。对于出现破损和翘边的地方，也要使用专业方法进行处理，这样才会防患于未然，保证防水层的使用效果。

(3)对防水层施工技术进行加强

随着时代的不断发展，越来越多的新设备、新技术不断产生，应加强对工人的技术培训，引进先进的设备，施工人员要对设备进行全面了解和掌握，这样才会在施工过程中不断改善原有的传统方法，创新施工技术，从而保证防水层施工技术的完整。

(4)对混凝土进行加工处理

对于表面有油污的混凝土，要用高压水及时冲洗干净，并用水进行浸透，但保证表面不能有明水，以便加强表面的虹吸作用。由于混凝土存在空隙较多的问题，所以要加强对混凝土的处理工作，可以通过调整混凝土配合的比例以及填入外加剂来增加混凝土的密实度，这样就可以防止混凝土出现大小不同的空隙，从而达到增强混凝土抗渗性的目的，满足我们想要的防水效果。

(5)对表面进行处理

要保证隧道的基面平整和牢靠，且保持清洁干燥，对于已经存在的钢管、铁丝等尖锐物质要进行处理，对于钢管要从根部进行处理，以防止其被坏防水层。

5.5 浅埋暗挖法隧道施工

5.5.1 浅埋暗挖法施工概述

浅埋暗挖法是在距离地表较近的地下进行各种类型的地下洞室暗挖施工的一种方法。

1. 浅埋暗挖法简介

浅埋暗挖法，继1984年王梦恕院士在军都山隧道黄土段试验成功后，又于1986年在具有开拓性、风险性、复杂性的北京复兴门地铁折返线工程中应用，在拆迁少、不扰民、不破坏环境下获得成功。结合中国特点及水文地质系统，创造了小导管超前支护技术、8字形网构钢拱架设计、制造技术、正台阶环形开挖留核心土施工技术和变位进行反分析计算的方法，提出了"管超前、严注浆、短开挖、强支护、快封闭、勤量测"18字方针，突出时空效应对防塌的重要作用，提出在软弱地层快速施工的理念。由此形成了浅埋暗挖法，创立了适用于软弱地层的地下工程设计、施工方法。

2. 浅埋暗挖法基本原理

浅埋暗挖法沿用新奥法基本原理，初次支护按承担全部基本荷载设计，二次模筑衬砌作为安全储备；初次支护和二次衬砌共同承担特殊荷载。应用浅埋暗挖法设计、施工时，同时采用多种辅助工法，超前支护，改善加固围岩，调动部分围岩的自承能力；采用不同的开挖方法及时支护、封闭成环，使其与围岩共同作用形成联合支护体系；在施工过程中应用监控量测、信息反馈和优化设计，实现不塌方、少沉降、安全施工等，并形成多种综合配套技术。

浅埋暗挖法施工的地下洞室具有埋深浅(最小覆跨比可达 0.2)、地层岩性差(通常为第四纪软弱地层)、存在地下水(需降低地下水位)、周围环境复杂(邻近既有建、构筑物)等特点。

由于造价低、拆迁少、灵活多变、无需太多专用设备及不干扰地面交通和周围环境等特点，浅埋暗挖法在全国类似地层和各种地下工程中得到广泛应用，并形成了一套完整的综合配套技术。同时，经过许多工程的成功实施，其应用范围进一步扩大，由只适用于第四纪地层、无水、地面无建筑物等简单条件，拓广到非第四纪地层、超浅埋(埋深已缩小到 0.8 m)、大跨度、上软下硬、高水位等复杂地层及环境条件下的地下工程中。

信息化技术的实施，实现了浅埋暗挖技术的全过程控制，有效地减小了由于地层损失而引起的地表移动变形等环境问题，不但使施工对周边环境的影响降低到最低程度，而且由于及时调整、优化支护参数，提高了施工质量和速度，使浅埋暗挖法的特点得到更进一步的发挥。

3. 浅埋暗挖法施工方法

①短进尺。开挖过程中严格遵循短进尺、快循环的原则。上导开挖采用人工风镐等对围岩扰动小的开挖方式，并及时打设超前导管等支护，多次开挖，每次开挖进尺以不超0.5 m为限。

②快封闭。开挖以后及时封闭，防止围岩进一步风化，提高它的自承能力，开挖后先初喷 5 cm 厚的混凝土。

③强支护。按照初喷混凝土→架钢格栅支撑→挂钢筋网→再喷厚度为 20 cm 混凝土的顺序进行初期支护施工，采取加大拱脚的办法扩大地基的承载能力。为了贯彻设计意图，环向锚杆的布设、格栅支撑连接布置等应严格按要求进行。

④勤量测。浅埋段施工时应及时，在拱顶、两侧起拱线位置埋设各类监测点，并对应里程，使整个浅埋段地层都处在严格监测控制中。

4. 浅埋暗挖法的几种通用施工技术

(1)双侧壁导洞法暗挖技术

双侧壁导洞法是变大跨度为小跨度的施工方法。其实质是将大断面分成多个小断面进行作业，即两侧导洞和中部导洞，导洞尺寸以满足施工开挖为条件。采用双侧壁导洞法施工时，在导洞内按正台阶法施工，当地质情况较差时，上台阶应考虑采用中隔墙法或者环形留核心土法开挖。在施工过程中，左右侧导洞开挖时错开的距离不应小于 15 m（以 15~20 m 为宜），以降低两洞在开挖过程中的相互影响；中洞与侧洞开挖时错开的距离不应小于 20 m（以 20~30 m 为宜）；而上下台阶之间的距离可视具体情况而定，一般为 3~5 m。

由于开挖多个导洞，地层被多次扰动，导致地层沉降过大，而导洞断面不规则更加大了开挖引起的沉降，所以采用该技术时，控制沉降并及时完成支护是隧道工程施工重点关注的项目。

(2)中洞法暗挖技术

中洞法是先开挖整个隧道的中间部分的施工方法。由于中洞的跨度一般较大，施工中一般采用 CD(center diaphragm，中隔壁)法、CRD(cross diaphragm，交叉中隔壁)法等进行施作，并遵守小分块、短台阶、早成环、环套环、竖向留坡、纵向错台的施工原则。在完成中洞的隧道初期支护后，立即施作该部分的二次衬砌，实现对地层的刚性支撑。施工二次衬砌可以采用洞内逆作法，能较好地控制初期支护沉降变形及保护邻近构筑物。完成中洞施工后，再用侧洞法施作其余部分，两侧洞应该对称施工，这样比较容易控制施工引起的地层沉降。

中洞施作二次衬砌要先把顶部防水层做好，在浇筑混凝土时，因施工条件较差及混凝土的收缩，很难做到顶紧初衬结构，采用二次衬砌背后注浆也因结构不封闭，难以达到注浆饱满，因此中洞在侧洞开挖时仍有叠加沉降。

(3)初期支护和二次衬砌背后注浆技术

施工中增加了初期支护背后注浆，即在初期支护施作时，在拱部范围内埋设注浆管，当初期支护封闭成环、封闭段距开挖面一定距离后即进行初期支护背后注浆，这样不仅对控制沉降有利，对防水也有利。

在二次衬砌模筑混凝土施作完成后，由于混凝土的收缩等影响，隧道顶部一般都有月牙形空隙。暗挖隧道防水采用的防水板为无钉铺设，混凝土浇筑中会有空腔，混凝土收缩后，防水板与混凝土之间会有小的缝隙。经过二次衬砌背后注浆后，结构防水得到明显改进。

(4)双排小导管超前支护技术

在暗挖隧道围岩极差时，一般采用长管棚支护技术。长管棚施工在隧道内较长时，施工困难，一般要加大施工断面做管棚工作室，而在曲线和变界面处施作时往往容易出现沉降，有时这种沉降达到 4~5 mm。为弥补这些不足，实际施工时可采用双排小导管技术，即在常规小导管的基础上，再增加一排倾角 30°~45°的小导管，通过双排小导管注浆，使开挖面外侧形成比单排小导管注浆厚的土体加固层。实践证明，这种新型预加固技术可以有效控制沉降变形。

(5)锁脚锚管技术

隧道台阶法开挖时，在初期支护上半断面完成后开挖下断面，该过程中沉降发展最快，控制好这段时间的沉降十分重要。上半断面初期支护施作时，在拱脚处增加斜向 45°、长 2.5 m 的锁脚锚管，打入土层后注浆。

5.5.2　浅埋暗挖富水段施工技术

1. 技术特性

高速公路隧道采用浅埋暗挖的方法施工，隧道工程所在区域枯水季节时基本上无涌水，以基岩裂隙水为主，表现为滴渗。而进入丰水季节后，在自然降雨的作用下，地下水位随之逐步升高，地表水也越来越丰富，隧道的涌水量激增，尤其是在一些浅埋地段，地下水容易出现下渗的情况，给隧道开挖埋下突水隐患。隧道富水段较长，一旦开挖过程中发生涌水，就会对工程造成巨大影响。

2. 高速公路隧道浅埋暗挖富水段施工技术

(1)施工方案

隧道必须在无水的条件下开挖，以保证施工安全，并加快掘进速度，同时要对隧道周边的有水环境加以维护，避免开挖施工造成水环境破坏。基于上述要求，在浅埋暗挖富水段隧道施工中，要以堵水为主；施工前，通过超前地质预测预报技术探明水体情况，据此采用注浆加固的方法预注浆，并在隧道开挖后补充注浆；最后施工衬砌，最大限度地降低水对开挖施工的影响，保证作业过程的安全。

具体的施工方案如下：针对岩体破碎、浅埋以及施工过程中涌水概率比较高的地段，采用超前支护措施，即管棚加超前小导管，并以径向注浆的方式堵水；出水地段通过局部注浆措施堵水。

(2)超前地质预测预报

为探明隧道富水段的具体情况，根据施工方案，采用超前地质预测的方法，借助探地雷达(ground penetrating radar，GPR)、地质扫描以及红外线探水等措施，确保预测结果的准确性，为施工提供可靠依据。施工中布设的超前探水孔长度可设置为 $25\sim30$ m，当钻进施工中遇到某个里程出水，从隧道掌子面开挖至距出水里程 5.0 m 时，留设止浆岩盘，并以出水量、出水压力为依据，合理选择注浆方式，以此来达到注浆堵水的效果。

(3)施工关键技术

①管棚支护。

a. 管棚可采用热轧无缝钢管，将钢管前端加工成锥形，在尾端焊接加强筋，在管壁上钻设注浆孔；以强度等级为 C25 的混凝土套拱制作管棚的固定墙，套拱应紧贴隧道掌子面，内设横架，与管棚钢管通过焊接的方式形成整体；在对管棚进行施工前，应先对护拱、导向孔口管进行施工，其中护拱采用的是钢拱架，孔口管与管棚钢管外侧的倾斜角度一致。

b. 以管棚作为超前支护时，可在开挖施工前先将管棚做好，要确保管棚位置准确，并按照从上向下的顺序对管棚施工，施工拱部管棚前，要搭设作业平台。为确保管棚的精度达标，在施工过程中，可以通过全站仪对管棚精确定位，并使用测斜仪对孔位偏斜度进行控制。当所有钢管全部顶入后，可以使用压缩空气，对管内的泥沙等杂物予以清除。

②超前小导管。

a. 在施工现场对小钢管进行制作加工，采用喷射混凝土的方法对围岩表面进行封闭，利用凿岩机钻孔，并对小钢管进行安装，也可直接通过凿岩机将小钢管打入围岩中，随后依据设计要求注浆。

b. 超前小导管可采用热轧无缝钢管，外径为 50 mm，管壁的厚度为 5.0 mm，长度为 500 cm，前端加工成锥形，尾端焊接加固箍筋，并在管壁上钻设直径为 8.0 mm 的孔眼，按照梅花形分布。

c. 沿隧道的开挖轮廓线对小钢管进行布设，间距控制在 50 cm，纵向前后两排的搭接长度控制在 150 cm 以上。超前小导管的注浆压力可以控制在 0.5～1.0 MPa，水灰比为 1∶1，选用 42.5 级普通硅酸盐水泥，注浆结束标准为注浆压力达到 1.0 MPa。

d. 在超前小导管注浆施工中，要对如下事项加以注意：导管可以从设计图纸中给出的位置处打入隧道围岩，孔位和角度偏差均不得超限，一旦超出，必须补管后方可注浆；钢管打入围岩内的长度要与设计长度相符。

③仰拱衬砌施工。

仰拱和衬砌全部按设计图纸给出的要求施工，选用的混凝土强度等级一般为 C35，施工技术要点如下。

a. 在隧道底部施工的过程中，可以采用全幅分段的方法，并在其上加铺仰拱栈桥，按照 2 榀的范围对循环开挖长度加以控制，确保富水段隧道开挖施工有序进行。在隧道底部挖设完毕后，要及时将各种杂物清除干净并喷射混凝土，厚度控制在 30～50 mm，随后安装仰拱钢架，并对混凝土进行复喷，使其与设计厚度相符，从而保证隧道初期支护时能够封闭成环。

b. 仰拱要在拱墙衬砌施工前完成，保证仰拱混凝土一次性浇筑成型，避免出现施工缝，若必须留设施工缝，可按照设计要求设置止水带。仰拱施工完毕后，要按照规范要求开展质检验收工作，看表面是否平整、顺滑。在对仰拱处进行混凝土填充时，可全面清洁仰拱表面。

c. 富水段衬砌采用的是自防水混凝土，抗渗等级为 S8，采用泵送的方法现场浇筑混凝土。施工开始前，对输送泵进行全面检查，看性能是否完好，确认无任何问题后，对边墙的基础顶面进行清洗，涂刷界面剂。

d. 在拱墙衬砌施工前，可由专业测量人员先对模板的支设位置测量放线，保证模板位置准确。在模板支设完毕后，再检查其结构尺寸，并对模板进行适当调整和加固。衬砌施工过程中，以配合比为依据，控制好混凝土的拌制质量，确保搅拌时间在 3 min 以上。混凝土脱模时，必须达到足够的强度，脱模后应及时按照规范标准的要求养护，时间不少于 7 d。

e. 衬砌混凝土浇筑至接近隧道顶部时，便进入封顶阶段，为使衬砌混凝土中的空气能够顺利排出，可在预留的注浆孔上加装排气管，其一端与防水板顶部紧靠，另一端固定在模板台车上。当有水从排气管流出时，便可停止浇筑，在疏通排气管后，将软管撤出。

④监控量测。

为确保浅埋暗挖隧道富水段施工的安全，可在隧道开挖施工的全过程中做好监测控制，借助信息化技术，依据监测采集到的相关信息，判断隧道内围岩的状况，据此对施工进行指导，按照围岩的具体情况调整施工参数，在保证质量和安全的前提下，加快掘进速度。采用浅埋暗挖法对隧道进行施工时，可将监控量测的重点放在以下两个方面。

a. 加强对地表的量测。可以沿着隧道中线，以 5.0 m 的间距对观测点进行布设，以此来监测浅埋段的地表状况，确定施工中是否产生安全隐患。当监测到有安全隐患时，要及时采取有效的方法和措施，加以解决处理，避免对隧道开挖施工造成不利影响。

b. 对隧洞内的拱顶下沉情况进行监测，通过量测结果，判断隧道围岩的稳定性，针对可能失稳的围岩，采取相应的措施加以处理，从而确保隧道开挖施工安全有序地进行。

5.5.3　浅埋暗挖隧道穿越房屋施工技术

以厦门翔安机场路隧道为例。

1. 隧道穿越建筑物技术

(1)工程概况

厦门翔安机场路(沈阳—海口高速公路的省级支线)隧道下穿房屋段埋深 10.38～13.45 m，房屋位于隧道洞顶 13 m。为防止隧道施工时房屋出现变形、开裂等不良现象，须进行预加固保护，采取相应的隧道施工措施。房屋为 7 层、浅基、框架结构；浆砌毛石基础，厚 75 cm，埋深 1.3 m、宽 1.14 m；房屋长 56 m，宽 11.2 m。横跨隧道。

(2)地质情况

地表以下 0～4 m 范围内为填筑土，以生活垃圾为主；4～10 m 为泥质粗砂，流动性较强；10 m 以下为风化岩，遇水容易流失、塌陷。

(3)加固方案

据房屋周边环境、与隧道位置关系及地层条件，对房屋基底采取注浆加固方式，提高基础承载力；洞内采用加强超前支护和 CRD 法施工方式。洞外加固方案分两个阶段。

①施工前基底注浆加固。

隧道通过前对房屋进行注浆预加固，范围为隧道穿越段房屋基础及基础外 10 m，深度至地表以下 10 m。采用二重管 WSS(中文"无收缩"的拼音缩写)双液注浆。

②施工中动态跟踪注浆。

跟踪注浆是指在隧道通过房屋的过程中，根据施工对房屋引起的沉降进行适时注浆：在抬升注浆前，预加固施工完毕并到一定强度后，实施补偿性注浆，对地层中的孔隙进行填补，以控制沉降并为抬升注浆提供条件。补偿注浆达到一定强度后开始抬升注浆。以上均采用袖阀管双液浆的施工方法。抬升注浆顺序按"自沉降最大处开始，至较小处结束；沉降大多注浆，沉降小少注浆；多次反复进行，控制流量、压力；多台设备对称施工"的原则进行。

③洞内技术措施。

隧道采用直径 108 mm 超前大管棚预支护、CRD 法开挖。合理控制步距，快速封闭成环；围岩径向跟踪注浆及时补充拱顶地层松弛损失；拆撑是力转化的过程，隧道穿越房屋段在不拆撑的情况下施作衬砌。

(4)补偿和抬升注浆

补偿和抬升注浆是控制房屋沉降、减小差异沉降的主要环节。通过预先设置的袖阀管，实施后退式分段注浆，反复施工。应避免注浆压力造成附近袖阀管变形或剪断，影响反复注浆施工。补偿注浆初期，根据房屋沉降量，以注浆量为主要控制标准(200 L/m)，按少量多次的原则，逐渐对地层挤密加固，控制房屋沉降。当隧道施工进入房屋下方时，沉降率加大，此时应增加注浆量，以压力为结束标准(1.0～1.5 MPa)。

2. 房屋沉降阶段

从房屋沉降历时曲线分析，房屋沉降经历五个阶段。

(1)第Ⅰ阶段

累计沉降−11.68 mm，沉降率为−0.39 mm/d，房屋最大差异沉降为19.83 mm。该阶段隧道接近房屋下方，地层失水及基础加固扰动引起沉降明显，但速率较小，曲线较平缓。

(2)第Ⅱ阶段

沉降明显加速，累计沉降量为−40.15 mm，平均沉降率为−1.34 mm/d，最大差异沉降为26.44 mm。该阶段前期隧道接近房屋下部，钻设补偿和抬升注浆孔对房屋造成扰动，从而沉降增加，后期应进行补偿和抬升注浆，但因隧道在穿越房屋，施工扰动地层，且前期补偿和抬升以注浆量为主要控制标准，抬升量小于沉降量，房屋表现为下沉趋势。

(3)第Ⅲ阶段

沉降速率减缓，最大沉降率为−0.19 mm/d。随着补偿和抬升注浆的进行，地层已密实，抬升以压力为主要控制标准，抬升量增加，有效抑制了房屋继续沉降，差异沉降明显减小。

(4)第Ⅳ阶段

沉降加速，沉降率加大。因第Ⅲ阶段沉降率明显减小，且隧道开挖通过房屋，很难判断沉降率减小是施工还是抬升注浆导致的，故停止抬升，以便和第Ⅲ阶段进行比较。

(5)第Ⅴ阶段

停止注浆后沉降再次加剧，平均沉降率达到−1.30mm/d，恢复注浆后，即第Ⅴ阶段房屋明显上升。

以上分析说明，隧道施工过程中主要以压力作为抬升控制标准及时进行跟踪注浆，能够有明显抬升房屋和阻止房屋沉降的效果，其对房屋沉降控制量占总沉降的73.2%。据沉降历时曲线可知，单点沉降历时曲线出现上下起伏现象，反映出抬升注浆对房屋沉降控制的工作状态。由于隧道穿越房屋下方，房屋表现出明显上升趋势，停止注浆后，房屋又开始下沉。因此，在隧道通过房屋期间，虽然房屋沉降处于加速状态，但通过跟踪注浆的方式能够有效地控制沉降率，阻止房屋继续沉降。结合历时曲线分析，得出以下几点结论。

①注浆压力达到0.7～1.0 MPa时，房屋开始出现明显抬升。

②据现场施工情况，注浆压力达到2.0 MPa时，房屋抬升达到最大单次抬升值，继续注浆，压力降低，房屋基础附近地表漏浆。

③房屋抬升注浆施工中，单次最大抬升值为2.2～3.1 mm。

④房屋抬升注浆过程应以注浆压力作为主要的结束控制标准。

⑤抬升过程中，单点抬升影响半径可达到5 m。

第6章 高速公路附属设施施工技术

6.1 交通安全设施施工

6.1.1 护栏

护栏的作用是通过自体变形或车辆爬高来吸收碰撞能量，以改变车辆行驶方向，阻止车辆越出路外或进入对向车道，最大限度地减少事故对车辆乘员的伤害。

护栏的类型按设置地段，分为路基护栏和桥梁护栏；按横断面设置位置，分为路侧护栏和中央分隔带护栏；按护栏刚性，分为刚性护栏、半刚性护栏和柔性护栏；按护栏材料，分为砌石护栏、混凝土护栏和波形梁钢护栏。

砌石护栏即防撞墩。砌石护栏是用砂浆和石块砌筑而成，为早期公路路侧护栏的一种形式，目前多用在山区村道上，警示悬崖、深谷、深沟等险情地段，依靠自重起防护安全作用。因其一般不使用于高速公路，在此不再细谈。下文仅详细介绍混凝土护栏和波形梁钢护栏的施工。

1. 护栏施工

(1)混凝土护栏

①现浇水泥混凝土护栏。

可采用固定模板法和滑动模板法施工。固定模板宜采用钢模板，厚度不应小于 4 mm。混凝土浇筑前温度应维持在 10～32 ℃。滑模机的施工速度应根据混凝土卸载速度及成型断面的大小等决定。两处伸缩缝之间的混凝土护栏必须一次浇筑完成，伸缩缝应与水平面垂直，宽度应符合图纸的规定，缝内不得连浆。混凝土初凝后，严禁振动模板，预埋钢筋不得承受外力。应根据气温和混凝土强度确定拆模时间，一般在混凝土终凝后 3～5 d 拆除混凝土侧模。拆模后应按图纸要求的间距和规格进行假缝切割，并保证断面光滑、平整。

②预制混凝土护栏。

预制场地应平整、坚实、排水良好、交通方便；宜采用固定规格的钢模板；每块预制混凝土护栏必须一次浇筑完成；拆模时混凝土强度不应低于设计强度的 70%；混凝土护栏的安装应从一端逐步向前推进；护栏的线形应与高速公路的平纵线形相协调。

（2）波形梁钢护栏

施工之前应根据设计图纸进行立柱放样，并以桥梁、涵洞、通道、立交、中央分隔带开口、互通式立体交叉等控制立柱的位置，进行测距定位。放样后应调查每根立柱下的地基状况，如遇地下管线、排水管等设施或构造物顶部埋土深度不足的情况，应根据实际情况改变立柱固定方式或调整立柱位置。立柱放样时，可利用调节板段调节间距，利用分配方法处理间距零头数。

立柱安装应与图纸相符，并与高速公路线形相协调。施工可采用打入法、挖埋法和钻孔法。钢立柱打入时，应注意不破坏预埋管线；采用挖埋法施工时，回填土应采用良好的材料并分层夯实，压实度不应小于规定值；当立柱埋入岩石时，应预先钻洞，立柱定位后，应用与路基相同的材料填实。

防阻块、托架应通过连接螺栓固定于护栏板和立柱之间，在拧紧连接螺栓前，应调整防阻块、托架，使其准确就位。对于设有横隔梁的中央分隔带护栏，应在立柱定位后安装横隔梁。在护栏板安装前，横隔梁与立柱间的连接螺栓不应过早拧紧。

2. 施工注意事项

①护栏立柱放样应按设计图进行，根据路基中心及基准标高，并以桥梁、通道、涵洞、中央分隔带开口等为控制点，利用经纬仪、水准仪等测量仪器，进行测距定位，逐点测量标高。

②立柱放样遇到间距零头时（非标准段），利用调整段调整间距分配零头数。

③立柱放样后，应调查每根立柱桩位的地基情况，当横向排水管、分歧通信管道等预埋管线与立柱有冲突时，应调整某些立柱的位置；立柱应避开中央分隔带通信人井设置。

④在一般路段，立柱的施工采用打桩机打入法。立柱打入时要精确定位，打入过深时应将其全部拔出，待基础压实后再重新打入。

⑤对于中央分隔带大中小桥、明涵洞、通道上立柱的固定，按图纸要求将立柱用砂浆固定于预留孔中。

⑥固定暗涵洞、暗通道等构造物上的立柱时，先按设计要求现场浇筑混凝土基础，并预留立柱孔。等混凝土凝固后，将立柱用素混凝土固定于预留孔中。一般采用 C20 混凝土。

⑦立柱安装完成后，进行线形调整。待线形与道路平纵线形相协调后，安装波形梁板。

⑧波形梁板拼接方向与行车道方向一致，依次叠加安装。

⑨波形梁板的连接螺栓及拼接螺栓不宜过早拧紧，安装过程中，先利用长圆孔进行调整，形成平顺线形后，再拧紧螺栓。

6.1.2 防眩设施

防眩设施是防止司机在夜间行车时受到对向车辆前照灯眩目而在道路上设置的构造物，多用在高速、一级公路、快速道路的中央分隔带上，包括防眩板、防眩网、植树防眩三种形式。防眩设施可提高行车的舒适性，保证行车安全。

1. 平曲线路段防眩设施的设置

在平曲线路段，车辆前照灯的光线沿曲线切线方向射出。外侧车道上的车辆前照灯光线射向路外，不会使对向车道的驾驶员产生眩目；而内侧车道车辆的前照灯光线射向外侧车道，使外侧车道上的驾驶员受到瞬间眩光的照射，心理上感到不舒适，严重的会导致瞬间失明，甚至使车辆沿切线方向越出路外造成交通事故。为在平曲线路段上获得和直线路段一样的遮光角，防眩设施的遮光角应予以调整。

2. 竖曲线路段防眩设施的设置

(1)凸形竖曲线路段

①防眩设施和混凝土护栏配合使用时，其下缘和护栏顶面接触，可完全遮光；与波形梁护栏配合时，护栏本身有一定宽度，可据计算确定其宽度能否满足阻挡对向车辆前照灯光线的要求。若不能，可考虑采用下文②③方法。

②防眩设施和护栏高度不变，在中央分隔带上种植密集式矮灌木。

③降低防眩设施的下缘高度。凸形竖曲线路段防眩设施设置的范围至少为凸形竖曲线顶部两侧各 120 m。

(2)凹形竖曲线路段

①根据防眩设施高度的变化，加宽中央分隔带的宽度，种植足够的高树木。

②若防眩设施高度变化幅度较小，可取某一平均高度作为整个凹形竖曲线路段防眩设施的高度。

③在凹形竖曲线路段底部种植树篱。

为使防眩设施的高度能与道路的横断面比例协调，不使防眩设施受冲撞后倒伏在行车道上，以及减少行驶压迫感，防眩设施的高度一般不宜超过 2 m。

6.1.3　视线诱导设施

视线诱导设施是指车道两侧设置的用以指示道路方向、行车道边界以及危险路段位置的设施总称。

视线诱导设施按功能可分为轮廓标、分流或合流诱导标、线形诱导标；其中线形诱导标又可分为指示性线形诱导标和警告性线形诱导标。按其设置方式可分为直埋式(柱式)和附着式两种。

1. 施工前提条件

①在施工安装前，应对全线诱导设施的埋设条件、位置、数量进行核对，并做好详细的施工组织设计。

②反射器、柱体、支架、连接件质量应满足设计或规范要求，施工前及时到位。

③基础混凝土用的水泥、砂、碎石、钢筋等各项原材料质量应满足设计或规范要求，并根据施工进展情况及时到位。

④劳动力组织合理，安排专业化班组进行施工。

⑤水、电、道路等作业条件满足施工需要。

2. 柱式轮廓标施工工序

(1)测量放样、开挖基础

施工前，根据设计间距要求，定出具体位置，用石灰线作标记。按照设计尺寸要求开挖基坑，并清理干净。

（2）浇筑混凝土

略。

（3）柱体加工

轮廓标的柱体应在鉴定合格的生产厂家集中加工制作，并运输至现场安装。加工质量应符合国家标准的规定。

（4）柱体的安装

轮廓标的柱体可采用装配式（直接插入预留孔中）、法兰盘连接方式或现浇混凝土基础方式。安装过程中应注意以下几点。

①设置高度（指反射器的中心高度）应与柱式轮廓标的高度大致相同。

②无论在直线段或者在曲线段上，轮廓标反射器的安装角度应尽可能与司机视线方向垂直。

③反射器与柱体或者支架之间应黏结牢固，以免脱落。

④柱体应垂直于地平面，三角形柱体的顶面平分线应垂直于道路中心线。

⑤柱式轮廓标施工应于路面施工完成后进行。

3. 附着式轮廓标、线形诱导标施工工序

（1）放样

根据设计间距要求，定出具体位置，并作标记。

（2）轮廓标安装

①附着于波形梁上的轮廓标由反射器、支架、连接件组成。根据建筑物的种类及埋置的部位采用不同形状的轮廓标和不同的连接方式。附着于波形梁护栏中间的槽内时，反射器为梯形，与后底板铆接在一起，其后底板固定在护栏与立柱的连接螺栓上，且不能采用气割孔进行螺栓固定。后底板应做成一定的角度，角度的大小以保证汽车前照灯光能大致与其保持垂直为原则。

②附着于混凝土护栏、隧道侧墙上的轮廓标，应按设计高度、间距要求先做好标记，后用电钻在侧墙上打孔，采用膨胀螺栓将支架固定。打孔时不得损坏混凝土结构物。

（3）线形诱导标安装

附着于护栏上的线形诱导标由反射器、底板、立柱和连接件组成，立柱通过抱箍与护栏柱连接固定。面板应与驾驶员视线尽量垂直，安装高度应满足设计要求，安装过程中应保持面板的平整度。

4. 视线诱导设施的表面防腐处理

凡用钢材制造的部件，如底板、夹具、钢管、紧固件等钢材部件，可采用热浸镀锌进行金属防腐处理。底板、夹具、钢管的镀锌量为 $500\sim600$ g/m^2，紧固件的镀锌量为 350 g/m^2。螺栓、螺母在热浸镀锌后，必须清理螺纹或作离心分离处理。当条件允许时，螺栓、螺母等紧固件可采用粉镀锌技术处理。

6.1.4　交通标志

1. 施工要点

标志工程的特点是布点分散，结构复杂，类型众多。施工前应到现场结合图纸进行实地踏勘，以便及时发现问题。应重点关注标志桩号、版面设计内容与实际是否相符，标志设置后有无视线干扰，设置位置处有无高压线（会影响起重机工作），标志基础预留预埋情况（特别是附着在桥梁上的预留基础），线外路网指路标志情况，等等。应综合考虑各种因素，发现问题后及时上报，尽量在施工前解决。

实践证明，现场踏勘（或称实地放样）对日后工程的顺利进行起着重要作用。

道路交通标志的施画方法有人工漆刷法，热熔涂布法，反光标志带贴附法，钉、钻、埋法，用手推式画线机、画线车画线，等等。

2. 施工中应注意的问题

（1）标志基础

①要特别注意互通立交区段的开挖，因为立交区内光缆、电缆众多，要防止开挖过程中出现损坏光缆、电缆的情况。

②将从基坑中挖出的剩余材料运至监理认可的地方；所有基坑挖方应保持良好的排水性；基础的排水方法和采取的措施应取得监理的批准。

③标志施工设计图纸中标志基础所在的边坡比例通常为 1∶1.5，而实际中边坡比例不尽如此。如果仍按设计进行施工，则可能会出现基础顶面埋设在土中或基础顶端外露过多的情况。

④混凝土基础中的预埋地脚螺栓和基底法兰盘位置要准确，特别是门架、悬臂标志预埋件的位置直接影响标志安装后的角度、板面净空等，应特别注意。

（2）标志板面制作

交通标志的形状、图案、颜色、字体，以及所采用的反光膜、铝合金板、铝合金槽应严格按设计图及规范规定执行。

6.1.5　交通标线

1. 施工工艺流程

路面清扫→施工放样→涂下底油→涂料加热→涂画标线→洒布玻璃珠→交通管制。

2. 施工要点

①交通标线施工温度和速度的掌握对施工质量有相当重要的影响，因此要求施工操作人员必须具备有关标线涂料及其施工技术的基础知识。在操作过程中，能够根据涂料的不同性能指标，调整设备、施工温度和速度，以达到理想的质量效果。

②施工最佳条件：环境温度 5～32 ℃。对于气温过高或者车流量较大的施工区域，应延长车辆禁行时间。

③振动标线的型号、形状和间距必须根据使用者的目的、用途以及道路特征、车速车流量等设定科学合理的最佳方案。

④施工设备应经常维护保养，否则会影响图形的美观和成型。

3. 常见质量问题的解决

标线施工中极易产生气泡、表面不平及毛刺等现象，影响视认效果和美观。造成上述现象的原因有很多，如涂料质量、气温及路面结构等。涂料、气温等因素可以通过选择优质材料、调整施工时间等方式解决，但路面结构是不可改变的。目前高速公路路面多采用

SMA 结构。SMA 路面空隙较大，标线施工时易产生表面不平及毛刺现象。应放慢画线车速度，控制好涂料加热温度。此外，还有一种环氧树脂沥青混凝土路面结构。这种路面由于含有环氧树脂，在高温下(涂料温度 180 ℃)易使标线产生气泡，可通过调整涂料加热温度、底层下涂剂的类型及用量等方式来解决气泡问题。

6.2　服务设施施工

6.2.1　服务区概述

高速公路一般规定：服务区间距为 5~60 km。服务区用地面积和建筑规模应根据交通量、交通组成、沿线城镇布局、用地条件等因素确定。其用地和建筑面积不宜超过表 6-1 的规定。

表 6-1　服务区用地面积和建筑面积

服务设施	用地面积/(hm² · 处⁻¹)	建筑面积/(m² · 处⁻¹)
服务区	4.000 0~5.333 3	5 500~6 500

注：1. 服务区用地面积不含服务区出入口加减速车道，贯穿车道以及填挖方边坡、边沟等的用地；

2. 四车道高速公路采用下限值，六车道高速公路采用上限值；

3. 八车道高速公路服务区用地和建筑面积可根据交通量、交通组成等经论证后确定，但分别不宜超过 8 hm²/处和 8 000 m²/处；

4. 当停车区与服务区共建时，其用地和建筑面积为服务区与停车区规定值之和。

高速公路服务区的基本布置形式为分离式外向型(见图 6-1)。分离式是将停车场布置在主线的两侧，与主线分离，而不是集中布置在干线一侧或两车行道的中央，后者为集中式。另根据食堂是紧靠车道的内侧还是外侧，将其划分为内向型及外向型。图 6-2 和图 6-3 为日本对高速公路服务区形式的分类划分。具体服务区的形式选择应当根据服务区所处的地形条件、交通量分布，以及中央分隔带宽度来决定，只有在采用宽中央分隔带的美国郊外高速公路中才出现中央聚集型。

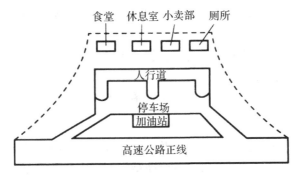

图 6-1　分离式外向型服务区

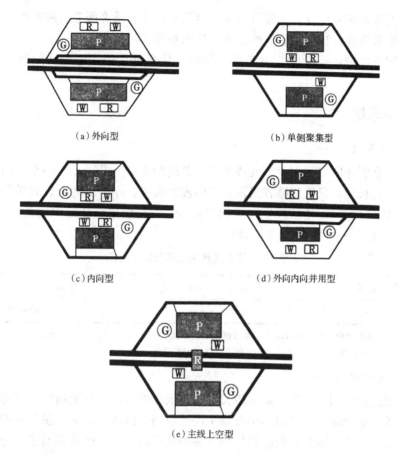

（a）外向型　　　　　　　　　　　　　（b）单侧聚集型

（c）内向型　　　　　　　　　　　　　（d）外向内向并用型

（e）主线上空型

P—停车场；G—加油、修理所；W—公共厕所（包括商店）；R—食堂。

图 6-2　分离型服务区的各种形式

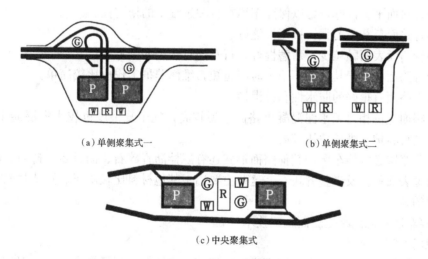

（a）单侧聚集式一　　　　　　　　　　　（b）单侧聚集式二

（c）中央聚集式

P—停车场；G—加油、修理所；W—公共厕所（包括商店）；R—食堂。

图 6-3　聚集型服务区的各种形式

休息服务设施设计时，应对人和汽车交通的安全舒适作充分的研究，务必使各设施之间能有机而有效地相互配合。通常可分为车辆服务设施和乘客服务设施两类：

①车辆服务设施，指加油站、修理所、停车场等。

②乘客服务设施，指食堂、小卖部、厕所、休息处、公用电话、园地、广场、人行道等。

6.2.2 停车区

1. 停车区布设

停车区可在服务区之间布设一处或多处，其间距为 15～25 km。停车区内应设置停车场、公共厕所、长凳，只给用路者提供最低限度的服务。停车区的布设宜采用分离式，但无须对称布置。停车区的建筑规模应根据交通量、交通组成、公路用地条件等因素确定，其用地、建筑面积不宜超过表 6-2 的规定。

表 6-2 停车区用地面积和建筑面积

服务设施	用地面积/(hm² · 处⁻¹)	建筑面积/(m² · 处⁻¹)
停车区	1.000 0～1.200 0	60～110

注：1. 停车区用地面积不含停车区出入口加减速车道，以及填挖方边坡、边沟等的用地；

2. 四车道高速公路采用下限值，六、八车道高速公路采用上限值。

2. 停车区路面施工技术

水泥混凝土路面因为使用寿命比较长、造价低、强度高、性能稳定等优势，在我国的高速公路服务区场地路面的建设当中获得了广泛应用。但从当前部分服务区的水泥混凝土路面的使用情况来看，断板、裂缝和掉角等多种病害较常见，严重影响了高速公路服务区功能的有效发挥。

沥青路面因为具有以下优越的特点，在高速公路服务区停车区也有着一定的使用：

①沥青路面平整性好，可以保障车辆在行驶过程中的稳定性。

②沥青路面负载能力强，抗压性能好。

③沥青路面表面颗粒少，耐磨性好，行车的时候更安全舒适。

④沥青路面相对于其他路面施工时间更短，维修养护工作也比较简单。

⑤沥青路面有很好的防水性和抗滑性。

沥青路面造价相对于水泥混凝土路面来说较高，施工复杂度也较水泥混凝土路面高，需要定期进行养护，维护费用较高。

高速公路服务区停车区的其他路面形式还有厂拌沥青碎石、沥青贯入碎石、路拌沥青碎石、沥青表面处置及半整齐块石，这些主要用于其他材料比较匮乏、这些材料就地取材比较方便的地区。

(1)停车区水泥混凝土路面施工技术

①现场勘察。

在对高速公路服务区停车区路面进行施工前，应该做好现场勘察工作，对实际的施工现场情况进行了解，确保施工过程中可以根据各种问题做出有效应对。勘察时，需要了解施工现场附近的自然环境，确定地质、水文、土壤等情况是否对路面施工造成影响。可利用勘察手段制订合理的应对计划，保证路面施工的顺利进行。制订好计划后，对施工计划进行评估，避免计划中存在不合理的地方。对于可能产生的安全问题，要做好有效的应急措施，防止实际施工中出现事故，给工程的经济效益带来损失。

②模板工程。

高速公路服务区停车区水泥混凝土路面施工之前，应先搭建模板。模板是用来辅助路面施工的，能够保证路面的平整性，让面板呈现出均匀的厚度和整齐的边线。设置模板，路面的施工过程可以得到加快，整个施工的效率都得到提升，降低了成本的投入，提高了经济效益。模板搭建过程中，应该保证模板铺设的平整度，处理好接头处，支架也要注意平稳度，避免在施工过程中出现变形走样等现象。安排专业的人员进行模板的搭建和安装，保证铺设过程的顺利进行。

③混凝土配置和运输。

水泥混凝土是路面施工的主要材料，由水泥、细砂等按照一定的比例配置而成。配置过程中，首先应该进行试配，确定好该路面施工中所用水泥混凝土的配比，再进行搅拌。在高速公路服务区停车区水泥混凝土路面施工中，要控制好施工的进度，确保路面施工过程中有充足的水泥混凝土供应。这就需要对运输的距离和运输车辆的数量进行合理的计算，做好运输路线的合理规划，做到高效运输的同时，还应该确保混凝土在运输的过程中不出现离析等质量问题。

④摊铺和碾压。

水泥混凝土运输到位后，可进行路面的摊铺。先对路基表面洒水湿润，然后将水泥混凝土摊铺在路面上。水泥混凝土的摊铺应分段进行，以防过长的摊铺导致水泥混凝土过早凝结。摊铺时要有专业的人员在现场指导，使水泥混凝土的摊铺符合标准，避免浪费。摊铺完水泥混凝土后，需要进行碾压工作。为了避免路面出现参差不平的现象，用碾压机对路面进行碾压。路面碾压经过初压、复压、终压等流程，可以更加平整，强度也更高。

⑤伸缩缝的设置。

水泥混凝土路面铺设完毕后，为了防止水泥混凝土出现热胀冷缩现象而影响路面的稳定性，需要对路面设置伸缩缝。伸缩缝是在路面上切割出的缝隙，确保水泥混凝土热胀冷缩后路面不会发生凸起或凹陷，保证路面的平整度。伸缩缝分为横向伸缩缝和纵向伸缩缝两种。在设置路面伸缩缝时，要保证伸缩缝的设定符合实际要求。伸缩缝大小应适宜，间距在 5 m 以内，缝隙宽度在 3～8 cm。当路面达到初凝后，用专业的设备对路面进行伸缩缝设置。机械设备应由专业人员进行操作，避免因操作不规范而引起质量问题。

⑥养护。

混凝土表面硬度满足施工规定后，将麻袋覆盖到路面，进行科学养护。若水泥混凝土中添加了减水剂，养护时间为 5 h，其强度可达到 80% 以上，此时即可揭开麻袋等覆盖物，再进行 3 d 左右的洒水施工，以确保施工路面质量满足设计和施工的要求。完成养护作业后，即可开放交通。

⑦质量检测。

路面性能检测主要是为了确保高速公路服务区停车区水泥混凝土路面的施工质量能够达到预期的效果，提高高速公路服务区停车区水泥混凝土路面的施工质量。因此，应该按照施工的相关标准进行性能检测。对于一些重点部位，应进行特殊的检测，比如高速公路服务区停车区水泥混凝土路面承载力的路用性能，可以采用路面弯沉仪进行检测，通过回弹弯沉值的大小确定路面承载力的大小。若回弹弯沉值较大，则路面的承载力比较低；若回弹弯沉值较小，则路面的承载力比较高。在对高速公路服务区停车区水泥混凝土路面的抗压强度和抗折强度进行检测的时候，应该先测定预先做好的水泥混凝土试块的抗压强度和抗折强度，通过试验数据来对施工后的路面强度进行间接的检测确定。表 6-3 所示为某路面 30％矿渣粉含量的试验梯度下的裂缝宽度检测情况，在 2 d、4 d、6 d、8 d、10 d 各个时间段下的裂缝宽度均小于基准，满足设计要求。

表 6-3　试验梯度下的裂缝宽度(30％矿渣粉含量)

时间/d	2	4	6	8	10
宽度/mm	0.72	0.85	0.91	1.01	1.21

(2)停车区沥青路面施工技术

①重型车停车区沥青种类的选择。

对于重型车停车区沥青种类的选择，应该根据《公路沥青路面施工技术规范》(JTG F40—2023)中的要求，采用稠度大、黏度大(60 ℃)的沥青材料，必要的时候添加一些外加剂，来提高重型车停车区沥青的耐久性。

②沥青配置。

在配置沥青混合料之前，应提前进行预拌，特别是在冬季天气寒冷、需要考虑路面的抗冻性能的情况下。对于重型车停车区，需要重点考虑耐磨性和耐久性等。因此必须科学确定拌和温度与时间等参数，包括矿料加热温度、拌和工艺以及混合料用料等，保证混合料最终可以满足施工要求。在实际操作中，必须控制好沥青混合料的拌和速度，以此来确保冷料仓供料比的平衡性。并且，在拌料机稳定后，应抽取部分试样进行马歇尔试验与抽提试验，确定拌和料是否达标。

③摊铺和碾压。

在进行路面摊铺时，沥青混合料常粘贴在受料斗内，材料的浪费不仅影响工程造价，还在一定程度上也阻碍了工程质量的提升。因此，应在材料管理的基础上，对操作人员的专业技术水平提出更高的要求。在摊铺阶段前，需要对施工现场的路面进行清洁和平整度测量工作。沥青路面碾压技术工艺流程包括初压、复压及终压三个阶段，避免路面重复多次碾压及漏压现象。应该严格把控碾压机的碾压速度以及碾压次数，要求摊铺机能够缓慢、均匀、连续地完成摊铺工作。在混合料摊铺之前，应该对基层的平整度进行检测，如果不平整，应该进行适当的修复，避免路面杂质对摊铺工作产生影响，以提升摊铺施工的基础环境。

④质量检测。

在沥青路面施工完成后，应该对其进行质量检查和验收，遵循随机的原则对测点进行选取，比较测定数值、质量指标等，对合格率进行计算。还可以使用连续平整度和颠簸累积仪器检测路面的平整度，在间隔 100 m 的位置对测点数值进行计算。在沥青路面成型后，要对表面渗水系数和结构深度及时进行测定，并且计算出测点的平均值，确定是否满足要求。另外，可使用连续弯沉仪器进行路面回弹弯沉的测量，做好数据的记录，确定合格率。

6.3　绿化工程施工

高速公路绿化是指在高速公路用地范围内，以路为中心，通过相应的空间划分和绿化植物的合理配置，对路体各部位实施乔、灌、草、花的定位栽植。高速公路绿化是高标准的生态工程建设，具有多重效应和综合效益，也是公路建设中的一个重要内容。绿化的目的是稳固路基、保护路面、美化路容、改善环境、减少噪声、舒适行旅、诱导汽车行驶，也是防风、防沙、防雪、防水的重要措施之一。高速公路绿化工程要求功能与景观相互协调统一，并贯穿于工程设计与施工的始终。

6.3.1　乔木和灌木的绿化施工

1. 刨坑

①刨坑时要找准位置，以所定位置为中心，按规定坑径划出坑的范围。

②挖坑时应把表土与底土分别置放，如土质有好有坏，亦应分开堆放，堆放位置以不影响栽植为宜。刨坑到规定深度后，在坑底垫底土。

③挖坑的坑壁要随挖随修，使其直上直下，不要成锅底形。

④刨坑时如发现管道、电缆等地下设施，应停止操作，并及时向项目监理报告处理。

⑤在斜坡处挖坑时，应先做成一平台，平台应以坑径最低规格为依据，然后在平台上挖坑。

2. 栽植的操作方法

①修剪工作。高大乔木的修剪工作应在散苗前后，即在栽植前进行；对于高度 3 m 以下无明显主尖的乔木和灌木，为了保证栽后高矮一致、整齐美观，可在栽植后修剪，修剪的剪口应与树干平齐、不留枯枝，以免影响愈合；短截时注意留外芽，剪口距芽位置要合适，一般离芽 1 cm 左右，剪口应稍斜成马蹄形；修剪 2 cm 以上的大枝，剪口应涂防腐剂，可促进愈合和防止病虫雨水侵害。

②散苗。散露根苗应做到随掘、随运、随散苗、随栽植，尽量缩短根部暴露时间，以利成活。散苗时要轻拿轻放，行道树散苗要沿道路的方向放树苗，不得横放于路上影响交通；对于散带土球树木，要注意保护土球完整，搬运土球时不得只搬树干，应尽量少滚动土球；直径 50 cm 以下的土球可放在坑道上，直径 50 cm 以上的土球应尽量一次放入坑内，但深浅要合适。

③栽植前要对露根苗的根系进行修剪，将断根、劈裂根、感染病虫害根、过长的根剪去，剪口要平滑，带土球苗和灌木应将围拢树冠的草绳剪断，以便选择树形好的一面。

④栽植前检查坑的大小、深度是否与根系、土球规格标准要求的坑径一致，不符时应修整。

⑤栽树时不得歪斜，要保持树木上下垂直，有树弯时应使树尖与根部在一垂直线上，行道树的树弯应在顺路的方向，与路平行。如为自然树、孤立树，应注意面朝主要方向，

并尽量朝迎风的方向。

⑥栽植露根树木应根系舒展，不得窝根。立直树后填入表土或好土，再将树干轻提几下，使土与根系密接，并应一边填土一边用脚踏实。踏实时注意不要踩树根，以免将根踩坏，栽植深度应符合相关规定。

⑦栽行道、行列树必须横平竖直，栽植时可先每隔10株或20株按规定位置准确地栽上一株标兵树作为依据，再分别栽植。

⑧栽植带土球树木时要尽量提草绳入坑，摆好位置和高度后，用土铲放，再剪断腰绳和草包。栽绿篱时，如土球完整、土质坚硬，应在坑外将包打开，"提干捧坨"入坑。若坑内拆包，应尽量将包装物取出，如有困难亦应剪断草绳，剪开草包，尽量取出所剩余的部分，然后填土踏实，踏实时不要砸坏土坨。

⑨栽植较大规格的常绿树和高大乔木时，应在栽植时埋上支柱，支柱应埋深在30 m以下，支柱要捆牢，注意不要使支柱与树干直接接触，以免磨伤树皮。立支柱方向应在下风口。

⑩灌水、封堰。栽植后48 h之内必须及时浇第一遍水，第二遍水要连续进行，第三遍水在二遍水后的5~10 d内进行。秋季植树，如开工较晚，可少浇一道水，但灌水量要足。

6.3.2 草坪及地被植物的绿化施工

1. 播种与灌溉

草坪种子一般比较小，拱土能力差，不宜深播，所以多采用撒播的方式播种，播后用钉齿耙沿一个方向耙，然后镇压，保证种子与土壤充分接触。播后要注意保湿，保证种子发芽所必需的水分，同时又要防止土壤板结。所以最好加覆盖，其原因一是可以防止土壤水分蒸发；二是可以防止阵雨或灌溉造成的土壤板结和水土流失；三是可以保温，促使种子尽早出苗。

由于边坡与平地的环境条件相差较大，在边坡上植草时，必须经过特殊处理。坡面植草的方法很多，每一种方法都有其优缺点，所以应该选择适应当地的土质条件和施工时期的方法。

(1)判断种草的可能性

应用硬度计测定土壤的硬度。硬度在23 mm以下时苗容易扎根，超过这一指标，扎根就较困难；当土壤硬度超过27 mm时，草坪的根就扎不下去。

(2)选择合适的草种

最好选用具有深根系、耐干旱和有匍匐茎或根状茎的草种子，因为边坡植草首先要考虑防止水土流失，确保路基的稳定。在我国的北方可选用野牛草、老芒麦、无芒雀麦等，南方宜选用香根草、狗牙根、细叶结缕草等。

(3)选择适当的施工工艺

可供选择的方法有植生带、喷播、土工网垫(或三维土工网垫)、穴播或条播等。每一种方法都有其优缺点。

(4)做好防护

边坡的立地条件差，如果管理跟不上，一般情况下，当年种植的草坪，在2~3年后，随着外来种的侵入，就会逐步被取代。所以，为了使草坪保存更长时间，可以选用当地野生的多年生低矮的禾本科或豆科牧草作为草坪用草，在当年种植的草坪中，可适量加入一些豆科牧草以增强土壤肥力。在一些土质不稳定的边坡，单纯依靠植物护坡往往不可靠，所以常采用与防护工程相结合的方式。目前采用最多的是水泥蜂窝块，块内种草坪；另一种常见的是拱形或网格护坡，即在拱内或网格内种草等。

2. 无性繁殖方式

无性繁殖是利用草坪草的匍匐茎或根状茎以及草皮块进行植草的种植方式。

(1)利用无性繁殖建植步骤

①选择健壮的苗。

②松土。这是植草中非常重要的一环。松土厚度为 20～30 cm，并清理土中的碎石块及杂物等。

③施肥。以有机肥为主，培肥的同时也改善了土壤结构，为草坪的生长创造了一个适宜的环境。

④预先浇水，增加土壤墒情。

⑤植草。

⑥有一段时间的缓苗期，这一段时间要特别注意保湿，促使幼苗生根。

(2)无性繁殖的建植方法

无性繁殖的建植方法很多，高速公路上可能采用的方法如下。

①铺草皮块。此法见效最快，但成本也高。

②开沟植茎。主要针对一些具有匍匐茎的草坪，加狗牙根和野牛草等。先开沟，沟与沟之间的距离约为 50 cm，沟深 4.5 cm，把根茎埋入沟中然后覆土填压。

③草塞法。在边坡上挖穴，把成丛带根的草塞入穴中，草最好带一些原土，有条件的可以在保水剂中浸泡一下以增强保水力。

④撒茎覆土法。在立交或缓边坡，整地完成后将草坪的根茎撒在土壤表面，覆土然后浇水。

⑤移苗。这种方法关键在于选好壮苗，整好坪床。种植时选择带有 2～4 个节的嫩枝，扦插时将其中 1～2 个节埋入地下用于生根，另一端带有叶片的部分露出地面，种后压实，使之与土壤水分有效接触，便于生根。

(3)草坪无性繁殖方式的应用

无性繁殖建植比种子直播见效快，尤其在满铺的情况下，几乎是把异地的草坪原封不动移过来，其应用归纳起来有以下几个方面。

①有些植物生产种子比较困难，所以多采用营养体进行建植，如暖地型草坪中的狗牙根、细叶结缕草等。

②幼苗生长比较慢，发芽率低，特别是一些豆科植物如小冠花，种皮很厚，透水性极差，采用种子直播，当年出来的苗很少。这种情况下常从育好的苗圃中移苗，以保证尽快覆盖。

③植物立地条件比较恶劣，如在一些砂质边坡进行建植，若采用种子直播，新出的苗抗逆性差，极易死亡，故采用移苗可以大大增加建植的成功率。

④绿化时间比较紧迫，只能采用铺草皮的方式。特别在雨季，为了防止雨水对高速公

路边坡的冲刷，常采用满铺的方式，把草皮切成 30 cm×40 cm 大小的块平铺在坡面上。为防止草皮脱落，还可以在草皮块上钉一些楔形木桩。在草皮的连接处垫上富含营养的土壤，以防草根暴露在空气中。

⑤对于比较陡直的土质边坡，直播的种子会因为风、雨或灌溉等的影响而被冲刷掉，此时也可以采用移栽的办法。

6.3.3 高速公路绿化工程施工

1. 中央分隔带绿化

一般情况下，此时高速公路施工正在做路面基层或面层，栽植苗木时，注意不要将填土洒落到旁边的路面上，栽植结束应及时将散落的泥土清扫干净，以免影响路面施工。路基上来往运送材料的施工车辆较多，为了保证施工安全，应在栽植路段的两头树立醒目的施工标志。有些中央分隔带内埋有通信监控光缆或电力电缆，栽植苗木时要注意避开或掌握挖土深度以免损坏。

中央分隔带的绿化兼顾防眩作用，宜选用的苗木有柏树类或常绿球状苗木。栽植间距一般为 3～5 m，也可布置成排状，每排 2～3 棵，方向与道路中心线夹角为 75°左右。为了不使在超车道上行驶的驾驶员有心理压力，所栽植的苗木高度以 1.5 m 左右为宜。地面应铺种草皮，选择耐旱耐修剪的草种。

为了避免布置单调，可以每隔 10～20 km 调整变化所使用的树种或排列形式，也可在草地上间断地栽种月季、美人蕉等粗放管理的花卉，更有美化效果。

2. 环境设施带绿化

环境设施带绿化包括高速公路边坡及高速公路两侧用地的绿化。此部分绿化是高速公路绿化的主体，对保护环境和改善环境起到很重要的作用。

对于 6 m 以内的土质边坡，可直接栽植草皮或喷播草籽；对于大于 6 m 的边坡，宜使用三维土工网上喷播草籽。

在高速公路隔离栅内栽植一些树木或林带，不仅可以降噪、防尘、防风、净化空气，也可以起到诱导视线、美化路容路貌的作用。在高速公路经过的学校附近，应多栽植此树木，以降低高速公路行车带来的污染。

对于高速公路沿线各种影响视觉的场所(如坟墓、垃圾场、弃料场等)，应栽植中低树进行遮蔽。对于高速公路声障墙，宜栽植攀缘植物予以绿化和遮蔽。

上跨桥两头接线段的边坡对视觉的影响也很大，亦需加以绿化和美化。

3. 互通立交区绿化

①对于互通立交区的绿化，可以栽植线形流畅的苗木图案与匝道的曲线相协调，在匝道围合的区域中央，可以布置干粗叶茂的景观性大树或孤石，能起到画龙点睛之效。

②在大型的互通立交区，可以结合当地的人文景观做主题绿化，而更显特色。

③在匝道的外侧，应栽植连续的高度适中的苗木，以起到视线诱导作用，提醒驾驶人员安全行车。

4. 服务区绿化

服务区是高速公路使用者作短暂休息的地方。服务区的绿化除了具有环保作用外，还有一个主要的功能是美化环境，能够让经过长途行车感到身体疲劳的司乘人员在优美舒适的环境中舒缓压力，恢复体力。

服务区的绿化宜作景观绿化设计，与主体建筑和周边环境相协调。综合服务楼是服务区主要对外服务的地方，楼前可布置花坛，栽植些花灌木、草花及冷季型草坪。楼前不宜栽植高大乔木，以免遮挡楼外墙上的指示标牌。停车场和服务楼之间可用绿化带作分隔，绿化带的四周可用低矮绿篱围起来。在停车场的两端、视线所及的地方，应多栽植些树木，不仅要四季常绿，而且应尽可能保证四季有花，以便在不同的季节都有不同的观赏效果。在树木的选型上，可选些独立的大树做点缀，造景效果更突出一些。旅馆部的旁边可栽些林带，将旁边嘈杂的环境隔离开来，以形成较为安静的区域。场地允许的话，可在服务区内挖块水塘，一是水面可为环境添色；二是夏季可多蓄些水，用于浇灌花草苗木。另外，在绿地中布置一些小品、雕塑、湖石、喷泉，可使绿化更有品位，景观效果更好。

5. 质量要求

为了使绿化工程施工达到高标准、高质量的要求，必须严格把好进场材料、设备的质量关，严格按设计图纸和合同规定的苗木品种规格、数量种植，按国家行业标准进行规范施工。

①所进场的种植材料应根系发达，生长苗壮，无病虫害，规格和形态应符合设计要求。

②种植或播种前，应对该地区的土壤理化性质进行化验分析，采取相应的消毒、施肥和客土等措施。

③种植穴、槽的定点放线应符合设计图纸要求，位置必须准确，标记明显。挖种植穴、槽必须垂直下挖，上口下底相等。种植穴、槽的直径、深度应能满足苗木根系、土球直径的需要。

④苗木运输量应根据种植量确定，苗木运达现场后应及时栽植。裸根苗木必须当天种植，当天不能种植的苗木应进行假植。

⑤苗木在装卸车时，应轻吊轻放，不得损伤苗木和造成散球。

⑥种植前应进行苗木根系修剪，将劈裂根、病虫根、过长根剪除，并对树冠进行修剪，保持地上地下平衡。用作绿篱的乔灌木，可在种植后按设计要求整形修剪。

⑦规则式种植应保持对称平衡，行道树或行列种植树木应在一条线上。相邻株规格应合理搭配，高度、干径、树形近似，种植的树木应保持直立，不得倾斜，应注意观赏面的合理朝向。

⑧种植时，根系必须舒展，填土应分层踏实，种植深度应与原种植线一致。

⑨新植树木应在当日浇透第一遍水，以后应根据当地情况及时补水。如遇干旱天气，应增加浇水次数。

⑩草坪播种应选择优良种籽，不得含有杂质，播种前应做发芽试验和催芽处理，确定合理的播种量。铺设草皮应选择无杂草、生长势好的草源。铺栽用的草块或草卷应规格一致，边缘平直。草块土层厚度宜为 3~5 cm，草卷土层厚度宜为 1~3 cm。

6. 工程验收

工程验收分为栽植中间验收和竣工验收。

（1）栽植中间验收

栽植中间验收主要有以下内容：栽植的定点、放线；挖好的种植穴、槽；更换种植土、施基肥；草坪和花卉栽植区的地形整理；进场的苗木规格、数量、质量；已栽植的苗木规格、数量。

（2）竣工验收

①竣工验收时间应符合下列规定：对于新种植的乔木、灌木，应在一个生长周期满后进行验收。对于地被植物，应在当年成活后，郁闭度达到80%以上时进行验收。

②竣工验收前，施工单位应于一周前向建设单位、质检部门提供以下有关文件：土壤及水质化验报告；工程中间验收记录；设计变更文件；竣工图和工程决算；外地购进苗木检验报告；附属设施用材合格证或试验报告；施工单位自检验收报告；施工总结报告；监理单位验收报告。

③竣工验收应由建设单位组织设计单位、监理单位、质检部门和施工单位一起进行检查验收。绿化工程质量验收应符合下列规定：乔灌木的成活率应达到95%。珍贵树种和孤植树应保证成活。在强酸性土、强碱性土及干旱地区，各类树木的成活率不应低于85%；花卉植地应无杂草、无枯黄，各种花卉生长茂盛，种植成活率应达到95%；草坪无杂草、无枯黄，种植覆盖率应达到95%；绿地整洁，表面平整；种植的苗木整形修剪应符合设计要求。

第7章 高速公路施工实例

7.1 工程概述

7.1.1 工程地理位置

马安高速公路是"3+5"城市群"五纵七横"高速公路网之第三横——平益高速的西段，连接益马(在建)与官安高速公路(拟建)，本项目的修建将使益阳至湘西、张家界的里程约缩短 40 km，是长沙至湘西的最便捷通道，对建设"两型"交通具有重要意义。同时项目走廊带内黑茶影响广泛、旅游景点多样、矿产储备丰富，本项目的修建将极大地促进地区内优势经济的发展，对安化县脱贫致富具有重要意义。

本项目按国家主要干线公路标准修建，起点顺接在建的益马高速公路马迹塘西互通一期工程终点(MK57+900)，与二广高速交叉，终点设置在双桥，离龙头湾隧道出口约240 m，拟接官安高速，桩号为 K67+280，路桥全程 67.28 km，其中桃江县境内长9.095 km，安化县境内长 58.185 km，路线主要控制点包括天湾、符竹溪、羊角塘、冷市、龙塘、木子、双桥等。

本合同段为第 1 合同段，路线起点桩号 K0+000，终点桩号 K9+260，全长 9.26 km。

7.1.2 主要技术标准与主要工程量

主要技术标准见表 7-1，主要工程量见表 7-2。

表 7-1　主线主要技术指标

公路等级	高速公路
设计速度	100 km/h
路基宽度	24.5 m，双向四车道
桥涵设计汽车荷载等级	公路-Ⅰ级
地震设防标准	地震动峰值加速度<0.05g，地震烈度<Ⅵ度
设计洪水频率	桥涵、路基1/100

表 7-2 主要工程量

序号	工程项目		单位	数量
一、路基土石方				
1	路基挖方(土/石)		m³	1 856 885
2	路基填方(土/石)		m³	1 594 646
3	土工格栅		m²	56 163
4	台背回填	涵洞、通道	处	31
5		桥梁	处	8
6		锥坡填筑	m³	9 334
二、桥涵工程				
1	特大桥		m/座	
2	大中桥		m/座	916.96/3
3	分离式立体交叉		m/座	
4	互通跨线桥		m/座	276/1
5	盖板(箱涵)通道(涵)		道	31
6	圆管涵		道	11
三、排水及防护工程				
1	锚杆		kg	209 835
2	浆砌片石护坡		m³	31 921
3	挡土墙		m³	6 815
4	植草皮		m²	2 248
5	砌片石排水		m³	19 634
四、隧道工程				
1	隧道		m(单洞长度)/座	2 252/2
2	洞身开挖土石方		m³	214 474.44
3	锚杆		m	227 313.4
4	型钢		kg	997 348.92
5	C20 喷射混凝土		m³	11 567.02
6	C30 防水混凝土		m³	23 757.83

7.2　主要工程项目的施工方案

7.2.1　路基土石方施工

本合同段挖方 1 856 885 m³，其中挖石方为 251 052 m³，挖土方为 1 343 594 m³；填方量为 1 594 646 m³，其中填土方 1 343 594 m³，填石方 251 052 m³。

1. 普通路段路基开挖施工（土方、石方）

（1）路基挖土方施工

挖运土方采用挖掘机挖装，自卸汽车运输，推土机配合施工。开挖边坡时，预留 30 cm 左右的厚度由人工刷坡清除。

①路堑开挖前精确控制坡口桩，土方开挖按设计自上而下进行。

②开挖中，如发现土层性质与设计不符，及时报请监理工程师批准，修改施工方案，调整边坡坡比。

③在整个施工期间，始终保证路段排水畅通。

④注意对图纸未标出的地下管道、缆线和其他构造物的保护，如发现文物古迹，应妥善保护，并立即报告监理工程师，停止作业听候处理。

⑤对于居民区附近的开挖，应采取有效措施，保证居民及施工人员的安全，并为附近居民提供有效的临时便道或便桥。

⑥因气候条件使挖出的材料无法满足规范要求用于填筑路基和压实时，停止开挖，直到气候条件转好。

⑦土质边坡高度大于 30 m 时，编制与其对应的专项施工方案，报监理工程师批准，边开挖边防护，以保证施工安全及防止因施工不当造成边坡坍塌。

⑧路基开挖过程中，任何材料的废弃均报监理工程师批准（即使设计文件中有弃方或非适宜材料）。

⑨借土开挖。

a. 场地清理前 21 d 对预定的取土区进行现场勘测，取土试验，将试验结果报监理工程师，批准后才能对取土坑进行开挖。

b. 开挖前清除取土坑的表土及不适宜材料。

c. 借土坑边坡按监理工程师和有关管理部门的要求施工，任何情况下不能陡于 1∶1。开挖后对借土坑进行整理，并相应地做好防护、绿化、复垦等工作。

（2）石方开挖

石方开挖采用空压机配合潜孔钻打眼开炸石方，挖掘机或装载机装车，自卸汽车运输。

①石质路堑边坡坡面严禁过量爆破，在事前 14 d 作出计划和措施，报工程师批准。未经工程师批准，不得采用大爆破施工。当确实需要进行大爆破施工时，应严格按图纸要求

及《公路路基施工技术规范》(JTG/T 3610—2019)规定编制技术设计文件，并于爆破施工前28 d交工程师审批。大爆破施工后的石方坡面，应凿成平整度不大于 150 mm 的表面。

②石方开挖应尽量采用小型松动爆破法施工，炮眼孔距与深度不大于 2 m，在石方开挖接近边坡 3 m 时，采用光面爆破施工。

③石方开挖前，安排测量人员测出开挖线或土石分界线，并报监理工程师审批。

④石方路堑开挖到位后，高出路基顶面标高部分辅以小型机械凿平。

⑤路堑开挖施工做好临时排水工作。

⑥石质边坡高度大于 30 m 或进行顺层岩石边坡开挖时，编制与其对应的施工方法及边坡防护措施，报监理工程师批准，边开挖边防护以保证施工安全及防止因施工不当造成边坡坍塌。

⑦当爆破造成坡面凹凸不平、深度和突起超过 300 mm、面积超过 1 m² 时，该区域应凿平或用 C15 混凝土补平。

⑧开挖层靠边坡的两侧宜采用减弱松动爆破或光面爆破，利于边坡稳定和边坡修整。

（3）光面爆破作业方案

为确保边坡的稳定，不产生超挖和欠挖，边坡采用光面爆破，在节理裂隙较发育地段及某些特殊地段采用预裂爆破。为获得良好的光面效果，采用低密度、低爆索、高体积威力大的炸药，以减少炸药爆轰波的破碎作用和延长爆破气体的膨胀作用时间，使爆破作用呈静态状态。本工程将采用国产岩石专用光爆炸药，以获得预期效果。

①计算装药量。

参照国内外岩石光面爆破施工经验，合理选定光面爆破参数，装药量的计算见式(7-1)。

$$Q = q \times a \times w \qquad (7\text{-}1)$$

式中，Q 为装药量；q 为线装药密度；a 为炮眼间距；w 为最小抵抗线。

②光面爆破装药结构。

a. 药包制作：为保证在光面爆破时，不使药包冲击破碎炮孔壁，有必要在现场施工中采取措施使药包位于炮孔中心，如图 7-1 所示，将药卷捆绑于竹竿上，各药卷尖用导火索相连，药包一端绑上起爆雷管即成。操作时将药包置于孔内，上部填塞好。

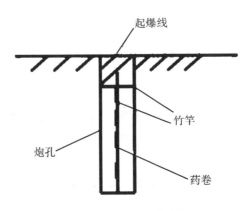

图 7-1　光面爆破装药结构图

b. 堵塞：良好的堵塞是保持高压爆炸气体所必须的。堵塞长度取炮孔直径的 12～20 倍，现场根据孔间距和光面层厚度适时调整。

③预裂爆破参数的确定与装药结构。

炮孔间距根据国内外经验取 $a=1.0$ m，装药密集系数取 3.5，装药量计算见式(7-2)。

$$Q = 2.75 (\sigma_{压})^{0.53} r^{0.38} \tag{7-2}$$

式中，Q 为装药量；$\sigma_{压}$ 为岩石极限抗压强度；r 为炮眼半径。

装药结构与光面爆破基本相同，但预裂缝要比主爆区超长 4.5～9 m，比主爆孔提前 75～150 ms 起爆，硬岩取小值，松软岩石取大值。

2. 普通路段路基填筑施工(土方、石方)

路基填筑按"高密度大量土石方填筑方法"组织施工，关键工序是填土或填石的碾压。当路堤填料中石料含量不大于 30％时，按填土路堤施工；当石料含量不小于 70％时，按填石路堤施工；当石料含量为 30％～70％时，按土石混填路堤施工。

路堤基底及路堤每层施工完成后，将该层宽度、压实厚度、逐层高程及压实度等资料交监理工程师审查及抽检合格后，方可进行上一层的施工。

路基填方采用水平分层填筑法施工。石方及土石混填路段利用 TY220 推土机粗平，平地机精平，拖式羊足碾配 18 t 以上振动压路机碾压成型；土方填筑采用 TY220 推土机整平，18 t 以上振动压路机碾压成型。

(1)路基土方填筑施工

①清理表土，原地面陡于 1∶5 时，开挖台阶并压实。

②路基填土安排专人负责挂线、打石灰方格网控制填土厚度。每层松铺厚度按试验路段结果控制，土方路堤填至路基顶面最后一层的压实厚度不小于 10 cm。

③分层填筑路基，顶面设置 2％的路拱，对于不同土质的填料，每种土总厚度不小于 50 cm。

④路堤每侧超宽填筑 50 cm，保证刷坡后的路基边缘有足够的压实度。

⑤当路基填土高度小于 1.2 m 时，将基底翻松 30 cm 深，然后整平压实，压实度不小于 96％；当路基填土高度不小于 1.2 m 且不大于 1.9 m 时，压实度不小于 94％；当路基填土高度大于 1.9 m 时，压实度不小于 93％。

⑥路床顶面设置 20 cm 未筛分碎石垫层。

⑦填筑路基时，含水量控制在最佳含水量的±2％范围内，必要时通过晾晒、洒水等方法予以调整。

⑧路堤分层施工时，如其交接处不在同一时间填筑，则先填段按 1∶1 坡度分层挖台阶；如两段同时施工，则分层交叠，其搭接长度不小于 2 m。

⑨碾压时，遵循先边后中，先内后外，先静后振的原则，相邻部分重叠压实，路基压实度标准见表 7-3。

高速公路工程施工技术与实例

表 7-3　路基压实度标准

填挖类别		路槽顶面以下深度/cm	压实度/%
路堤	上路床	0～30	≥96
	下路床	30～120	≥96
	上路堤	120～190	≥94
	下路堤	>190	≥93
零填及路堑		0～80	≥96

（2）填石路堤的施工方法

①路基填石安排专人负责挂线、打石灰方格网控制填石厚度。修筑填石路堤时，将石块逐层水平填筑，分层厚度不大于 40 cm，石块最大粒径不超过压实厚度的 2/3。人工铺填25 cm 以上石料时，大面向下，摆放平稳，紧密靠拢，所有缝隙填以小石块或石屑。边坡在填筑的同时用硬质石料码砌，厚度符合规范要求。路床顶面以下 50 cm 的范围内铺填最大粒径不超过 10 cm 的级配砂石料。

②填石路堤使用自重 18 t 以上羊足碾，配合 18 t 以上振动压路机分层洒水压实。填石路堤的边坡应用硬质石料码砌，码砌厚度应符合设计规范的要求。压实时继续用小石块或石屑填缝，直到压实层顶面稳定、无轮迹、石块紧密、表面平整为止。

③施工中压实度由压实遍数控制。确保沉降差不大于试验路段确定的沉降差，压实遍数由现场试验确定，并经监理工程师检验批准。

（3）土石混填路堤施工

①在土石混合填料中不得采用倾填法施工，应进行分层填筑、分层压实，土石混填分层松铺厚度经试验确定且最后一次小于 30 cm，石料最大粒径不超过压实厚度的 2/3。路基土石混填安排专人负责挂线、打石灰方格网控制土石混填厚度。

②混合料摊铺时，避免硬质石块集中，当石料含量小于 70% 时，应将土、石混合分层铺填；当石料含量大于 70% 时，应先铺大块石料，将石块大面朝下人工分开摆放平稳，缝隙内填以土、砂砾或石屑，整平后振压密实。

③土石混填路段压实采用拖式羊足碾和 18 t 以上振动压路机配合进行碾压。先采用振动压路机碾压，然后用平地机进行平整，再采用重型振动压路机碾压。

④压实方法及要求同填石路堤或由现场试验确定压实度，并报工程师检验批准后进行施工控制。在路床顶面以下 50 cm 的范围内，应填以有适当级配的土石混合料，最大粒径不超过 100 mm。

3. 特殊路段施工

（1）软基换填处理施工方案

本合同段不良地基处理工程主要是清淤换填 15.89 万 m³，并确定 C_v（地基承载力）≤0.25 kPa 时为清淤界面。分项工程施工方案如下。

本合同段清淤换填施工采用挖掘机挖除淤泥，采用自卸汽车将淤泥运输到弃土场，清除完毕后按图施工。当填方路基原地面 30 cm 以下需开挖软土或淤泥时，应在开挖前 7 d

进行动力触探，以确定其清除深度，并绘制平面、横断面图，以及作出施工计划和回填材料试验等资料，经监理工程师现场审查并审批后再开挖。开挖的软土或淤泥应堆放在指定的弃土场。

①清除淤泥应清除到排水沟以下，换填垫层底面宽度应满足基础底面应力扩散的要求。

②换填的材料可以采用满足设计要求的碎石土等。

③选用碎石、卵石、角砾、圆砾、砂砾、粗砂或中砂，应级配良好，不含植物残体、垃圾等杂质。始料的最大粒径不大于 100 mm，含泥量不大于 5％。

④对于一般路基，在清除淤泥后上层 0～80 cm 范围内回填碎石料，其余可回填素土。对于侵水路基，清除淤泥后再全部换填为水稳性好的透水性材料。

⑤为保证路堤的稳定性，以及减少不同软基处置路段或软基路段的差异沉降，可铺设一层土工格栅。

⑥软土、沼泽地区采用换填路基时，其填筑、压实的施工及检测应遵照《公路路基施工技术规范》(JTG/T 3610—2019)的相关规定。

⑦应分层检验垫层的压实度，且应满足路基规范对相应位置的要求。

(2)零填零挖路基施工

①零填零挖路床顶面以下 0～80 cm 范围内的压实度不小于 96％。

②对于特殊路基土层上的零填零挖路床面，按图纸或监理工程师的要求进行换填、改良或翻拌晾晒。

(3)填挖交界及半填半挖段的施工

①场地清理后，按设计图纸要求将原地面挖成台阶，用打夯机夯实。

②填筑应从低处往高处分层摊铺碾压，填挖交界处做到碾压后密实无接痕。

③在平整的下承层上，全断面按设计规范要求铺设土工格栅。先紧拉土工格栅，使其拉直平顺，紧贴下承层；再采用搭接法连接，U 形铁钉固定。

④土工格栅铺设时，将强度高的方向置于垂直于路堤轴线方向。

(4)深挖路段施工

本合同段挖方施工环境复杂、技术要求高、施工难度大，又是控制工期的关键工序，必须做到精心组织，精心施工。

①准备工作。

a. 施工前详细核查深挖路堑地段的工程地质资料，分析现场地形特征，并会同监理工程师测量路基横断面，绘制成图，计算土石方数量，编制详细的施工组织设计，报监理工程师审批后实施。

b. 由于深挖路堑的边坡高，不易控制坡比，因此开挖前必须精确控制坡口桩位置。测量队放出坡口桩后，现场施工员再逐桩进行复核，之后沿坡口桩开挖一条 0.2 m×0.2 m 的小沟，防止施工中坡口桩破坏导致边坡错位。

c. 施工前做好排水工作，按设计要求开挖截水沟，并尽可能完成铺砌工作，拦截地面水。对易滑坡、坍塌地段，应及时做好防护措施并加强观测。

②施工方法。

a. 采用通道纵挖法施工，沿路堑纵向将高度及深度分成较小的层次依次开挖，台阶高度 3～4 m，每层先在横断面中部挖出一条通道，然后开挖两旁，见图 7-2。

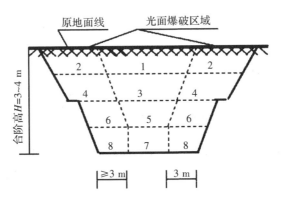

图 7-2 高切路段开挖顺序图

注：图中数字为开挖顺序。

b. 深挖路堑的边坡严格按设计坡度施工。若边坡实际土质与设计勘探的地质资料不符，特别是土质较设计的松散时，应提出整治措施，经监理工程师批准后实施。

c. 排水、防护工程服从于土石方工程施工，遵循排水先行、边开挖边防护的原则。

③施工注意事项。

施工过程中应监测边坡的稳定性，及时清除坡面危石。坡脚开挖时，安排专人负责安全防范，以防不测。

（5）台背回填施工

本合同段所有桥涵的台背回填均应采用符合规范要求的材料分层碾压。

①清理台背地段的松土、杂物，对原地面进行压实。

②对于基础部分在水中的台背，用砂砾(碎)石填出水面 30 cm；对于台背处已填筑了一定高度的，沿路线横向开挖台阶，台阶顶宽不小于 60 cm；对于台背处路基尚未开始填筑的，应同步进行台背填筑与路基填土。

③尽量使用大型压路机碾压，死角处用小型压路机或振动夯碾压密实，所有结构物对称分层填筑，每层松铺厚度 100～150 mm。

④采用反开槽方法施工的通涵工程，其台背与开挖土体间隙用最大粒径不大于50 mm的砂砾(碎石)土进行回填夯实。

⑤在台背墙上用油漆标记每层压实后的厚度并标明层次，严格按照挂牌画线施工。同步进行压实检测工作。每层填筑都进行拍照，并会同检测资料一并存档。

⑥公路路堤与桥台、横向构造物连接处应设置过渡段，路基压实度不小于96％，过渡段长度宜为路基填土高度的 2～3 倍，填料应优先考虑用内摩擦角较大的砾类土填筑。填土压实应采用轻型机具，严格控制送铺厚度并保证满足压实度要求。

7.2.2 防护及排水工程施工

本合同段主要防护工程有浆砌片石护坡 31 921 m³。排水工程设施主要有路堑边沟、路堤边沟、截水沟、急流槽、坡面排水管、渗沟、路堤急流槽等，其中边沟 15 536 m、截水沟 1 668.2 m、盲沟 3 975 m。

1. 防护工程

本合同段的防护工程主要为边坡坡面防护,可分为生态防护和工程防护两大类。开工前,分段或分工点编制详细的施工组织设计,施工组织设计应与路基土石方工程相结合,特别应在深挖路堑和不良地质地段开挖后及时防护,以免发生坍塌。精确放样,修整坡面,坡面不应有树桩、有机质或废弃物,坡面修整后应立即进行防护。

在三维土工网正式施工前 60 d,在相同地质情况的上下坡各选 3 000 m² 的边坡进行试验段施工,试验段施工后 60 d 经工程师验收质量合格后,方可进行全面施工。

(1)生态防护

生态防护主要包括边坡铺草皮、普通喷播、土壤改良喷播、土工格室客土喷播、挂塑料网客土喷播、挂镀锌网客土喷播等。生态防护可美化路容、协调环境、调节边坡的温度和湿度,起到固结和稳定边坡的作用。

a. 一般土质边坡,当填方边坡高度 $H \leqslant 5$ m 时,坡面采用人工植草;当 $H > 5$ m 时,坡面采用骨架内植草护坡。

b. 一般土质边坡,当切方边坡高度 $H \leqslant 3$ m 时,坡面采用人工植草;边坡高度 3 m($H \leqslant 6$ m)时采用三维植被网植草护坡;边坡高度 $H > 6$ m 时,一般采用骨架内植草灌护坡;当边坡高度较大时,采用钢筋混凝土方格骨架锚杆护坡。

c. 对于稳定的软质岩路堑边坡,采用客土喷播进行防护;对于稳定的硬质岩路堑边坡,光面爆破后,坡面可不做防护,只在碎落台或台阶栽植爬壁藤、垂直植物绿化边坡;对于节理、裂隙发育的硬质岩路堑边坡,采用柔性防护网系统处置危岩落石。

d. 路基红线内石土裸露部分和红线外破坏了原有生态部分以及取(弃)土场,不论是土质还是石质边坡,原则上都必须进行生态防护(进行特殊设计的除外)。

e. 散草籽工程中,应配少量灌木籽和藤木籽,并根据当地的气候、土质、施工季节等条件,选用易成活、生长快、根系发达的本地草种、灌木种和藤木籽。

f. 花格草皮用直径 2～3 cm、长 20～30 cm 的竹(木)钉或新采带皮柳梢垂直钉入坡面,并露出草皮表面 2 cm。

(2)工程防护

①一般护坡。

a. 在需要施工的区域内,按图纸所示整修坡面,整修后立即进行护坡铺砌。

b. 护坡先挖槽,使用基础嵌入槽内,其埋置深度按图纸规定或监理工程师指示进行。

c. 砌筑时,若有渗水,必须及时排除,以保证基础和砌体砂浆在初凝前不遭水害。

d. 砌体分层坐浆砌筑,砌筑上层时,不得振动下层。不得在已砌好的砌体上抛掷、滚、翻转和敲击石块,砌体砌完成后进行勾缝,勾缝须平顺。

e. 骨架形成后,及时铺草皮或播种草籽。

②钢筋混凝土骨架锚杆护坡。

锚杆边坡加固主要包括钻孔、锚杆制作、锚杆安装、注浆、张拉、锚固及检验等。

a. 固定锚杆采用黏结型锚杆,适用于边坡基本稳定,但可能出现小规模坍塌地段,其作用是固定钢筋混凝土骨架。锚杆直径 28 mm,长度不小于 9 m,水泥砂浆 28 d 的抗压强度不低于 25 MPa。

b. 在非顺层坡地段，锚杆垂直于坡面设置；在顺层坡地段，锚杆与坡面间夹角视岩层倾角等因素确定。

c. 锚杆施工前，应取 2 根锚杆进行钻孔、注浆与锁定等试验性作业，考核施工工艺和设备的适应性。锚杆长度、混凝土锚固板按照图纸要求，经工程师验收合格后方可进行施工。

d. 锚杆施工应符合《岩土锚杆与喷射混凝土支护工程技术规范》（GB 50086—2015）和《建筑边坡工程技术规范》（GB 50330—2013）的要求。

e. 排水孔管径为 10 cm，采用软式透水管，其位置和深度视边坡具体工程地质情况而定。

f. 碎落台骨架出水口处和边坡顶部镶边上方的现浇 C20 数量已摊入基础工程数量内。

g. 路堑边坡平台采用现浇 C20 封面，骨架出水口处栽碎石或卵石。

h. 伸缩缝一般设在人字形骨架顶点处，间距为 15～20 m，缝宽 2 cm，坡脚平台伸缩缝填塞沥青麻絮。

i. 骨架内边坡须凿槽或凿浅眼，以利于种植土与边坡的黏结。

③挡土墙。

a. 石料选择。

色泽均匀，结构密实，不易风化，无裂缝、开裂和结构无缺陷的硬质石料，抗压强度不小于 30 MPa。片石厚度不小于 15 cm。砌筑前，应将其表面的泥土、水锈洗刷干净。

b. 浆砌片石。

砂浆配合比通过试验确定，采用磅称计量；砂浆采用集中拌和，并按规定制作砂浆检查试件。

砌筑前，将基底表面风化、松软土石清除，测试基底允许承载力达到设计要求后方可进行砌筑。

基础内有水时，先将水排走或挖集水坑抽水。

沿坡面砌筑前，先清除边坡松动岩石，清出新鲜面，边坡上的开挖凹陷部分挖成台阶后，以便与防护相同的圬工砌补。挡土墙外露部分和转角石应选择表面较平整及尺寸较大的块石，并加以粗凿。沉降缝处的块石应修整出规则的棱角线。砌体沉降缝、伸缩缝内先用浸泡过沥青的软木板堵塞，然后用沥青麻絮嵌入缝外侧。

浆砌均采用挤浆法，勾缝采用平缝压槽法（凹缝）。防护与坡面密贴结合，砌体咬口紧密，无干缝、通缝和瞎缝，砂浆饱满。

间隔施工时，应清除原砌体表面污浆杂物，并用水浸润后方可砌筑。

挡墙、护墙根据伸缩缝与沉降缝设置位置分段砌筑，泄水孔、耳墙、砂砾反滤层与墙体同步进行。泄水孔可预埋铁管、PVC 管等，反滤层在砌高一层后填筑一层。设路侧护栏段的路肩挡墙施工至顶部时，一次完成墙顶与护栏座的混凝土现浇作业，并严格按照图纸规定或工程师指示设置有关预埋钢筋和预埋件。

砌体结构尺寸采用预制框架模型或立杆挂线控制，施工过程中经常复核，以保证线形、砌体平整。挡土墙墙背砌体要求大致平整，墙背填筑应在圬工砂浆强度达到 75％以上后与砌体同步进行，墙背填筑与砌体高差以不高于 1 m 为宜。填筑前应取得工程师的认可。

浆砌暂时结束时，及时用草袋、麻袋覆盖砌体，进行洒水养护，养护时间一般不少于

7 d。对于所砌筑圬工的砂浆，在初期硬化期间不应使其受雨水冲刷或水淹浸。

挡土墙砌体完工后，应清除积土、疏通排水沟、整理现场，直到工程师满意为止。

④三维网植草施工。

a. 准备工作：为保证三维网与坡面的紧密结合，交验后的坡面应采用人工细致整平，清除所有的岩石、碎泥块、植物、垃圾和其他障碍物。

b. 铺网：三维网的裁剪长度比坡面长 130 cm，顺坡铺设。铺网时网尽量与坡面贴附紧实，防止悬空。铺设时使网保持平整，不产生褶皱，网之间重叠搭结，搭结宽度 10 cm，三维网幅宽 150 cm。三维网采用 U 形钉固定，坡面钉间距为 100 cm(包括搭接处)，沟槽内钉间距为 75 cm。U 形钉钉设完成后，对沟槽进行填土压实。

c. 覆土：三维网表层覆土以肥沃表土为宜，采用沿线清淤表土体进行客土回填。为保证覆土充满网包且不压包，分层多次填土且洒水浸润，至网包层不外露为止。

d. 播种：草种选择当地已有成熟物种，并采用两种以上草种(含同种不同品种)进行混播。草种播撒采用液压喷播方式。在雨季施工时，为使草种免受雨水冲失，可采用无纺布或稻草、秸秆编织席等覆盖坡面。

e. 前期养护：施工完成后，对坡面进行不少于 45 d 的前期养护，主要为定期洒水养护、病虫害防治、视植物生长需要及时追肥。在草种发芽后，及时对稀松无草区进行补播。

2. 排水工程

本合同段排水工程形式有边沟、排水沟、急流槽、截水沟、盲沟等多种，与路基工程同步进行，尽早完成各种主要排水设施，以便与原有排水设施形成较完善的排水系统。所有浆砌圬工均采用坐浆法施工，分层砌筑，砂浆采用砂浆拌和机现场拌制，严格按配合比过磅计量。盖板采用预制安装方式。

(1)排水工程材料

①砂浆。

砂浆强度等级应符合图纸规定或监理工程师要求；砂浆所用水泥、砂及水应符合规范要求；砂采用中粗砂；勾缝砂浆强度等级对于主体工程不低于 M10，附属工程不低于 M7.5，且均不低于砌筑砂浆的强度等级。

②片石。

片石强度不应小于 30 MPa，片石的厚度不应小于 150 mm(卵形和薄片者不得使用)。镶面石料应选择尺寸稍大并且有较平整表面，且应稍加粗凿。在角隅处应使用较大石料，大致粗凿方正。

(2)排水工程施工工艺及要求

边沟、排水沟及其他排水设施应满足纵横向排水的要求。除按设计要求外，施工阶段临时排水沟其纵坡亦不应小于 0.3%，其出口位置应设在桥涵出入水口或自然沟渠处，严禁临时边沟出口设在填方或弃土场的坡脚处，给路基稳定造成隐患。开挖各种排水沟渠时，应预先测量放线，自下游向上游开挖。

①测量放线。

根据设计图纸有关参数，用全站仪放出路基边沟和排水沟的位置中轴线，并测出相应标高，在地面上标出里程桩号以及标高，用白灰或线绳拉出沟的相应轮廓线，标示出相应的开挖控制深度；放样完毕后，设计图纸的沟底高程、平面位置与实际相差较大时，应根据实际做适当调整，并报请监理工程师批准后实施。

②沟槽开挖。

根据轮廓标示线，对于人工能够开挖的路段，用铁锹和镐进行开挖，如遇石方难以用人工开挖的地方，则需要进行放炮施工。放炮施工时，由于水沟尺寸狭窄，打眼时要注意布置沟的边缘炮眼，严格控制装药量，并适当增加底部炮眼的布置，以保证爆破的质量，严禁放大炮。

③施工要点。

a.沟基应置于稳定地层上，当基底为松散土层时，应翻挖后分层回填夯实，严禁将排水设施挖筑在未加处理的弃土上。

b.沟槽应平顺整齐，沟内无淤积，无松散杂土，尺寸准确。在曲线地段，边沟应随道路中线圆顺。

c.沟槽开挖质量经监理工程师检验合格后，方可进行水沟浆砌片石砌筑。

d.开挖基槽的土、石渣不得堆积于排水设施附近，应清运或就近整平。

e.开挖急流槽时，按照设计图纸每2.5 m一道开挖抗滑平台。

f.沟体砌筑：砌筑采用坐浆法进行施工，严禁采用灌浆法进行施工。砌筑时，先进行沟底铺砌，然后进行沟壁砌筑。片石在使用前必须用水湿润，表面如有泥土、水锈，应清洗干净。砌筑沟底前，如基底为岩层，应先将基底表面清洗、湿润，再坐浆砌筑；如基底为土质，可直接坐浆砌筑。由于水沟沟壁厚度较薄，片石应进行适当选择，应选择大面较为平整的片石，抗压强度不得小于30 MPa。砌筑时，应分层砌筑，且每层砌筑前，应先铺砂浆，再砌筑片石和填缝。

④施工注意事项。

a.砌筑必须按照放样控制点拉线砌筑，各层砌块应安放稳固，砂浆应饱满，黏结牢固，不得直接贴靠或脱空，不得有水分下渗和排水不畅现象。

b.砌筑时，底浆应铺满，竖缝砂浆应先在已砌石块侧面放一部分，然后于石块放好后填满捣实。用砂浆填塞竖缝时，应进行捣实。

c.砌筑上层砌块时，应避免振动下层砌块，砌筑工作中断后恢复砌筑时，对已砌筑的砌层表面应予以清扫和湿润。

d.砌筑急流槽时，急流槽出水口处按设计图纸设置消力池，急流槽和消力池底表面应施作成糙面。

e.勾缝养护：沟体砌筑完毕后，用砂浆进行勾缝，勾缝一律采用凹缝，勾缝采用的砂浆强度为M7.5，砌体勾缝嵌入砌缝2 cm深，缝宽2 cm。缝槽深度不足时，应凿够深度后再勾缝。每砌好一段，待浆砌砂浆初凝后，用湿草帘覆盖并定时洒水养护，覆盖养护7 d。养护期间避免外力碰撞、振动或承重。

f.盖板预制安装：水沟盖板在预制场集中预制，盖板严格按照设计图纸进行预制，不得漏放、少放钢筋，钢筋保护层厚度应满足设计和规范要求，预制完毕达到设计强度后，统一用小型运输车辆运至安装现场，在上、卸盖板时，采用人工抬运，不得随意倾倒，安装时上下面不得倒置。

g.验收签证：通涵接线排水设施施工完毕后，报请监理工程师验收签证。

7.2.3　桥梁施工

本合同段共有大桥 3 座，中桥 1 座，分别为 K0＋550 应哲湾大桥、K2＋935 高峰村中桥、K6＋051 汤家塅大桥、K7＋530 杨武坪大桥。

1. 基础施工

(1)钻孔灌注桩

本合同段钻孔桩采用旋挖钻施工工艺。旋挖钻钻孔灌注桩施工操作要点如下。

①埋设护筒。

护筒用 8 mm 的钢板制作，其内径大于钻头直径 100 mm。护筒顶应高出施工水位或地下水位 1.0～2.0 m(同时高出地面 0.3 m)。当桩孔内有承压水时，护筒顶应该高于稳定后的承压水位 2.0 m 以上。护筒四周回填黏土并分层人工夯实。埋设应准确、稳定。护筒顶面中心与桩位中心的偏差不得大于 50 mm，倾斜度不大于 1％，保证钻机沿着桩位垂直方向顺利工作。

护筒埋设完成后报监理工程师现场检查，护筒埋设符合要求后方可进行钻机就位。

②钻机就位。

护筒埋设结束后进行钻机就位，旋挖钻机底盘为伸缩式自动整平装置，并在操作室内有仪表准确显示电子读数，当钻头对准桩位中心十字线时，各项数据即可锁定，无须再作调整。钻机就位后钻头中心和桩中心应对正准确，误差控制在 2 cm 内。

钻机安装完成后报监理工程师现场检查，符合要求后方可开始钻进。

③钻孔施工。

a. 钻孔前应对钻孔的各项准备工作进行检查。

b. 钻孔时先将钻斗着地，通过显示器上的清零按钮进行清零操作，记录钻机钻头的原始位置，此时，显示器显示钻孔的当前位置的条形柱和数字，操作人员可通过显示器监测钻孔的实际工作位置、每次进尺位置及孔深位置，从而操作钻孔作业。在作业过程中，操作人员可通过主界面的三个虚拟仪表——动力头压力、加压压力、主卷压力的显示，实时监测液压系统的工作状态。

施工过程中通过钻机本身的三向垂直控制系统反复检查成孔的垂直度，确保成孔质量。

c. 钻孔过程中根据地质情况控制进尺速度：当由硬地层钻到软地层时，可适当加快钻进速度；当软地层变为硬地层时，要减速慢进；在易缩径的地层中，应适当增加扫孔次数，防止缩径；钻渣要及时运出工地，弃运到合适的地点以达到环境保护的要求。

d. 及时详细地填写钻孔施工记录，正常钻进时，应参考地质资料掌握土层变化情况，及时捞取钻渣取样，判断土层，记入钻孔记录表，并与地质资料进行核对，根据核对判定的土层及时调整钻机的转速和进尺。

e. 钻进过程中，起落钻头速度宜均匀，不得过猛或骤然变速，以免碰撞孔壁或护筒。每钻进 4～5 m 深度验孔一次，在容易缩孔处应勤验。

f. 在淤泥、黏土、卵石层采用旋挖斗进行施工，在板岩层采用短螺旋钻头进行钻进。

④成孔检查。

成孔验收：成孔达到表 7-4 所示的质量标准后，即可进行下一道工序的施工。

表 7-4　成孔验收标准

护筒埋设偏差/mm	孔径/cm	孔深/m	桩位偏差/mm	沉渣厚度/mm
≤50	满足设计值	满足设计值	≤50	小于设计或规范值

钻孔灌注桩在成孔过程中、终孔后以及灌注混凝土前，均需对钻孔进行阶段性的成孔质量检查。钻孔至设计标高后要报监理工程师，对孔底标高进行复核，满足要求后再开始清孔。

　　a. 孔径和孔形检测。

　　孔径检测在钻孔成孔后、吊装钢筋笼前进行。根据桩径制作笼式井径器入孔检测，笼式井径器用直径 16 mm 的钢筋制作，其外径等于钢筋笼直径加 100 mm，但不得小于钻孔的设计孔径，长度等于孔径的 4~6 倍。检测时，孔的中心与起吊钢绳保持一致，将探孔器吊起，慢慢放入孔内，上下通畅无阻表明孔径不小于设计孔径。

　　b. 孔深和孔底沉渣检测。

　　孔深和孔底沉渣采用标准测锤检测。测锤一般采用锥形锤，锤底直径 13~15 cm，高 20~22 cm，质量 4~6 kg。测绳必须用经检校过的钢尺进行校核。

　　c. 成孔垂直度检测采用探孔检测仪。

　　⑤第一次清孔。

　　清孔处理的目的是清除钻渣和沉淀层，尽量减少孔底沉淀厚度，防止桩底存留过厚沉渣而降低桩的承载力，为水下混凝土灌注创造良好的条件。当钻孔达到设计高程后，经对孔径、孔深、孔位、竖直度进行检查确认钻孔合格后，即可进行第一次清孔。超钻深度、桩内沉淀层厚度应满足《公路桥涵施工技术规范》(JTG/T 3650—2020)的要求。严禁采用加深钻孔深度的方法代替清孔。

　　第一次清孔完成后、下钢筋笼之前，要报监理工程师对清孔的各项指标进行复核。

　　⑥钢筋笼加工及吊放。

　　钢筋笼在 K6＋500 钢筋加工中心和小里程方向钢筋加工场集中制作，按照设计图纸及施工规范要求进行钢筋笼的制作，钢筋笼主筋接头采用机械接头，每一截面上接头数量不超过 50%，加强筋与主筋连接全部焊接。钢筋笼制作采用胎膜施工法，钢筋笼的材料、加工、接头和安装须符合设计和规范要求。

　　当钢筋笼设计长度小于 23 m 时，根据汽车吊机的作业能力确定使用钢筋笼整体加工吊装，用平板车运输至现场，使用汽车吊机吊装；当钢筋笼设计长度大于 23 m 时，采用分段吊装。钢筋笼在孔口牢固定位，以免在灌注混凝土的过程中出现浮笼现象。

　　钢筋笼的安装采用四点起吊法，汽车起重机吊装入孔，钢筋笼起吊时使用长杉木杆绑扎以提高整个钢筋笼的刚度(木杆在入孔时拆除)。

　　钢筋笼顶端在入孔前，先对称焊接两根与主筋直径相同的钢筋吊环，在吊车放吊时，用两根槽钢分别穿入钢筋吊环环孔内，再把槽钢放在两根方木上。

　　钢筋笼吊装入孔达到设计标高后，在孔口固定小钢轨成井字形方木上，防止混凝土灌注过程中钢筋笼浮起或位移。

　　钢筋骨架的保护层厚度须符合设计要求(见表 7-5)，垫块采用厚 5 cm、直径 D＝15 cm

的圆形混凝土垫块，沿钢筋笼每隔 2 m 放置一组，每组设置 4 个，按 90°均匀安放，垫块中间有直径 10 mm 的孔，用直径 8 mm 钢筋横向将垫块固定在钢筋骨架两个主筋之间。

表 7-5　钻孔桩钢筋骨架的允许偏差和检验方法

序号	项目	允许偏差/mm	检验方法
1	外径	±10	尺量检查
2	中心平面位置	20	
3	顶端高程	±20	
4	底端高程	±50	
5	主钢筋间距	±10	尺量检查不少于 5 处
6	箍筋间距	±20	
7	保护层厚度	±20	
8	倾斜度	0.5%	吊线尺量检查

⑦二次清孔、孔内注水。

在钢筋笼下放完毕后，需用小一号的截齿双底捞砂斗进行二次清孔，清孔完毕，经监理工程师检验合格后，再根据孔内水深选择是否需要在孔内注水，一般保证水深在 5 m 以上即可。

⑧导管的安放。

a. 水下混凝土用钢导管灌注。导管内径 280 mm。钢导管选用螺旋式接头。

b. 导管配有长度为 2.7 m/节，共 12 节，并配有一节 2 m、一节 4 m、一节 1 m 和一节 0.5 m 导管，以便在最上面调整长度，控制顶面高度。

c. 导管使用前必须进行水密承压，严禁用压气试压。进行水密试验的水压不小于孔内水深 1.3 倍的压力，也不小于导管壁和焊缝可能承压灌注混凝土时最大内压力 P 的 1.3 倍，P 可按式(7-3)计算。

$$P = r_c h_c - r_w H_w \tag{7-3}$$

式中，P 为导管可能受到的最大内压力，kPa；r_c 为混凝土拌和物的重度，取 24 kN/m³；h_c 为导管内混凝土柱最大高度，m，以导管全长或预计的最大高度计；r_w 为井孔内水或泥浆的重度，kN/m³；H_w 为井孔内水或泥浆的深度，m。

经计算，导管可能受到的最大内压力为 600 kPa。

d. 导管放在孔中心位置，严禁碰撞钢筋笼。

e. 导管上口接储料斗，料斗使用前用水浇湿。

f. 管口布置好工作平台。布置好储料斗、混凝土运输车和吊车等的位置，以便操作。准备工作要尽量缩短时间，减少孔底沉淀和防止其他意外的发生。

g. 孔内第一次混凝土浇筑时，导管下口到钻孔孔底的距离一般以 0.3～0.4 m 为宜。

⑨灌注水下混凝土。

a. 水下 C30 混凝土采用按照批复配合比所生产的 C30 水下混凝土，项目部混凝土拌和站到桩基施工点的距离不超过 3 km，所用 C30 水下混凝土水胶比 $w/c = 0.49$，w 为水的重量，c 为水泥、掺合料等总胶凝材料的重量，混凝土的配合比按设计水下桩配合比，采用直升导管法进行水下混凝土灌注，施工程序见图 7-3。导管使用前，进行接长密闭试验。下导管时防止碰撞钢筋笼，导管支撑架用型钢制作，支撑架支垫在钻孔平台上，用于支撑悬吊导管。混凝土灌注期间，用吊车吊放拆卸导管。

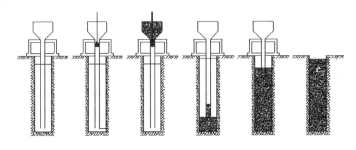

图 7-3　拔球法施工程序图

b. 水下混凝土施工采用混凝土运输车运输，采用输送泵泵送至导管顶部的漏斗中。混凝土进入漏斗时的坍落度控制在 18～22 cm，并有良好的和易性。应保证灌注工作在首批混凝土初凝以前完成。

c. 水下灌注时，须保证先灌入的首批混凝土的数量有一定的冲击能量，能把泥浆从导管中排出，并保证导管下口埋入混凝土的深度不少于 1 m。必要时采用储料斗。

d. 使用拔球法灌注第一批混凝土。在整个灌注过程中，导管埋入混凝土的深度一般控制在 2～6 m。

e. 灌注水下混凝土时，随时利用测锤探测钢护筒顶面以下的孔深和所灌注的混凝土面高度，以控制导管埋入深度和桩顶标高。当混凝土面接近设计高程时，应用取样盒等容器直接取样确定混凝土的顶面位置，保证混凝土顶面浇到桩顶设计高程以上 1.0 m 左右。

f. 在混凝土灌注过程中，防止混凝土拌和物从漏斗溢出或从漏斗处掉入孔底，使泥浆内含有水泥而变稠凝固，导致测深不准。同时设专人注意观察导管内混凝土下降和井孔水位上升情况，及时测量复核孔内混凝土面高度及导管埋入混凝土的深度，做好详细的混凝土施工灌注记录，正确指挥导管的提升和拆除。探测时必须仔细，同时以灌入的混凝土数量进行校对，防止错误。

g. 导管提升时保持轴线竖直和位置居中，应逐步提升导管。如导管法兰盘被钢筋管架卡住，可转动导管，使其脱开钢筋骨架后，移到钻孔中心。当导管提升到法兰接头露出孔口以上一定高度，可拆除 1 节或 2 节导管(视每节导管长度和工作平台距孔口高度及混凝土埋管深度而定)。拆除导管动作要快，一次拆装时间一般不宜超过 15 min。防止螺栓、橡胶垫和工具掉入孔中，注意安全。已拆下的导管立即清洗干净，堆放整齐。

h. 水下混凝土应连续浇筑，不得中途停顿，并应尽量缩短拆除导管的间断时间。每根桩的浇筑时间不应太长，宜在首批混凝土初凝前完成。混凝土浇筑完毕，位于地面以下及桩顶以下的孔口护筒应在混凝土初凝前拔出。

i. 混凝土灌注过程需要监理旁站监督，灌注完成后及时对相关资料进行签认。

j. 混凝土首灌量的计算见式(7-4)。

$$V \geqslant \pi D^2 (H_1 + H_2)/4 + \pi d^2 h_1/4 \tag{7-4}$$

式中，V 为首批混凝土数量，m^3；D 为桩径，m；H_1 为孔底至导管底面距离，取 0.5 m；

H_2 为导管初次埋置深度，取 1 m；d 为导管内径，m；h_1 为桩孔内混凝土达到埋置深度 H_2 时，导管内混凝土柱平衡导管外压力所需的高度，h_1 的计算见式(7-5)。

$$h_1 = H_w \gamma_w / \gamma_c \tag{7-5}$$

式中，H_w 为孔内泥浆深度，m；γ_w 为孔内泥浆密度，kN/m^3；γ_c 为混凝土拌和物的重度，kN/m^3。

⑩养护、凿除桩头。

当混凝土灌注完成后，在桩头进行覆盖保温养护。桩头混凝土强度达到设计值的 80% 时(成桩 7～14 d)，可凿除桩头多余的混凝土，截桩时须防止损毁桩身，用风钻截断时预留 10 cm，再采用人工细凿，将混凝土顶面凿成微凸的形状，桩头凿除后无松散、夹泥、偏位和保护层不足等缺陷，并将桩头主筋稍向外弯曲，其角度控制在 15°。凿除桩头后，对桩头的质量情况拍照留存。在监理工程师在场的情况下，对钻孔桩进行桩的质量检验和评价。

⑪成桩检测。

桩身混凝土应均质、完整，混凝土等级及桩基承载力试验符合设计要求。对钻孔桩桩身进行无损检测。根据设计要求，桩基采用声波透射法进行检测。

(2)扩大基础

①基坑开挖。

当基础平面位置处于旱地时，则在清理场地后直接采用挖机开挖至基底设计标高以上 30 cm，再采用人工突击修整。若基坑是石方，则采用小型松动爆破，挖机开挖至基底标高，再采用人工修整凿平，并立即用水泥混凝土封底，如坑壁或基底有渗水，则沿基坑四周挖集水沟，并将全部渗水汇集于一集水坑内排出。坑壁采用放坡开挖，并适当支撑，基坑上部四周应挖沟，防止雨水汇入基坑。当基础处于水中时，则采用围堰将基坑与水隔开，其他施工方法与旱地一致。

②浇筑基础。

基坑开挖到位后，验收基底承载力、标高、平面尺寸，再迅速立模浇筑混凝土。基础模板采用大面积钢模，两侧模板间以直径 16 mm 的对拉螺杆连接，模板外侧加以支撑，混凝土逐层浇筑，每层层厚不超过 30 cm，浇筑成型后，及时养护。

(3)人工挖孔

①桩孔施工。

a.桩孔的开挖。

当场地平整、材料进场、施工放样等准备工作完成并报监理工程师批准后，开始进行人工挖孔。机具就位后，其底座用混凝土埋实固定，周围用土埋实，机身应平稳，机架顶部的起吊滑轮、转盘中心和基桩中心三者基本保持在同一垂直线上。

桩孔的挖掘采取分班作业，连续施工，现场技术人员负责记录地质层的变化，并采集渣样，渣样应编号保存，直至工程验收，记入桩基挖孔施工原始记录表中，并与设计提供的地质剖面图核对。

挖孔孔径控制在比设计孔径大 15 cm，每挖进 1 m，进行一次混凝土护壁，浇筑护壁前报现场监理工程师检验。

在挖孔过程中，现场技术员要随时检查桩位、孔径、孔深、倾斜度及地质情况，认真填写挖孔记录。

根据不同地质情况，随时调整挖掘方法，如遇较为坚硬的密集坚石层或岩石层，应采用风镐掘进，坚硬岩石用炸药爆破。

挖至设计入岩深度时采集岩样，报检现场监理工程师，判定是否进入设计岩层，岩层与设计地质情况符合，判定桩基入岩；若岩层与设计地质情况不符合，及时上报监理工程师、业主及设计单位，确认入岩判定。

挖至设计孔深时采集岩样，报检现场监理工程师，判定是否终孔，岩层与入岩岩层一致，按设计终孔要求终孔；岩层与入岩岩层不一致，及时上报监理工程师、业主及设计单位，判定终孔深度，申请变更处理。桩基嵌岩深度需满足设计要求。

挖孔桩实测项目见表 7-6。

表 7-6 挖孔桩实测项目

项次	检查项目			规定值或允许偏差	检查方法和频率
1	混凝土强度/MPa			在合格标准内	按《公路桥涵施工技术规范》(JTG/T 3650—2020)附录 E 检查
2	桩位/mm	群桩		100	全站仪或经纬仪：每桩检查
		排架桩	允许	50	
			极值	100	
3	孔深/mm			不小于设计	测绳量：每桩测量
4	孔径/mm			不小于设计	探孔器：每桩测量
5	桩孔倾斜度			0.5%桩长，且不大于 200 mm	垂线法：每桩检查
6	钢筋骨架底面高程/mm			±50	水准仪测骨架顶面高程后反算：每桩检查

b. 制作护模及浇筑护壁。

桥梁桩基采用 15 cm 厚的外齿式 C30 混凝土护壁，护壁内径比设计桩基直径大 2～4 cm，护壁每节高 1 m。采用人工挖掘成型，再支立钢护筒内模，人工辅助浇筑混凝土并采用插入式振捣棒捣实。确保护筒有足够的刚度，其平面位置偏差不大于 4 cm，倾斜度的偏差不大于±0.5%H(钢筋笼长度)且不大于 200 mm。由现场工程师在开挖前对护壁再进行一次复核，确保桩位正确。护壁顶面高出原地面的高度不小于 30 cm，防止杂物及雨水进入孔内，同时在该孔周围设置围栏，停止施工和挖孔完成后，孔口应加以覆盖。

圆孔护壁厚度计算公式见式(7-6)。

$$t \geqslant kN/R_a \tag{7-6}$$

式中，t 为护壁厚度，内齿式护壁取最小尺寸，m；k 为安全系数，取 1.65；N 为作用在护壁截面上的压力，kN/m，$N = p \times d/2$(p 为土及地下水对护壁的最大压力，kPa；d 为挖孔桩身直径，m)；R_a 为混凝土的轴心抗压设计强度，kPa。

c. 成孔检验。

挖孔终孔后，报检监理工程师，对孔位、孔深、孔径、孔形竖直度(斜度)、沉渣厚度进行检验，并将施工记录和地质样品报监理工程师检验；检孔器外径与设计桩径相等，长度为 4 倍桩径，检孔器加强筋规格不小于 $\phi 20$ mm 钢筋，8 根均布，检孔器两头加工成圆锥形，并焊接为整体，以保证上下提升时的牢固性，顶端焊接吊环；孔深采用测绳进行检测，以护壁顶面标高为准，用 50 m 测绳下吊一个重锤，下探至孔底再用钢卷尺测出下探绳长，计算得出孔深及到位情况。

经检验确认桩孔满足设计要求后，填写成孔检查单，在监理工程师签字认可后，开始下一道工序。

②钢筋笼制作与安装。

a. 钢筋进场保管。

钢筋必须按不同钢种等级牌号、规格及生产厂家分批验收，分别堆放，设立识别标志，钢筋堆置在仓库(棚)内，下垫离地 20 cm 以上。

b. 钢筋检验。

钢筋应具有出厂质量证明和试验报告单。对于桥涵所用的钢筋，应抽取试样做力学性能试验。

c. 钢筋加工。

施工前应熟悉图纸，计算下料长度。

在钢筋加工区，应悬挂各号钢筋大样图设计图，标明尺寸、部位。

钢筋加工前，必须调直且清除污锈。

钢筋搭接焊接与机械连接施工工艺及质量检验要求：焊接应注意焊条的选择和电流的控制，用于永久性工程结构上的焊条必须采用 J502 或 J506 焊条，以保证焊接强度；焊条的施焊工艺试验应满足下列要求：电弧稳定，燃烧均匀，金属和熔渣飞溅少，焊药熔化均匀，熔渣的黏度及流动性适当，焊药不掉块，不成盖层，焊缝成型良好，脱渣性好，熔渣易于敲去，焊缝无气孔、夹渣、裂纹等缺陷；焊缝厚度 h 应不小于主筋直径的 30%，焊缝宽度 b 不应小于主筋直径的 80%，焊接前钢筋宜预弯，以保证两钢筋的轴线在一条直线上，使接头受力性能良好；钢筋接头选用 J502 或 J506 焊条采用搭接或帮条电弧焊时，宜采用双面焊缝。双面搭接焊缝的长度不应小于 $5d$，单面焊缝长度不应小于 $10d$。当直径大于 25 mm 时，采用机械连接。

焊接质量检验：每 300 个同类型接头为 1 批，不足 300 个时也作为 1 批；接头清渣后逐个检查，焊接表面平整，不得有较大的凹陷、焊瘤；接头不得有裂纹；咬边深度，气孔、夹渣的数量和大小，以及接头偏差均应符合规范要求；成品中每批切取 3 个接头做拉伸试验，试验结果符合设计及规范要求后方可使用。

受力钢筋焊接或绑扎接头应设置在内力较小处，并错开布置。对于绑扎接头，两接头间距不小于 1.3 倍搭接长度且绑扎工艺不得用于轴心受拉或小偏心受拉杆件。对于焊接接头，在接头长度区段内，同一根钢筋不得有两个接头，配置在接头长度区段内的受力钢筋，其接头的截面面积占总截面面积的百分率应符合以下要求：在主筋绑扎接头受拉区，接头面积最大百分率为 25%，在受压区，最大百分率为 50%；主筋焊接接头受拉区处的百分率为 50%，受压区处无限制。此外，焊接接头长度区段内是指 35d 长度范围内，但不得小于 500 mm，绑扎接头长度区段是指 1.3 倍搭接长度。

d. 钢筋笼骨架制作。

钢筋笼骨架应根据设计钢号规格及尺寸加工。本项目所有钢筋笼均采用胎模成型法绑扎，并将各不同类型的钢筋骨架按照设计要求分类编号挂牌妥善存放。

配筋前应将钢筋调直，要求主筋无局部弯折，箍筋采用电焊焊接，骨架制作时应严格符合设计尺寸，以免过大难以放入孔中。

每根桩钢筋骨架应尽量一次制成，如骨架过长，根据吊装设备的起吊高度，采取分段制作的方法。每段长度不宜超过 10 m，各段钢筋骨架之间的钢筋接头采用机械连接，并应符合以下要求：距每个接头 50 cm 范围内的箍筋，可待两段钢筋骨架连接后再做；钢筋骨架除按设计规定设置箍筋外，并每隔 2 m 增设一道直径 16 mm 的加劲箍筋，以增强吊装时的刚度。

根据设计和有关文件要求，当桩长大于 40 m、桩径不大于 1.5 m 时，埋设 3 根声测管；当桩径大于 1.5 m 时，埋设 4 根声测管。声测管采用钢管，内径应大于 5 cm；接头采用焊接；声测管绑扎在钢筋内侧，相互平行，定位准确，并埋设至桩底，管口高出桩顶 1 m；声测管底封闭，管内注入清水，管口加盖密封。

e. 钢筋笼吊装。

运输钢筋骨架时，应保证不弯曲、变形，如需远距离运输，可采用特制平板架子车运输。在场内如需要人工抬运骨架，吊点应分布均匀，以保持骨架平顺，并设专人指挥确保安全。

骨架吊装前应丈量孔深，检查淤泥沉淀厚度和有无坍孔现象，经检查符合要求后，可将钻孔设备拆除，以便骨架就位。

为保证钢筋骨架在起吊过程中不弯曲、变形，吊点处的骨架内部应有临时加固措施。吊绳不得吊抬单根钢筋，通常可在吊点处绑设短杉木杆以增加骨架刚度，待骨架进入桩孔就位时，由下而上逐个解去绑绳，取出杉杆。

为保证骨架在起吊过程中不发生弯曲，宜采用两点起吊。当骨架吊起达到垂直后，将骨架移至孔口，此时应检查骨架是否顺直，若有弯曲，应经过调直后再往下落。

骨架在下落过程中，应始终保持骨架居中，不得碰撞井壁，骨架入孔后速度要均匀，不宜猛落，就位后使骨架轴线与桩轴线吻合。

钢筋骨架吊装入孔达到设计标高后，将骨架调正在孔口中心。在井口固定小钢轨或井字形方木，防止混凝土灌注过程中骨架浮起或位移。

③灌注混凝土。

在地质情况比较复杂、地下水丰富路段，桩孔内往往存在积水现象，需采用水灌法进行浇筑。灌注水下混凝土采用导管法施工。导管是导管法灌注水下混凝土的通道，选择合适的导管才能保证灌注混凝土顺利进行。项目部采用导管的直径为 28 cm，并使导管与钢筋笼骨架内径周围留有必要的间距，以便导管自由拔出。

a. 导管安设。

导管内径要求光滑，内径一致，两端焊有法兰盘，导管组装时，接头必须密合不漏水。在第一次使用前，进行预拼装和承压密水试压。

新导管进场按照灌注时需用长度，事先在平整场地上拼装好，经检查导管顺直，接头严密不漏水，管内光滑试球畅通无阻，最后并做承压密水性试验，观察无漏水后方可使用。

导管内使用的混凝土止水球或胶垫大小要合适（大于导管内径 1 cm），安装要正，不漏浆。止水球应安装在导管内水面以上约 20 cm 处。亦可安设特制活门代替止水球。

在试压好的导管表面用磁漆标出 0.5 m 一格的连续标尺，并注明导管全长尺度，以便灌注混凝土时掌握提升高度及埋入深度。

导管吊入钻孔中的深度：应使导管下口与钻孔底留有 30~40 cm 的距离以便灌注混凝土时止水球能冲出导管。

导管上的漏斗箱应有一定的高度，保证漏斗内的混凝土顶面高出孔中水位以上的距离：对清水护壁高出为 3~4 m，在泥浆护壁时应适量提高。

b. 水下混凝土的配制及运输。

碎石、水泥、钢筋等原材料必须经过试验合格并经试验监理工程师抽检合格方能使用。配合比以实验室批准的为准，材料在拌和站集中拌和。混凝土用混凝土罐车运输至施工现场，经对混凝土的工作性能指标检验合格后才能使用。

c. 灌注水下混凝土。

首批灌注混凝土的数量应满足导管首次埋置深度($\geqslant$1.0 m)和填充导管底部的需要，灌注首批混凝土所需数量可参考式(7-4)。

混凝土拌和物运至灌注地点时，应检查其均匀性和坍落度等，补充坍落度适宜范围[参考《公路桥涵施工技术规范》(JTG/T 3650—2020)]，如不符合要求，应进行第二次拌和，二次拌和后仍不符合要求时，不得使用。

首批混凝土拌和物下落后，混凝土应连续灌注。在灌注过程中，导管的埋置深度宜控制在 2~6 m，且应经常测探井孔内混凝土面的位置，及时地调整导管埋深。

为防止钢筋骨架上浮，当灌注的混凝顶面距钢筋骨架 1 m 左右时，应降低混凝土的灌注速度。当混凝土拌和物上升到骨架底口 4 m 以上时，提升导管，当其底口高于骨架底部 2 m 以上时，即可恢复正常灌注速度。

灌注的桩顶标高应比设计高出一定高度，一般为 0.5~1.0 m，以保证混凝土强度，多余部分在下一工序施工前必须凿除。在灌注将近结束时，应核对混凝土灌入数量，以确定所测混凝土的灌入高度是否正确。

使用全护筒灌注水下混凝土时，当混凝土面进入护筒后，护筒底部应始终在混凝土面下，随导管的提升，逐步上拔护筒。护筒的混凝土灌注高度不仅要考虑导管及护筒将提升的高度，也要考虑因上拔护筒引起的混凝土面降低，以保证导管的埋置深度和护筒底面低于混凝土面。要边灌注、边排水，保持护筒内水位稳定，不致过高，以免造成反穿孔。

在灌注过程中，应将孔内溢出的水或泥浆引流至适当地点处理，不得随意排放，污染环境。

灌注中发生故障时，应查明原因，合理确定处理方案，进行处理。

桩基混凝土灌注完成后，立即对桩头进行灌水。在灌注桩混凝土抗压强度未达到设计强度的 70% 时，不得承受荷载，更不得在同一墩台上相邻桩位进行钻孔作业。

④桩体完整性检测。

灌注桩成桩之后，应按照施工技术规范规定和监理工程师的指示，采用超声波检测法对桩体完整性进行无损检测。

a. 检测条件。

被检桩基的混凝土龄期不小于 14 d；声测管内灌满清水，且保证畅通；检测分批进行，每次应不少于 10 根；需要检测则提前两天通知检测单位。

b. 桩基完整性检测的内容。

检验是否有夹层断桩，桩身混凝土是否有离析，桩底沉淀厚度是否大于设计规定，以及桩头凿除后预留部分是否有残余松散层、薄弱混凝土层、空洞、缩径等缺陷。对桩基完整性检测不合格的桩，应根据监理和业主要求进行处理。

⑤桩基中间交工验收。

当桩基混凝土灌注完成，经养护、凿除桩头，按照施工技术规范和检验评定标准的要求对桩基施工质量进行自检并评定合格，再报经监理工程师抽检、评定合格并同意交工后，方可进行后续工程的施工。否则，应按照监理工程师要求进行返工、整改处理直至合格为止。

人工挖孔桩施工工艺流程见图7-4。

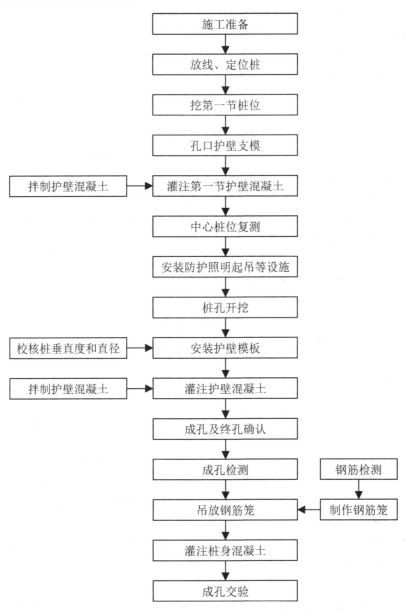

图 7-4　人工挖孔桩施工工艺流程图

2. 系梁施工

(1)准备工作

为保证承台、系梁施工质量，在施工前要求对人、机、料进行周密的安排布置，严格控制进场原材料的质量，提高现场施工技术人员特别是一线操作人员的技术水平。

(2)测量放样

根据承台位置处的地面标高和承台底的标高，设计绘制基坑开挖平面图，再根据开挖平面图，现场测设，并用石灰粉撒出开挖线。开挖时及时对坑底标高测量放线，确保基坑不致超挖；基坑垫层施工完后，用墨线标定出墩身十字线，供承台、系梁模板、钢筋及墩身钢筋安装定位时使用；当承台混凝土浇筑完成后，用墨线标定出墩身十字线，供墩身模板安装时使用。

(3)开挖基坑

①设计要求。

a. 开挖基槽时，不应扰动持力层土的原状结构，如有扰动，应挖除扰动部分，并根据土的压缩性选用素混凝土、级配砂石进行回填处理。

b. 机械挖土时，应按有关规范要求进行，坑底应保留 200 mm 厚的土层用人工清底。开挖时应防止影响桩基础。

c. 基坑回填土及位于设备基础、地面、散水、踏步等基础之下的回填土，必须分层夯实。

②土方运输。

根据施工现场实际情况，可将承台、系梁挖除土方运至地面标高较低处，如另有剩余，可向业主提出其余弃土场，运距需业主监理确认。

③开挖施工。

土方开挖采用机械开挖桩土方，开挖宽度自承台或系梁边留设 1 m 宽作业面，开挖放坡 1∶1.5，开挖至垫层底标高以上 20 cm，然后采用人工清理至垫层底标高。

(4)桩头处理

①在桩顶位置设置 10～15 cm 的切割线。

②人工凿开缺口，深度至钢筋，防止后续的风镐作业破坏钢筋保护层。

③风镐剥离缺口上侧钢筋外保护层。

④钢筋向外侧微弯，便于施工。

⑤加钻顶端，钻头水平或稍向上，位置在桩顶线以上 10～15 cm。

⑥将桩头破除混凝土提出，然后用人工凿除并清顶，保证不破坏保护层，并至桩头微凸。

⑦清洗桩顶。

(5)垫层施工

①夯实。

承台地梁土方机械开挖后采用人工清理，然后用小型机械夯实。

②垫层施工。

根据设计要求，承台、系梁底设 200 mm 厚 C20 素混凝土垫层，每边超出基础边 100 mm，垫层边采用 10 mm×10 mm 木枋做模板。

③基坑顶面设置防止地面水流入基坑的截水沟。

④当基坑地下水采用普通排水方法难以解决时，可采用井点降水，井点类型根据其土层的渗透系数、降水的深度及工程的特点进行确定。

(6)钢筋施工

①材料准备。

a. 钢筋进场必须有合格证，进场前通知监理单位进场日期、数量、牌号、批次等，进场后按要求抽样送检，检测合格后方可加工使用。进场钢筋应无老锈及油垢，当加工过程中发生脆断等特殊情况时，还须作化学成分检验。

b. 铁丝可采用 20～22 号铁丝(火烧丝)或镀锌铁丝(铅丝)。铁丝的切断长度要满足使用要求。

c. 准备控制混凝土保护层用的砂浆垫块、塑料卡、各种挂钩或撑杆。

d. 操作工具有钢筋钩子、撬棍、扳子、绑扎架、钢丝刷子、手推车、粉笔、尺子等。

②作业条件。

a. 按施工现场平面图的位置，对钢筋堆放场地进行清理、平整。浇筑好安放墩台，按钢筋绑扎的顺序分类堆放，并张挂材料标识牌，同时对锈蚀进行清理。

b. 核对钢筋的级别，以及型号、形状、尺寸及数量是否与设计图纸及加工配料单相同。

c. 当施工现场地下水位较高时，必须有排水及降水措施。

③施工工艺。

钢筋加工→吊运至使用部位→绑扎承台、系梁底及梁钢筋→绑扎柱钢筋→绑扎承台、系梁面钢筋。

(7)模板施工

①材料要求。

模板：组合钢模板。

螺栓：直径 14 mm 螺栓。

②承台、系梁模板。

垫层浇筑完毕后在垫层上弹承台边线，钉压脚模板条以固定承台侧模底部。待钢筋绑扎完毕后，开始支设侧模。本工程承台加固采用由内向外模板、三道水平槽钢、竖向钢管加固(间距 100 cm)、侧面设置水平横杆加斜向支撑钢管(间距 100 cm)，要求两支撑点均可靠稳定。

(8)混凝土的浇筑

①混凝土的配制除要满足技术规范及设计图纸的要求外，还要满足施工，如泵送对坍

落度的要求。为改善混凝土的性能，根据具体情况掺加合适的混凝土外加剂，如减水剂、缓凝剂等。

②混凝土采用拌和站集中拌和，采用混凝土灌车运输到浇筑位置，采用流槽、漏斗或泵车浇筑。

③基础混凝土浇筑采用水平分层法施工，每层浇筑厚度不大于 30 cm，振捣器振捣插入要快，拔出混凝土的速度要慢，以免产生空洞，振捣器垂直插入混凝土内，并要插至前一层混凝土 5～10 cm，以保证新浇混凝土与先浇混凝土结合良好，振捣时应尽可能避免与模板、钢筋及预埋件相接触，振捣充分，一般以振动到混凝土不再下沉、不出现大量气泡、表面摊平且开始泛浆为宜，防止漏振、欠振和过振，务必达到混凝土表面无蜂窝麻面、内实外美的标准。

(9)混凝土养护和拆模

混凝土浇筑后要适时进行养护，体积较大、气温较高时要特别注意，防止混凝土开裂。混凝土强度达到拆模要求后，再进行拆模。

(10)基坑回填

承台、系梁拆除模板且混凝土强度达到设计强度的 70% 后即可回填。承台、系梁实测项目见表 7-7。

表 7-7　承台、系梁实测项目

项次	检查项目	规定值或允许偏差	检查方法和频率
1	混凝土强度/MPa	在合格范围内	按《公路桥涵施工技术规范》(JTG/T 3650—2020)附录 E 检查
2	尺寸/mm	±30	尺量：长、宽、高检查各 2 点
3	顶面高程/mm	±20	水准仪：检查 5 处
4	轴线偏位/mm	15	全站仪或经纬仪：纵、横各测量 2 点

3. 下部构造施工

(1)桥台施工(重力式)

台身模板将采用组合钢模，模板间用对拉螺栓紧固，施工时预埋塑料管，螺杆插在塑料管中，拆模后拔除螺杆再堵眼。

重力式桥台混凝土浇筑按技术规范要求严格施工，混凝土分层浇筑振捣，混凝土浇筑完毕后洒水养护。

(2)柱式墩、柱式台施工

①柱式中低墩、柱式台施工。

高度不大于 12 m 的中低墩一次浇筑成型，混凝土灌注前，模板必须仔细加固，并对模板、钢筋校核无误后，方可灌注。灌注过程中，设专人负责检测模板，防止移位、跑模等。混凝土全部采用拌和站集中拌制，用混凝土搅拌运输车运送，用输送泵或吊车配合灌筑。灌注混凝土时，视高度情况采用串筒配合，使混凝土的自由下落高度在 2 m 以下，以免产生离析现象。混凝土用插入式振动器分层振捣密实，每层厚度不超过 30 cm，灌注完成后，墩身和台柱采用塑料布包裹养护，台身用土工布覆盖洒水养护。

中低墩墩柱施工顺序如下：破桩头→测量放线→钢筋加工及安装→模板安装→浇筑混凝土→拆模、养护。

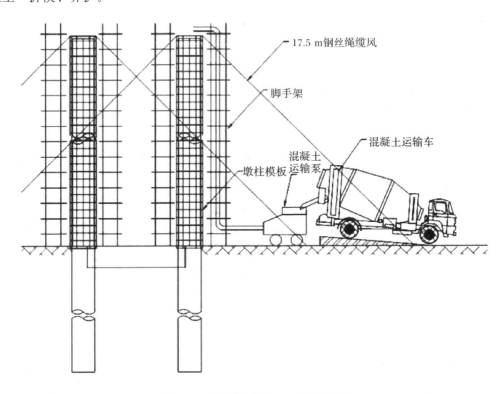

图 7-5　中低墩墩柱施工工艺示意图

柱式台施工工艺同柱式中低墩。中低墩墩柱施工工艺见图 7-5。　②柱式高墩施工。

高度大于 12 m 的高墩采用节段施工。首先施工至中系梁下部位置，安装好墩柱钢筋后，安装柱式模板，一次性浇筑完混凝土至中系梁底部位置，待混凝土强度达到 2.5 MPa 后，方可脱模、养护。然后安装中系梁抱箍、工字钢和底模，再安装中系梁钢筋和侧模，浇筑中系梁混凝土，待中系梁混凝土达到强度后，暂不拆除系梁抱箍和模板，直接以系梁抱箍为支撑，在系梁模板上安装剩余节段墩柱模板，以此类推。

高墩墩柱施工工序如下。

第一节段墩柱施工见图 7-6，中系梁施工见图 7-7，第二节段墩柱施工见图 7-8。

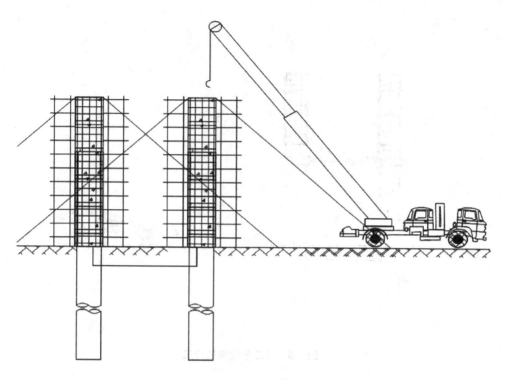

图 7-6 第一节段墩柱施工

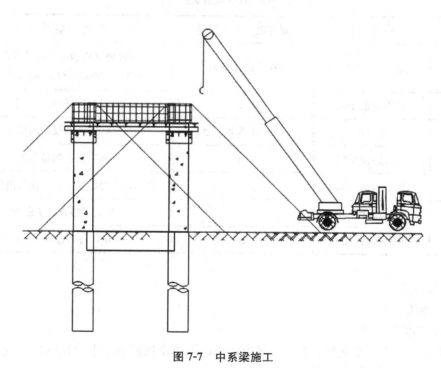

图 7-7 中系梁施工

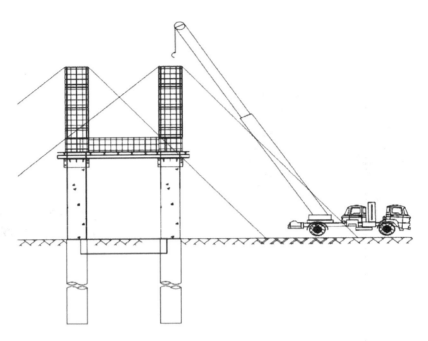

图 7-8　第二节段墩柱施工

柱式墩身实测项目见表 7-8。

表 7-8　柱式墩身实测项目

项次	检查项目	规定值或允许偏差	检查方法和频率
1	混凝土强度/MPa	在合格标准内	按《公路桥涵施工技术规范》(JTG/T 3650—2020)附录 E 检查
2	相邻间距/mm	±20	尺或全站仪测量：检查顶、中、底 3 处
3	竖直度	0.3%H 且不大于 20mm	吊垂线或经纬仪：测量 2 点
4	柱(墩)顶高程	±10	水准仪：测量 3 处
5	轴线偏位/mm	10	全站仪或经纬仪：纵、横各测量 2 点
6	断面尺寸/mm	±15	尺量：检查 3 个断面
7	节段间错台/mm	3	尺量：每节检查 2～4 处

(3)盖梁施工。

①主要施工方法。

a. 施工准备。

桥墩在立柱施工完成后，根据盖梁设计标高返算出抱箍钢带下缘在墩柱的确切位置，并做好标记，以便抱箍准确就位。

为方便盖梁底模的安装，在浇筑混凝土时，墩柱顶混凝土标高按高于设计标高 5 cm 控制。

b. 墩柱顶凿毛。

待墩柱混凝土达到设计强度的 75% 以上后，对墩柱顶进行凿毛处理，凿除顶部的水泥砂浆和松弱层，凿毛至新鲜混凝土，并用空压机吹干净。标高控制在高于设计标高 1 cm 左右，以便于安装盖梁底模。

c. 测量放样。

在盖梁施工前，对墩柱进行施工测量，作为安装盖梁底模的依据。墩柱施工测量与控制的内容包括墩柱中心位置测量、立柱顶高程测量。墩柱中心位置采用全站仪进行测量；高程测量根据施工中设立的临时水准点，用水准仪直接进行，也可以三维坐标控制测量。

d. 模板支架、底模的制作与安装。

盖梁模板支架采用 40a 工字钢纵梁。纵梁安装在托架上的砂筒上，每侧 2 根工字钢，工字钢长度比盖梁长度大 3 m，横向用间距 0.4 m 铺设的 10 cm 工字钢作横梁，在横梁上方纵向铺设盖梁底模，脚手架铺脚手板作操作平台。盖梁中预留 15 mm 拱度。为保证混凝土实体内实外美，底模及侧模采用定作钢模。

在立柱顶凿毛处理、测量验收合格后，开始安装模板支架。在模板支架安装时，严格按由下而上的顺序进行，即先安放抱箍，再吊装纵梁，为纵梁侧倾，用拉杆将 2 根工字钢固定在一起。待纵梁稳定后，方可布置横梁枕木。

以上工序经检查确认无误后，即可安装盖梁底模。

e. 钢筋的制作、运输与安装。

在盖梁底模安装、底模高程验收合格后，开始安装盖梁钢筋。钢筋的制作与安装严格按照施工图纸和施工规范来进行；为方便施工，加快进度，确保施工安全，盖梁钢筋尽可能在地面拼装，然后用吊机进行吊装；在吊车施工不便处，可直接在底模上拼装钢筋。

f. 安装侧模。

在盖梁钢筋安装验收合格后，严格按施工要求安装盖梁侧模。

g. 混凝土的浇筑及养护。

混凝土的浇筑：模板安装完毕以后，请监理现场检验模板的平面位置、顶部标高、节点联系及稳定性。检验合格后，即开始浇筑混凝土。盖梁混凝采用泵车进行混凝土的浇筑。混凝土要连续灌注、水平分层、一次成型，每层厚度不超过 50 cm，上下两层间隔时间不得超过 1.5 h，在下层混凝土初凝或能重塑前浇筑完上层混凝土。采用插入式振动器振动，振动时宜快插慢拔，振动棒移动距离不超过该棒作用半径的 1.5 倍；与模板保持 5~10 cm 的距离；避免振动棒碰撞模板、钢筋；插入下层混凝土 5~10 cm。混凝土的振动时间应保证混凝土获得足够的密实度，当混凝土不再下沉、混凝土不出气泡、混凝土表面开始泛浆时，表示该层振捣适度。为了保证盖梁表面的光洁度、防止气泡孔的出现，严格控制混凝土的坍落度。

混凝土的养护：在盖梁混凝土浇筑完毕后，立即派专人将表面用塑料薄膜覆盖，浇水养护。

h. 模板与支架的拆除。

当盖梁混凝土抗压强度达到 3.0 MPa，并保证不致因拆模而受损坏时，可拆除盖梁侧模板。拆模时，可用锤轻轻敲击板体，使之与混凝土脱离，不允许用猛烈地敲打和强扭等方法进行，再用吊车拆卸并吊运至指定位置堆放。

待混凝土强度达到设计强度的 100％时，才能拆除模板支架。拆除支架时，严格按由上而下的顺序进行。

②盖梁抱箍法施工模板设计。

a. 侧模与端模支撑。

侧模为钢模板，模板厚度为 1 cm，在侧模中、下部间距 75 cm 设 3 道 ϕ 16 mm 的栓杆作拉杆，上下拉杆间距 60 cm，在竖带外设 ϕ 48 mm 的钢管斜撑，支撑在满堂架上。端模与侧模设计相同。

b. 底模支撑。

底模为钢模板，模板厚度为 1 cm，在底模下部采用间距 40 cm 的 10 cm 工字钢作横梁，横梁长 2.7 m。盖梁悬出端的底模下设三角支架支撑，三角支架放在横梁上。横梁底下设纵梁。横梁上设钢垫块以调整盖梁底 2％的横向坡度与安装误差。

c. 纵梁。

在横梁底部采用 2 根 I40a 型工字钢作为纵梁。纵梁与纵梁之间采用螺栓连接；纵梁下为抱箍。

d. 抱箍。

抱箍壁采用面板厚 16 mm 的钢板，抱箍高度为 1.2 m。抱箍紧箍在墩柱上产生摩擦力，提供上部结构的支承反力，是主要的支承受力结构。为了提高墩柱与抱箍间的摩擦力，同时对墩柱混凝土面进行保护，在墩柱与抱箍之间设一层 2～3 mm 厚的橡胶垫，纵梁与抱箍之间采用 U 形螺栓连接。

抱箍法施工见图 7-9。

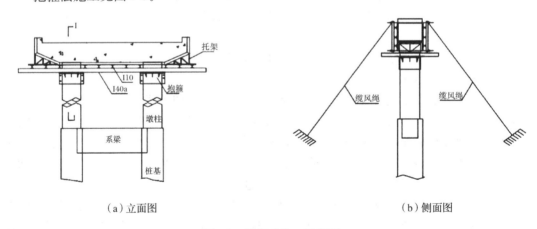

（a）立面图　　　　　　　　　　　　　　（b）侧面图

图 7-9　抱箍法施工示意图

注：1. 墩帽施工采用抱箍作承重结构。

2. 墩帽模板的竖直度通过缆风绳来调节。

3. 墩帽混凝土采用输送车运送混凝土至现场后，吊车配合料斗送入仓，或直接由输送泵入仓。

e. 防护栏杆与工作平台。

栏杆采用 ϕ 48 mm 的钢管搭设，在盖梁顶面高度以上搭设 1.2 m 高的钢管立柱，竖向间隔 0.5 m 设一道钢管水平杆，钢管之间采用扣件连接。

工作平台设在脚手架上，盖梁支撑系统分离。

4. 上部构造施工

(1)预制台座

①共设置 30 mT 梁预制台座 24 个,尺寸 33 m×0.5 m,间隔 4.0 m,在完成汤家墩大桥和杨武坪大桥 T 梁预制后,将 12 个 T 梁台座改造为 12 个空心板台座,台座尺寸为 21 m×1.24 m;满足张拉、压浆等施工需要。

②台座地基如为软土地基则需用片石混凝土加强。

③台座布筋,两端张拉处用钢筋网片加固;底端采用通长钢板,钢板厚 6~8 mm,钢板平整、光滑。

④台座两侧钢板预埋槽钢,用于安放橡胶管,以利于封闭模板拼缝且避免漏浆。

⑤台座两侧用红油漆标明钢筋间距,两头张拉端吊点处预留空格以便于吊装。

⑥每个台座四周设置排水沟,排水沟连接成网,汇入场地排水渠。

(2)喷淋系统

采用长沙聚创建筑科技有限公司生产的 JVYH-01 型智能养护仪。在排水沟内安设水管,每片梁板设喷管 3 条(顶部 1 条,侧面各 1 条);喷头间距 0.5 m,长度根据梁板长度设置安装。喷头应保证梁体都能被喷到水,利于养护,必要时应增设增压泵以确保水压达到喷淋要求,并结合采用移动式覆盖养护棚。

(3)横梁轨道

①横隔梁的支撑选用固定式底座,底座与台座同步建设。

②横梁轨道基础地基与台座标高持平,且全部配筋加固。

③轨道坡度根据龙门吊性能而定,一般不大于 2‰;钢轨每隔 0.5 m 进行定位加固,连接处标高误差不大于 2 mm。工字钢采用国标 43 号型钢轨,基础采用 C25 混凝土,每隔 6 m 设置假缝避免不均匀沉降,轨道间距误差 10 mm。

④软基处台座和轨道基础设置沉降观测点进行监控。

(4)模板加工

20 m 空心板模板制作 2.5 套,30 mT 梁模板制作 3.5 套,采用整体钢模。模板加工时,除了要满足强度、平整度等设计要求外,还应当考虑模板安装、拆卸方便容易,同时应按最佳位置在模板间均匀布设 1.1 kW 的附着式振动器,在 T 梁两侧错位布置,确保混凝土振动密实。T 梁侧模板按横隔板间距长度整体加工成型,面板采用国标 δ6 mm 优质正平板,竖肋、横撑采用 10♯槽钢,转角加工成 5 cm 半径的弧形,整体冷压成型,加工误差控制在 1.5 mm 以内。面板接缝采用子母口连接,保证几何尺寸准确,有足够的刚度,各接缝严密不漏浆。模板必须设计合理并由专业工厂进行加工生产,加工完成后、出厂前应在厂家进行试拼和交工验收,确保其结构强度、刚度、材质、平整度、光洁度、连接件和各部尺寸符合设计要求。

(5)梁板预制施工

①钢筋加工、绑扎及整体安装同前文。

②预应力管道布设。

预应力管道采用波纹管成孔,且波纹管坐标位置应定位准确,浇筑混凝土时防止漏浆阻塞孔道。安装前,精确计算波纹管的空间位置,据此加工波纹管定位网。定位网采用 φ8 mm 钢筋焊成,定位网与 T 梁钢筋焊接固定,间距为 50 cm,孔道曲线位置适当加密。

在定位网的定位孔内穿入波纹管，预应力管道需接长时，接头处的连接管采用专用接头，长度是管道直径的 5~7 倍，比波纹管接头直径大 5 mm，并用塑料胶带缠裹密封，防止水泥浆的渗入。波纹管穿入后，必须检查其位置以确保准确，并垫好垫块。尺寸与位置应布置正确，孔道平顺，端部预埋锚垫板应垂直于孔道中心线。

③预应力束制作、安装。

预应力钢绞线加工在专用台座上进行，按设计长度采用切割机下料，用扎丝捆绑成束编号，绑扎时按一定的间距，要求牢固，保证穿束时不会松散。待普通钢筋扎好、波纹管安装好后，人工穿入波纹管内。为保证穿束顺利，在钢束端头用胶布适当包扎或绑扎一个带锥形的套头，以减少束头与孔道的阻力。预应力钢绞线穿入波纹管之前，应对预应力钢绞线表面缺陷、下料长度，以及预应力钢绞线是否被电焊碰伤等进行检验。

④锚具的安装。

必须牢固安装锚垫板，使其足以抵抗浇筑混凝土时的振动和冲击，而且要注意勿使模板与锚垫板之间、锚垫板与波纹管之间漏进水泥浆。安装锚垫板时，必须仔细检查，保证锚具与预应力孔道垂直，扩孔中心与束孔中心、锚固中心与垫板中心应同心。T 梁负弯矩预应力扁锚锚垫板和扁形波纹管预埋位置必须准确，扁形波纹管可放大一级，便于穿钢绞线。

⑤模板的安装及拆除。

制作的模板质量满足技术规范要求后才能投入使用，搬运和储存过程中要有专人看护，严禁模板划伤、碰撞破坏。为确保梁板外观质量，所有模板均采用专用脱模剂，严禁使用废机油及其混合物，以保证梁体外观色泽良好。模板安装前先在侧模的接缝位置粘贴 5 mm 厚的双面胶带，并对胶带外露突出部分修整平顺。模板安装时应注意在翼板上预留吊孔位置。在检查钢筋和钢束并确认无误后，用龙门吊起吊安装模板，侧模就位后穿上、下对拉杆，使其固定，检查各接缝的止漏件是否完好。在侧模骨架下用楔形块调节模板垂直度后，紧固底部对拉螺杆；翼板钢筋检验合格后，紧固顶部对拉螺杆，模板安装时应保证接缝严密和钢筋保护层厚度，在浇筑混凝土过程中，模板要有专人守护、检查。模板安装时应保证接缝严密，同时应保证钢筋的保护层厚度。应根据具体情况(气温等)科学掌握拆模时间，一般为混凝土浇筑完后 12~15 h，并视浇筑先后顺序逐节进行拆除。严防由于混凝土强度不足而导致拆模时造成结构物损伤、断角、缺边等外观缺陷。

⑥混凝土浇筑参考前文。

(6)智能张拉、压浆

①智能张拉施工操作要点。

a. 准备工作。

与张拉系统能配套使用的限位板、锚具、夹片、电脑(预装 Windows XP 操作系统，自带无线网络适配器)、三相电缆、阳伞等必须准备齐全。

对照张拉系统清单，清点设备，确定设备完好、配件齐全。

核对专用千斤顶的编号，对千斤顶进行标定，当使用超过 6 个月、张拉超过 200 次以上或出现油压表指针不归零等不正常现象时，需再次进行标定，且使用时一定要注意对应正确的标定公式。

确定好待张拉的梁板。

进行技术交底，学习熟悉系统软件说明文件。

布置张拉控制站。控制站选择在确定待张拉梁板侧面，要求不影响现场施工、控制站能安全工作、无阳光直射，在张拉过程中无需移动就能方便看到梁板的两端，能连接到 220 V 电源以保证电脑张拉过程中不掉电，取消电脑的屏幕保护、自动关闭硬盘等功能，安装好控制软件。将张拉仪主机和专用千斤顶布置于张拉端，并使之能与控制站保持直线可视状态。

b. 电线连接。

由专业电工连接好三相电源（连接三根火线），接电箱中，一般数字 2、4、6 位置代表火线，字母 N 代表零线。不应该剪断或拆除接线插头。连接电线以后，用试电笔检查电源是否正常。严禁带电状态下作电线连接操作。

c. 油管连接。

仔细检查油嘴及接头是否有杂质，否则必须将其擦拭干净。确保进油管与回油管不被混淆。回油管在千斤顶的安装位置为张拉时千斤顶远离梁板的一段，即千斤顶安装了黑色安全阀的一端；油管连接处必须使用铜垫片以防止漏油。油管的保护弹簧应当靠近油嘴处，以延长油管使用寿命。

d. 专用千斤顶、天线、数据线安装。

安装好限位板以后，首先起吊专用千斤顶。千斤顶必须采用钢丝绳起吊以确保安全。起吊之后，安装好工具锚、工具夹片。工具夹片的安装必须符合《公路桥涵施工技术规范》（JTG/T 3650—2020）的相关要求。工具夹片未起作用或未完全起作用都会导致最终伸长量误差偏大。然后连接张拉仪与千斤顶的数据线，张拉一孔完毕，不得拉扯该数据线用于移动千斤顶。为了使钢绞线受力均匀，应当采用梳编穿束工艺，接下来安装好仪器天线。

e. 锚具安装（见图 7-10）。

安装完毕，计算机操作人员对以上安装步骤和部件进行检查。

f. 张拉施工智能操作要点。

控制软件回到主界面，检查软件左下角的状态栏，显示正常，右上角的"张拉梁号"正确，"第 1 次"张拉为准备状态。

(a)示意图一　　　　　　　　　　(b)示意图二

图 7-10　锚具安装示意图

再次检查确定梁板的两端千斤顶安装正确，然后启动梁板两端设备（按下绿色"油泵启动"

按钮），电机运转声音正常、平顺。仪器进行 5 min 预热；温度低于 10 ℃时，进行15～30 min 预热。

通知梁板两端工作人员，注意安全。点击控制软件的"开始张拉"按键，"第 1 次张拉施工"启动，此时密切注意在电脑上观测压力值和位移值是否正常，有异常时立即点击"暂停张拉"并进行相关检查。电脑在张拉施工过程中严禁运行其他程序，操作人员应时刻关注相关数值，严禁离开控制台。

在张拉过程中，应密切注意梁板两端设备和千斤顶的工作情况，注意安全，如有异常情况，立即单击"暂停张拉"、按下张拉仪"急停指示"按钮，停止张拉，排除异常情况后，方可继续张拉。

每一孔张拉完成后，设备自动退顶，保存数据，并自动跳到下一个张拉步骤，在下一个张拉步骤开始之前，计算机操作人员应再次检查锚具、千斤顶、限位板是否正确嵌套，数据连接线是否松动、被挤压，千斤顶是否压迫粗钢筋，等等。

g. 张拉结束。

整片梁板张拉施工完成后，依次关闭软件、电机，切断电源，拆卸千斤顶、油管。

张拉系统所有设备在张拉完毕以后必须妥善保管，仪器、千斤顶都必须有良好的防晒、防水措施。

定期维护。油量不足的情况下应及时加注符合要求的抗磨液压油。每三个月更换一次液压油。

②预应力筋加工与制作控制要点。

a. 预应力混凝土结构所采用的钢绞线与精轧螺纹钢筋的质量应符合现行国家标准《预应力混凝土用钢绞线》(GB/T 5224—2014)、《预应力混凝土用螺纹钢筋》(GB/T 20065—2016)的规定和要求。

b. 预应力筋进场时应分批验收，验收时，除应核对其质量证明书、包装、标志、规格和逐盘进行外观质量检查外，尚须委托有相应资质的公路工程试验检测机构按照下列规定进行检验。

(a)钢绞线检验项目、检验频次、取样数量与质量要求见表7-9。

表 7-9　钢绞线检验项目、检验频次、取样数量与质量要求

检验项目	取样数量	检验频次	质量要求
外观	3 根 1.1 m/批	每批不大于 60 t，同厂家、同规格、同品种、同批号钢绞线	符合《预应力混凝土用钢绞线》(GB/T 5224—2014)
外形尺寸			
抗拉强度			
最大力总伸长率			
规定非比例延伸力			
弹性模量			
松弛性能	1 根 1.5 m/合同批		

注：1. 合同批为一个订货合同的总量；

2. 样品应分别从 3 盘上截取；如每批少于 3 盘，则应逐盘取样进行上述检验。

检验结果中有一项不合格，则不合格盘报废，并在从未试验过的钢绞线中取双倍数量的试件做该不合格项的复验，如仍有一项不合格，则该批钢绞线为不合格。

(b)预应力筋的实际强度不得低于现行国家标准的规定。预应力筋的试验方法应按现行国家标准的规定执行。

(c)预应力筋应存放于干燥的仓库中，露天及现场存放时应在地面上架设枕木，严禁与潮湿地面直接接触，并加盖篷布或者搭盖防雨棚，尽量缩短存放期限，特殊环境应该在订货中采用防锈包装。

③预应力筋锚具、夹具和连接器质量控制要点。

a. 预应力筋锚具、夹具和连接器应符合国家现行标准《预应力筋用锚具、夹具和连接器》(GB/T 14370—2015)的要求。

b. 预应力筋锚具应按设计要求使用。在用于后张的锚具或其附件上应设置压浆孔或排气孔，压浆孔应有足够的截面面积，以保证浆液的畅通。

c. 夹具应具有良好的自锚性能、松锚性能和重复使用性能。对于需敲击才能松开的夹具，必须保证其对预应力筋的锚固没有影响，且对操作人员安全不造成危险。

d. 锚具、夹具和连接器进场时，除应按出厂合格证和质量证明书核查其锚固性能类别、型号、规格及数量外，还应委托有相应资质的公路工程试验检测机构进行检验。

锚具、夹具、连接器检验项目、检验频次、取样数量与质量要求见表 7-10。

表 7-10　锚具、夹具、连接器检验项目、检验频次、取样数量与质量要求

检验项目	取样数量	检验频次	质量要求
外观	10%，不少于 10 套/批	每批不大于 1 000 套，同类产品、同类原料、同种工艺一次投料生产的数量	符合《预应力筋用锚具、夹具和连接器》（GB/T 14370—2015）
硬度	5%，不少于 5 套/批		
静载锚固性能试验	6 套/批		
二次张拉锚具、锚杯、支承连接强度	3 套/批		螺纹连接破坏强度不小于 1.5 倍工作荷载

④智能压浆施工操作要点。

a. 设备放置与控制台的设立。

预应力智能压浆台车宜放置在待压浆预应力管道的注浆端，距离不宜过远，以减短进浆、返浆管的长度，控制台设置在离智能压浆台车 5～50 m 范围内。

b. 管路连接与循环模式。

项目部智能压浆施工循环模式计划采用单孔孔外循环压浆模式，连接方式如图 7-11 所示。进浆管、返浆管、压浆嘴通过三通连接，并在进浆嘴与返浆管上安装阀门，同时在预应力管道另外一端的出浆口安装出浆嘴及阀门。

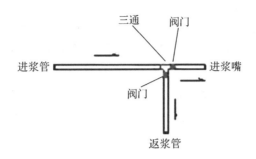

图 7-11 单孔孔外循环模式管路连接

c. 配置浆液。

根据规范要求，桥梁预应力管道灌浆用浆液的水胶比应为 0.26～0.28，其初始流动度应大于 10～17 s，30 min 后的流动度应不大于 20 s。预应力智能压浆台车高速制浆机转速为 1 420 r/min，可适应制备低水胶比浆液。为更好地保证浆体质量，本项目采用成品压浆剂。高速制浆桶每次可制备 3～5 包压浆剂(每包压浆剂质量为 50 kg)，制备浆液时，应先在制浆桶内加入量好的水，然后加入压浆料，再开启搅拌机进行搅拌，水泥加入过程应缓慢，以免水泥成团，搅拌不开。最后一包压浆剂加入以后搅拌时间不宜超过 5 min，而后可开启制浆机阀门，浆液自流至低速搅拌桶内，同时开启低速搅拌桶开始低速搅拌。如因低速搅拌桶内存有较多浆液，高速桶内浆液暂时不能放入低速桶内时，高速制浆机应每隔 3～5 min 开启搅拌 30 s 左右，以免浆液沉淀分层，高速搅拌桶内浆液的储存时间不应超过 30 min。

d. 设备调试。

设备调试过程中，要求确保设备电源已经接通，再启动笔记本电脑，完成软件安装、连接等工作。

单击"启动压浆程序"，进入压浆施工控制界面，系统自动连接设备。如果设备连接不正常，请仔细检查设备电源、天线等是否连接正常或确认控制器端口是否连接正常，必须排除故障才可继续操作。设备连接正常的情况下，在控制界面上会显示"压浆设备连接成功"，"参数确认"判断无误后，点击"确定"关闭该对话框。进入下一步操作。

连接成功后，仪器会自动读取压浆系统的各项参数。如果各项参数长时间保持不动或有明显不对的情况，就是线路可能松动。

e. 压浆施工。

控制软件回到主界面，检查液晶显示框内数据是否跳动，右上角的"压浆梁号"正确，"第 1 次"压浆为准备状态。

再次检查确定管路连接是否正确，然后启动"梁孔挤水"按钮，电磁阀启动，电机运转声音正常，平顺。通知梁板两边工作人员，注意安全。而后密切注意在电脑上压力值和流量值是否正常，有异常时立即点击"暂停压浆"并进行相关检查。电脑在压浆施工过程中严禁运行其他程序，操作人员时刻关注相关数值，严禁离开控制台。

在压浆过程中，应密切注意智能压浆设备工作情况，注意安全，如有异常情况，立即单击"暂停压浆"，按下智能压浆台车"急停"按钮，停止压浆，排除异常情况后，方可继续压浆。

每一次压浆完成后，设备自动溢流，保存数据，并自动跳到下一个压浆步骤，在下一个压浆步骤开始之前，计算机操作人员应再次检查仪器是否正常等。

一次压浆完成以后，将进浆与返浆管对接，点击"清洗设备"进行管路冲洗，冲洗宜选择高流量低压力档进行，并直至返浆口与溢流口均流出清水 5 min 以上为止。

f. 压浆结束。

整片梁板压浆施工完成后依次关闭软件、电机、切断电源，拆下高压管。

压浆系统所有设备在压浆完毕以后必须妥善保管，仪器都必须有良好的防晒、防水措施。

定期维护。电动液压阀、电动调压阀、水胶比测试仪每使用 1 个月必须进行维护保养，清除里面浆液凝固后的沉淀。

(7)梁板架设安装

梁板安装用的架桥机由专业桥梁机械厂生产，配有纵向、横向行走装置，30 mT 梁与20 m 空心板安装采用 80 t/30 m 型。

①安装梁前的准备工作。

a. 为保证架设安装工作的安全，大型架设设备和相应的临时结构物的强度、刚度和稳定性应按架设安装的荷载以及有关规范规定进行验算，且必须经省级法定计量技术机构进行认证方可使用。

b. 验收梁板的几何尺寸，特别是弯道和斜交的桥梁尺寸。

c. 验收预应力体系，压浆、封锚、混凝土强度、凿毛、滑板支座处不锈钢板的安装等。

d. 验收支座垫石、标高(按+5 mm，-10 mm 控制)、平整度等，支座垫石顶面应无浮砂，表面应清洁、平整、无油污。

e. 所有支座垫平钢板应刷油漆做防锈处理。

f. 在墩台上放出每片梁的纵向中心线、梁板端头横线。所有放线应准确，以保证梁板之间缝隙均匀一致。

②梁板的起吊与运输。

预制 T 梁与空心板都采用设吊孔穿钢丝束兜梁底的吊装办法，运梁炮车在运梁通道上就位后，场内龙门吊起吊梁板可以直接放在运梁跑车上固定好，运输过程中，应注意保持梁体的横向稳定。运输梁板采用 80 t 型运梁炮车，每次可运输 1 片 T 梁或 1 片空心板。运梁炮车由专人驾驶，保持平稳运行，运输梁板的过程中应安排专人跟车，随时注意观测梁板的稳定。

③存梁。

存梁堆放场地应整平压实，梁板按吊运及安装顺序堆放。每片梁板存放应保持其处于简支状态，在梁板设计支撑位置垫枕木，空心板最多堆放 3 层，T 梁 2 层；层与层之间垫枕木隔开，枕木安放位置要与梁板临时支座安放位置相吻合，确保梁板不因异常受力而损坏。

④梁板安装。

由运梁炮车将梁运至架桥机后跨内，架桥机主梁上的平车将梁吊起运至架设孔位，由导梁的横向行走装置将梁送至安装位置就位;梁就位准确后,在梁的另一面用型钢或枕木梁支撑稳定在盖梁上,内侧垫支好横隔板,防止梁倾覆。至此,一片梁便安装完毕。当该孔梁安装完成后,再将架桥机移至下一孔,安装下一孔梁。架设后应采取有效措施加强横向临时支撑,及时连接现浇连续段连接钢筋和翼缘板、横隔板接缝钢筋。架桥机在桥上行驶时,必须使架桥机重量落在梁肋上。

⑤临时支座的设置与拆除。

先简支后结构连续梁板临时支座采用钢砂筒,下部为钢板封底圆钢筒,侧面底部开口拧入螺杆,钢筒内套高度为5~8 cm圆混凝土块或圆钢筒(直径小于外钢筒的内径)。砂筒制作高度要保证梁板就位后内套圆混凝土顶(或圆钢筒)露出砂筒3~4 cm。砂筒装砂要为干砂,装砂量要由测量确定,几次测量梁板就位达到设计标高要求后,确定初装砂后整个临时支座的高度,按永久性支座高度控制装砂量。T梁每端设一个临时支座,空心板每端设两个临时支座。临时支座拆除时拧开底部螺帽,放出部分砂,内套圆混凝土或钢筒松落后即可拆除。

(8)连续段施工。

每联梁板全部架设就位后,及时安装永久支座、浇筑墩顶连续段及翼缘板、横隔板湿接缝,待墩顶现浇段混凝土强度达到设计强度的85%后,张拉墩顶T梁负弯矩钢束,桥面现浇层施工完毕,拆除临时支座,完成体系转换形成连续体系。现浇连续段处的预制空心板、桥面板内纵向钢筋应保证其搭接长度和焊接质量,空心板端部必须将浮浆、油污清洗干净并凿毛,以保证新老混凝土结合牢固。连续段施工应特别注意永久支座安装不能悬空,安装的底模应牢固密实,避免浇筑混凝土时漏浆污染支座和盖梁。

(9)先简支后连续体系转换的施工程序

五孔一联先简支后结构连续T梁体系转换的施工程序如下:

①安装临时支座,架设预制T梁。

②浇筑横向连接,安装永久支座,浇筑墩顶现浇连续段。

③张拉第一、二跨间,第四、五跨间墩顶现浇连续段负弯矩钢束。

④张拉第二、三跨间,第三、四跨间墩顶现浇连续段负弯矩钢束。

⑤浇筑混凝土现浇层,混凝土达到设计强度后拆除临时支座。

⑥安装护栏、摊铺沥青混凝土桥面铺装。

空心板先简支后连续体系转换的施工程序如下:

①安装临时支座,架设空心板。

②安装永久支座,焊接连续段的连接钢筋,现浇铰缝及墩顶现浇连续段。

③浇筑混凝土现浇层,混凝土达到设计强度后拆除临时支座。

④安装护栏、摊铺沥青混凝土桥面铺装。

体系转换的施工技术要点:

①安装梁板就位安设临时支座时,应严格控制其标高,以使梁板就位纵横向标高符合要求。

②浇筑连续段前,永久支座的安装位置、标高应准确,防止支座悬空。

③T梁墩顶负弯矩的张拉顺序应严格按设计顺序进行。

④混凝土现浇层浇筑完必须达到设计强度后才能拆除临时支座进行体系转换。

⑤每联梁体临时支座的拆除应连续一次性完成，严禁漏拆临时支座。

5. 桥面系施工

桥面工程部分包括桥面铺装、防水排水设施、伸缩缝安装、护拦等。

(1)桥面铺装

梁安装好后，先焊接主梁预留的桥面连续钢筋，浇筑梁端连续段混凝土，然后浇筑铰缝混凝土，再浇防水混凝土。铺筑前对桥梁面进行全面凿毛和清扫，并经监理工程师验收合格后方可进行测量、铺设钢筋、安装模板。混凝土浇筑时，用插入式振动器和平板式振动器振捣，并采用三轴整平仪整平。桥面铺装的最终修整工作，应包括镘平及清理。在修整前要清理所有的表面自由水，但不能用如水泥、石粉或砂子来吸干表面水分。在一段桥面铺装修整完成，并在其收浆、拉毛后，应尽快予以覆盖和养护。

(2)伸缩缝安装

浇筑空心板或桥台时，根据图纸要求预埋伸缩缝钢筋。在桥台上及主梁端将伸缩缝平面位置及标高放样后，将伸缩缝点焊于预埋钢筋上定位，重新检测其坐标、高程、直顺度等，准确无误后再焊接牢固。焊接时，应对称焊接，防止伸缩缝遇热走样，梁体与桥台间隙用泡沫板填塞密实后，采用胶带纸将伸缩缝顶面密封，在桥台及梁体的槽口上浇筑各40 cm长的钢纤维混凝土并抹平、压纹。浇筑混凝土的过程中，应防止振捣器直接接触伸缩缝构件。

(3)防撞栏杆施工

对防撞栏杆内、外侧边线进行放样，根据内、外侧边线严格按图纸和技术规范要求绑扎钢筋，保证两侧及顶部保护层厚度和整个钢筋骨架的垂直度，以防调模困难。

根据设计图纸和使用要求制作模板。模板应比每段防撞栏杆长 10 cm 左右，装模板时，挂通线保证线形顺畅，并严格控制顶面标高及模板间宽度。

混凝土浇筑时，注意振捣密实，浇筑完成后，混凝土顶面要及时修整、抹平，保证混凝土表面平整、光滑。如遇下雨天，则覆盖保护。

其余部分施工按设计要求与施工规范执行。

7.2.4 隧道施工

本项目共有两座隧道，分别为仙岗仑隧道和唐溪冲隧道，其中仙岗仑隧道进口位于桃江县武潭镇高峰村，出口位于桃江县武潭镇汤家塅村。隧道左线起点桩号 ZK4＋087，终点桩号 ZK4＋950，长 863 m；右线起点桩号 K4＋075，终点桩号 K4＋970，长 895 m。左线进、出口隧道路面设计高程分别为 111.7 m、118.49 m，最大埋深约 150 m；右线进、出口隧道路面设计高程分别为 111.58 m、118.39 m，最大埋深 150 m。唐溪冲隧道进口位于桃江县武潭镇，出口位于安化县王家坪村，隧道左线起点桩号 ZK8＋943，终点桩号 ZK9＋200，长 257 m；右线起点桩号 K8＋953，终点桩号 K9＋190，长 237 m。左线进、出口隧道路面设计高程分别为 128.64 m、135.65 m，最大埋深约 79 m；右线进、出口隧道路面设计高程分别为 128.95 m、135.65 m，最大埋深 79 m。

1. 隧道总体施工方案

根据工程特点及工期要求，安排两个隧道施工队分别承担仙岗仑隧道和唐溪冲隧道的施工任务，隧道施工一队承担仙岗仑隧道的施工，隧道施工二队承担唐溪冲隧道的施工。即采用单侧双洞同时施工的方式，总体实行掘进(光面爆破、无轨运输出渣)、支护(管棚、锚杆、钢支撑、喷混凝土)、衬砌三条机械化作业线，施工时左、右线掌子面错开 30 m 左右。在仙岗仑隧道入口(马迹塘端)外和唐溪冲隧道入口(马迹塘端)外分别建设隧道工业广场，设置施工驻地、集中搅拌场、风水电供应系统及加工场地、物料存放场地，形成两套独立的施工系统。

2. 隧道施工方法

(1)洞口截水沟施工

明洞开挖前，在洞口边仰坡外 5 m 处设置截水沟，截水沟施工时顺应地形，采用人工开挖沟身，浆砌片石铺砌，并用水泥砂浆勾缝抹面，在有必要的地方设置急流槽及消能池。

(2)洞口土石方的施工

洞口截水沟施工完成后，即首先进行洞口土石方的施工。开挖前先按设计对边仰坡进行放样，土石方开挖按自上而下的顺序分层开挖。土方采用人工配合挖掘机开挖；石方开挖采用控制爆破，人工手持风钻打眼。装载机配合挖掘机进行装渣作业，自卸汽车运输弃渣。

(3)洞口边仰坡及成洞面施工

仙岗仑隧道和唐溪冲隧道两端洞口成洞面边仰坡设计了锚杆长度为 4 m、间距为1 m 的 ϕ22 mm 早强砂浆锚杆(梅花形布置)，挂 20 cm×20 cm ϕ8 mm 钢筋网，外喷 10 cm 厚的 C20 混凝土的锚喷支护。施工时先按设计做好边仰坡的截排水系统，防止雨水冲刷破坏边坡，然后进行边仰坡施工。随着对边仰坡的开挖、修坡，同时对边仰坡按设计进行防护，即开挖一段防护一段，每次开挖防护段高 3 m 左右。

(4)明洞施工

仙岗仑隧道和唐溪冲隧道马迹塘端和安化端洞口均为削竹式明洞。明洞基础采用组合钢模板；明洞衬砌内模采用模板台车，外模采用组合钢模。模板台车就位后，绑扎钢筋、安装外模、堵头板、止水带，经监理工程师检查合格后，进行混凝土灌注。混凝土灌筑时两侧对称分层灌筑。混凝土由自动计量拌和站生产，混凝土运输车运输，泵送入模，插入式振捣器捣固密实，拱墙一次灌注。

当拱圈混凝土达到设计强度的80%后，施作防水层，再涂抹 2 cm 厚的水泥砂浆保护层，明洞段顶部回填土石方按要求采用蛙式打夯机进行对称分层夯实，每层厚度不大于0.3 m，两侧回填的土石面高差不大于 0.5 m；回填至拱顶后分层满铺填筑，顶层回填材料采用黏土以利于隔水。

(5)洞门施工

仙岗仑隧道和唐溪冲隧道马迹塘端、安化端洞门均为混凝土结构的削竹式洞门。在明洞施工完成、进洞施工正常后，结合地形地质及考虑洞口美化等条件，安排在非雨季施工。洞门施工宜尽早进行。洞门混凝土施工采用大块钢模板、钢管脚手架。自动计量拌和站生产混凝土，混凝土运输车运输，泵送入模，插入式振捣器捣固密实。

(6)超前支护施工

仙岗仑隧道和唐溪冲隧道在洞口处的 28 m Ⅴ级围岩地段设置了超前大管棚预支护，

长管棚钢管采用 ϕ108 mm 热轧无缝钢管，壁厚 6 mm，节长 3 m、6 m，环向间距 0.4 m，在拱部 120° 范围内布置。管棚完成后，通过钢管向围岩压注水泥浆以加固围岩。

①超前小导管施工。

隧道内 V 级围岩采用 ϕ42 mm 超前小导管加固，环向间距 0.4 m，将 ϕ42 mm 超前小导管打入围岩后进行小导管注浆。

超前小导管在钢筋加工棚制作，前部做成锥头，在钢管距尾端 1 m 范围外钻直径为 8 mm 的对穿注浆孔，梅花型布置，尾部设 ϕ6 mm 加劲箍。小导管尾端露出喷射混凝土面 15 cm，与钢拱架焊接在一起。

小导管注浆材料采用水泥浆＋水玻璃，水灰比为 0.8～1.1，注浆压力初压 0.5～1.0 MPa，终压 2 MPa。

②长管棚施工。

在洞口或明洞明暗交界处，待土石方开挖及边仰坡喷锚防护施工完成后，在确保坡面稳定的情况下，在明洞外轮廓进行套拱的施工。套拱结构形式为 C30 混凝土，长度为 2 m，厚度为 0.8 m。采用先墙后拱法施工，同时在套拱内预埋 ϕ133 mm、壁厚 4.5 mm、长 2 m 的管棚导向管。套拱施工时，必须对称灌注，以避免拱架变形而影响孔口管的方向。套拱基础承载力要求大于 330 kPa，当承载力达不到要求时，采用扩大基础的处理方案。

长管棚采用管棚专用钻机钻孔，钻孔外插角度 0.5°～1°，可根据实际情况调整。采用挖机顶进，注浆机械采用 BW-250/50 型注浆机。

钻孔顺序为先从两侧拱脚开始，对称向拱顶钻孔顶管，使下部注浆体有力地支托其上部钻进和顶管，既能防止坍孔，又便于顶管。

管棚采用 ϕ108 mm 无缝钢管，管节长为 6 m＋3 m，预制钢管时，第一根钢管前端要焊上合金钢片空心钻头，以防管头顶弯或劈裂，钢管间用加工好的管节连接丝扣进行连接。钢管制作应避免同一截面，施工时钢管采用奇偶数编号进行制作，顶管时应实行"对号入座"。相邻管的接头应前后错开，避免接头在同一截面上，隧道纵向同一横断面内的接头数不大于 50%，且两相邻管接头必须错开 1 m 以上，以满足管棚受力要求。

当第一根钢管顶进孔内、孔外剩余 30～40 cm 时，人工进行接管，严格控制角度，人工持链钳进行钢管连接，使两节钢管在连接处连成一体。再低速推进钢管，根据管棚设计长度，按同样的方法继续接长钢管。

灌注浆液采用水泥浆＋水玻璃，水灰比为 1∶1，水泥与水玻璃的体积比为 1∶0.5。扩散半径不小于 0.5 m。注浆压力初压 0.5～1.0 MPa，终压 2 MPa。

进行超前长管棚预注浆前，对注浆地段的岩性、涌水量、涌水压力、水温、涌水的化学特性等进行认真研究，据此确定注浆参数。

现场试验确定注浆终压力，以便浆液能够充分扩散填充，从而达到堵水和加固围岩的作用。注浆方式采用全孔一次性注浆。

(7)洞身开挖

①洞身 V 级围岩开挖。

V 级围岩地段，采用上部弧形导坑预留核心土法施工。

上台阶以风镐开挖为主，循环进尺 0.6 m。开挖后及时喷混凝土封闭岩面，及早施作拱部喷锚网、钢架初期支护，喷混凝土采用湿喷工艺。为提高工效，上台阶出渣利用挖掘机将渣扒到下台阶，由 ZL50C 侧卸式装载机配合自卸式汽车出渣。

开挖上部弧形导坑时，同时开挖中台阶或中、下台阶，循环进尺相同。开挖后立即喷混凝土封闭岩面，及时施作边墙喷锚网、钢架初期支护。左右侧槽不能对称开挖，须错开 2～3 m。

根据隧道围岩级别，设计断面及机械配套情况，计划 Ⅴ 级围岩月成洞 30 m，每循环进尺 0.6 m，每天 2 个循环，每月按 28 d 考虑，可保证月成洞 30 m 的计划。

②洞身 Ⅳ 级围岩开挖。

洞身 Ⅳ 级围岩地段采用台阶法施工，采用 YT28 凿岩机钻眼，2♯岩石硝铵炸药、非电毫秒雷管起爆，实行光面爆破。每循环进尺 1.5 m。上下台阶由 ZL50C 侧卸式装载机装渣，施工中合理调整工序，实行钻爆、装渣、运输机械化一条龙作业。隧道开挖后，及时施作喷锚网、钢架初期支护，喷混凝土采用湿喷工艺，下半断面开挖后仰拱施工紧跟。

根据隧道围岩级别，设计断面及机械配套情况，计划 Ⅳ 级围岩月成洞 75 m，每循环进尺 1.6 m，每个循环 13 h，每月按 28 d 考虑，可保证月成洞 75 m 的计划。

③洞身 Ⅲ 级围岩开挖。

Ⅲ 级围岩地段采用全断面光面爆破法施工，开挖作业配备多功能掘进台车，实现快速掘进。每循环进尺 2.5 m，初期支护采用锚杆钻机施作锚杆，并采用湿喷机进行喷混凝土作业。混凝土衬砌采用全断面液压钢模板衬砌台车，泵送混凝土作业。

根据隧道围岩级别，设计断面及机械配套情况，计划 Ⅲ 级围岩地段月成洞 120 m，每循环进尺 2.4 m，每个循环 14 h，每月按 28 d 考虑，可保证月成洞 120 m 的计划。

④开挖爆破方案。

a. 钻爆设计。

钻爆作业是隧道施工控制工期、保证开挖轮廓的关键。为了充分发挥围岩的自承能力，减轻对围岩的振动破坏，仙岗仑隧道和唐溪冲隧道采用微振控制爆破技术，实施光面爆破，并根据围岩情况及时修正爆破参数，达到最佳爆破效果，形成整齐圆顺的开挖断面，减少超欠挖。

设计原则。本项目隧道爆破设计遵守以下原则：炮孔布置要适合机械钻孔；提高炸药能量利用率，以减少炸药用量；减少对围岩的破坏，周边采用光面爆破，控制好开挖轮廓，对于 Ⅲ 级围岩，考虑开挖线内的预留量，爆破后，机械凿除至开挖轮廓线；控制好起爆顺序，提高爆破效果；在保证安全的前提下，尽可能提高掘进速度，缩短工期。

爆破器材选用。采用毫秒导爆管雷管、毫秒电雷管起爆系统，毫秒导爆管雷管采用 15 段号，引爆采用毫秒电雷管；炸药采用 2 号岩石硝铵炸药或乳化炸药（有水地段），选用 $\phi 25$ mm、$\phi 32$ mm、$\phi 40$ mm 三种规格，其中 $\phi 25$ mm 为周边眼使用的光爆药卷，$\phi 40$ mm 为掏槽眼使用药卷，$\phi 32$ mm 为辅助眼使用药卷。

为减轻爆破时对围岩的扰动，周边眼采用 $\phi 25$ mm 小直径光爆药卷，并采用毫秒导爆管并联反向装药结构，孔口堵塞长度不小于 40 cm。Ⅳ 级围岩周边间距 $E=50$ cm，最小抵抗线 $W=60$ cm，相对距离 $E/W=0.83$，周边眼装药集中度为 0.25 kg/m。Ⅲ 级围岩周边眼间距 $E=55$ cm，最小抵抗线 $W=80$ cm，相对距离 $E/W=0.69$，周边眼装药集中度为 0.30 kg/m。

b. 钻爆施工。

采用钻孔台架配 YT28 手持式风动凿岩机钻孔，人工装药起爆。

钻爆作业按照爆破设计进行钻眼、装药、接线和引爆。当围岩出现变化、需要变更爆破设计时，由主管工程师确定。炮孔的装药、堵塞和引爆线路的连接，均由考核合格的爆炮工负责。

测量是控制开挖轮廓精确度的关键。采用隧道断面激光测量仪进行断面和炮孔画线。每循环都由测量技术人员在掌子面标出开挖轮廓和炮孔位置。

定位开眼。台车就位后按炮眼布置图正确钻孔。对于掏槽眼和周边眼的钻眼精度要求比其他眼要高，开眼误差要控制在 3～5 cm。

钻孔。钻工要熟悉炮眼布置图，要能熟练地操纵凿岩机械，特别是钻周边眼，一定要具备丰富的经验。钻孔时严格按照炮孔布置图正确对孔，以确保爆破质量。周边孔外插角 1°～2°，炮孔相互平行，周边孔在断面轮廓线上开孔（在Ⅲ级围岩地段，周边孔在断面轮廓线内 5～10 cm 处开孔），周边孔对孔误差环向不大于 5 cm，掏槽孔对孔误差不大于 3 cm，其他炮孔开眼误差不大于 10 cm。在钻眼过程中，应根据岩孔位置及掌子面岩石的凹凸程度调整炮眼深度，以保证炮眼底在同一平面上。

装药。钻完孔后，用高压风吹孔，经检查合格后装药。装药分片分组负责，自上而下严格按爆破设计规定的装药量、雷管段号"对号入座"。爆破网络连接、检查及起爆，按照爆破设计要求和《爆破安全规程》(GB 6722—2014)执行。

堵塞。所有装药的炮眼均堵塞炮泥，堵塞长度不小于 40 cm。

起爆。爆破时，人员和机械应撤至受爆破影响范围之外；爆破后必须立即进行安全检查，查出有未起爆的瞎炮，应按《爆破安全规程》(GB 6722—2014)的规定进行处理，确认无误后才能出渣。爆破后设专人负责清帮找顶，同时要对开挖面和未衬砌地段立即进行检查，如察觉可能产生险情时，应采取措施，及时处理。

瞎炮处理。发现瞎炮应首先查明原因，如果是孔外的导爆管损坏引起的瞎炮，则切去损坏部分，重新连接导爆管即可，但此时的接头应尽量靠近炮眼，如因孔内导爆管损坏或其本身存在问题造成瞎炮，则应参照《爆破安全规程》(GB 6722—2014)有关条款处理。

c. 超欠挖控制。

要想钻爆法开挖经济、高效，关键是控制好超欠挖。钻爆施工中将采取如下措施：

根据不同地质情况，选择合理的钻爆参数，选配多种爆破器材，完善爆破工艺，提高爆破效果。对于Ⅲ级围岩，考虑开挖线内的预留量，爆破后机械凿到设计开挖轮廓线。

提高画线、钻眼精度，尤其是周边眼的精度，是直接影响超欠挖的主要因素，因此要认真测画中线高程，准确画出开挖轮廓线。

提高装药质量，杜绝随意性，防止雷管混装。

断面轮廓检查及信息反馈：了解开挖后断面各点的超欠挖情况，分析超欠挖原因，及时更改爆破设计，减少误差，配专职测量工检查开挖断面，超挖量（平均线性超挖）应控制在 10 cm（眼深 3 m）和 13 cm（眼深 5 m）以内。

建立严格的施工管理：在解决好超欠挖技术问题的同时，必须有一套严格的施工管理制度来保证技术的实施，为此，进洞前应制定严格的奖罚制度，用经济杠杆来调动施工人员的积极性，促使人人关心超欠挖、人人为控制超欠挖去努力。

(8)初期支护

Ⅴ、Ⅳ级围岩地段初期支护为主要承载结构，Ⅴ级围岩浅埋偏压段初期支护由26 cm厚C20喷射混凝土加ϕ8 mm钢筋网、I20a工字钢拱架、ϕ25 mm中空注浆锚杆组成；Ⅴ级围岩段初期支护由24 cm厚C20喷射混凝土加ϕ8 mm钢筋网、I18工字钢拱架、ϕ22 mm药卷锚杆组成；Ⅳ级围岩一般段初期支护由20 cm厚C20喷射混凝土加ϕ8 mm钢筋网、ϕ22 mm格栅钢拱架、ϕ22 mm药卷锚杆组成；Ⅳ级围岩岩质较好段和Ⅲ级围岩段加强端初期支护由20 cm厚C20喷射混凝土加ϕ8 mm钢筋网、ϕ22 mm格栅钢拱架、ϕ22 mm药卷锚杆组成。Ⅲ级围岩段初期支护由10 cm厚C20喷射混凝土和ϕ8 mm钢筋网、ϕ22 mm药卷锚杆组成。

①药卷锚杆。

锚杆预先在洞外按设计要求加工制作，施工时锚杆钻孔位置及孔深必须精确，锚杆要除去油污、铁锈和杂质。先用YT28凿岩机按设计要求钻锚杆孔眼，达到标准后，用高压风清除孔内岩屑。安装锚杆前，将药卷浸泡在20～22 ℃的温水中，待药卷软化后，立即用杆体将其依次送入孔内，保证药卷均匀密实后，立即将杆体打入孔内并搅拌，然后将锚杆与格栅主筋焊接牢固。

锚杆按设计要求尺寸截取，并进行整直、除锈和除油，外端不用垫板的锚杆先弯制弯头。

钻孔应符合下列要求：孔径应与管径配合好。孔径比管径大15 mm，孔位允许偏差为±15 mm；孔深允许偏差为±50 mm。孔钻好后，用高压风将孔眼冲洗干净。

浸泡药卷采用温水控制，要保证在终凝之前将锚杆插入，并要保证锚杆药卷均匀密实，孔内不能出现漏空现象。

开挖后及时喷射混凝土，并尽快封闭初期支护，开挖过程中应密切注意观察锚杆的变形及喷射混凝土层的开裂、起鼓等情况，以掌握围岩动态，及时调整开挖及支护参数。

②中空注浆锚杆。

采用风动凿岩机钻孔，专用注浆泵注浆施工。在初喷混凝土后，先由测量人员对锚孔位进行定位，再由YT28凿岩机钻ϕ42 mm孔，装入设计长度的ϕ25 mm中空注浆锚杆，保证外露孔口长度10～15 cm，并安装止浆塞、垫板和螺母。在初喷混凝土后，按设计间距及时施作径向系统锚杆，然后注水泥浆。

锚杆施工时，先由测量人员对锚孔位进行定位，再由YT28风钻钻ϕ42 mm孔，装入设计长度的ϕ25 mm中空注浆锚杆，保证外露孔口长度10～15 cm。

安装止浆塞、垫板和螺母。

用注浆接头把锚杆尾端同注浆机连接。

检查水泥用量、温度等是否符合规定，水泥浆的水灰比为0.8～1.1。

用水或风检查锚杆孔是否畅通，锚杆孔口返水或返风即可。

开动注浆泵，整个过程应连续灌注、不停顿，必须一次完成，观测到浆液从止浆塞边缘流出或压力表达到设计值时即可停泵。若在注浆过程中出现堵管现象，应及时清理锚杆、注浆软管及泵。

当完成一根锚杆的注浆后，应迅速卸下注浆软管与锚杆的接头，清洗并安装至另一根锚杆，然后注浆；若停泵时间较长，在对下根锚杆注浆前，应放掉前段不均匀的灰浆，以免堵孔。

注浆压力：一般为地下水静水压的 2～3 倍，同时应考虑岩层的裂隙阻力，根据现场情况试验后确定。但瞬间最高压力值不应超过 0.5 MPa。

③钢筋网施工。

仙岗仑隧道和唐溪冲隧道设计有单层 φ8 mm 钢筋网。

钢筋网在系统锚杆施作后安设，钢筋类型及网格间距按设计在洞外加工成网。钢筋网根据岩面的实际起伏，在初喷后进行铺设，与岩面间隙约 4 cm，钢筋网连接处、与锚杆连接用细铁丝绑扎或点焊在一起，使钢筋网在喷射时不晃动。钢筋网安设时应注意：施作前，初喷 4 cm 厚的混凝土形成钢筋保护层；制作前进行校直、除锈及油污等，确保施工质量。

④喷射混凝土施工。

仙岗仑隧道和唐溪冲隧道均采用 C20 喷射混凝土，为减少喷混凝土的回弹量，防止及抑制混凝土收缩裂纹的产生和发展，喷射混凝土采用湿喷工艺。在喷射混凝土前，必须制定切实可行的施工方法，在洞外试验成功、掌握最佳施工工艺后，才能在洞内进行。

喷射混凝土一般分初喷和复喷两次进行。初喷在开挖（或分部开挖）完成后立即进行，以尽早封闭岩面，防止表层风化剥落；复喷混凝土在锚杆、挂网和钢架安装后进行，尽快形成喷锚支护，以抑制围岩变位。

a. 混凝土由拌和场生产，采用强制搅拌机拌和，混凝土输送车运输送入湿喷机料斗，由混凝土喷射手向待喷面喷射。喷射混凝土采用先下后上 S 形喷射方式分层喷射，并在喷射混凝土达到初凝后方可喷射下一层，首先喷射厚度边墙不小于 10 cm，拱部不小于 5 cm。喷射时要注意严格控制风压同时保证喷射速度适当，使喷嘴与受喷面保持适当距离（0.6～1.2 m），喷射角度尽量接近 90°。正确掌握喷射顺序，不使角隅处及钢架背面出现蜂窝或砂囊，如出现此现象，及时清除受喷面上的砂囊或下垂的混凝土，以便重新喷射。喷射混凝土质量及厚度不小于现行规范规定和设计要求，喷射工作结束后要认真清洗喷嘴。

b. 风压和喂料量，应根据喷射部位的不同进行调整，见表 7-11。

表 7-11　不同喷射部位工作风压与喷射机喂料量

喷射部位	工作风压/MPa	喂料量/(m³·h⁻¹)
拱部	0.10～0.15	3
边墙	0.15～0.18	4

c. 喷射混凝土的养护。

喷射混凝土层一般较薄（本项目隧道为 8～26 cm），外表面系数大，当空气中水分不足时，极易发生干缩裂纹，同时，所掺入的速凝剂在一定程度上抑制了水泥的水化反应，影响了强度的发展，所以要加强养护，在终凝 1～2 h 内喷水（土质地段的受喷面应喷雾），并经常保持潮湿状态。

d. 施工注意事项。

喷射前应仔细检查危石并处理，喷射机应布置在安全地带，并应尽量靠近喷射部位，以便司机与喷射手联系，随时调整工作风压。

经常检查喷射机出料弯头、输料管和管路接头，发现问题时要及时处理。

调整喷头注水量时，应避免干料喷出，喷射作业结束后，应将机器和管路中的拌和料用完再停机，关水和断风。

经常测定作业区内粉尘浓度，如超过标准应找出原因，采取相应措施。

拌和地点距喷射地段较远，速凝剂应在喷射机喂料口加入；若在拌和时加入，则应自加入速凝剂时起，拌和料在 15 min 内喷完，否则会影响质量。

按配合比投料，计量要准确，定时校验计量器具，施工时风、水压要稳定，运输道路要畅通，电源、照明应保持良好。

喷射人员要穿戴防护用品。

⑤钢拱架施工。

仙岗仑隧道和唐溪冲隧道在 V 级围岩地段设置了工字钢拱架支护，在 IV 以下围岩地段设置了格栅钢拱架支护。

a. 钢拱架的制作。

钢拱架在洞外钢构件制作场分节加工，根据不同断面，精确放样下料，分节焊制而成。栓孔用钻床定位加工，螺栓、螺母采用标准件，焊接加工误差应符合有关规范。加工好的钢架进行详细标识，分类堆放，做好防锈工作后待用。

钢架加工后要进行试拼，其允许误差沿隧道周边轮廓不应大于 3 cm；钢架平放时，平面翘曲应小于±2 cm。

b. 钢拱架的安装。

为保证钢拱架置于稳固的地基上，施工中在钢拱架基脚部位预留 0.15～0.2 m 原地基；架立钢拱架时挖槽就位，并在钢拱架基脚处设槽钢以增加基底承载力。

钢拱架平面垂直于隧道中线，其倾斜度不大于 2°，钢拱架的任何部位偏离铅垂面不大于 5 cm。

为保证钢拱架位置安设准确，隧道开挖时在两拱脚处、两边墙处预留安装钢拱架槽钢凹槽。初喷混凝土时，在凹槽处打入木楔，为架设钢架留出连接板(或槽钢)位置。

钢拱架按设计位置安设，在安设过程中，当钢拱架和初喷层之间有较大间隙时，应设骑马垫块，钢拱架与围岩(或垫块)接触不应大于 50 mm。

为增强钢拱架的整体稳定性，将钢拱架与锚杆焊接在一起。沿钢拱架设 ϕ 22 mm 纵向连接钢筋，并按环向间距 1.0 m 设置。

为使钢拱架准确定位，钢拱架架设前均需预先打设定位系筋。系筋一端与钢拱架焊接在一起，另一端锚入围岩中 0.5～1 m 并用砂浆锚固，当钢拱架架设处有锚杆时尽量利用锚杆定位。

钢拱架架立后尽快进行喷混凝土作业，并将钢拱架全部覆盖，使钢拱架与喷混凝土共同受力，喷射混凝土分层进行，每层厚度 5～6 cm，先从拱脚或墙脚处向上喷射以防止上部喷射料虚掩拱脚(墙脚)不密实，造成强度不够，拱脚(墙脚)失稳。

(9)结构防排水施工

本项目隧道结构防排水设计遵循了"以排为主、防排堵截相结合、因地制宜、综合治理"的原则，使隧道达到排水畅通、防水可靠、经济合理、不留后患的目的。

①背贴式止水带施工。

背贴式止水带是在混凝土浇筑过程中,部分浇筑埋进混凝土中,在浇筑混凝土前要使其在界面位置保持平展,再以充分的力震荡混凝土来定位止水带,使其与混凝土良好地结合,以免影响止水效果。

②橡胶止水带的施工。

衬砌台车就位后,在邻近施工缝或沉降缝处的拱架外侧按一定间距安装止水带固定装置。由拱顶向两侧逐段将其放入固定装置的安装槽内并固定,然后安装挡头板。在安装过程中,止水带的长度应逐段留有一定的余量,不能绷紧;灌注衬砌混凝土时,应随时注意止水带位置的变化,不能被混凝土横向压弯变形,止水带周围混凝土要振捣密实。

a. 将背贴式止水带与防水板焊接之后,立模,沿衬砌设计轴线在挡头板上每隔40 cm钻 ϕ 12 mm圆孔。

b. 将加工成型的 ϕ 10 mm钢筋卡由待模筑混凝土一侧向另一侧穿入,内侧卡紧止水带一半,另一半止水带弯折平贴在挡头板上,回填浸沥青软木板和聚苯乙烯板。

c. 待模筑混凝土凝固后拆除挡头板,将止水带靠中心钢筋拉直,然后弯曲 ϕ 10 mm钢筋卡套上止水带,模筑下一环混凝土。在绑扎钢筋和支模时,止水带必须采取可靠的固定措施,避免在浇筑混凝土时发生位移。

d. 凿除缝内聚苯乙烯板,填塞石棉麻丝沥青。

e. 用挤注枪压入聚硫双组份密封膏(压入抹平)。

f. 固定止水带时,只能在止水带允许部位上穿孔打洞,不得损坏本体部分。

g. 止水带应尽量在工厂中连接成整体,需要在现场连接的,应采用热压硫化胶合或冷粘接,接头处应平整光洁,抗拉强度不低于母材的90%。

③止水条的施工。

在施工缝处设止水条,采用缓膨式橡胶止水条(带注浆管)。

在先灌注的模筑混凝土端面上预留凹槽,将止水条在凹槽内安装牢固后,再灌注新混凝土。

④环向排水管施工。

环向排水管采用矩形无中孔塑料盲沟,全隧道除明洞段不设置外其余地段按5～15 m的纵向间距设置,施工时应根据具体情况适当调整,初期支护完成后,在渗水地段应适当加密,安置环向排水管在敷设防水板前进行。

⑤纵、横向排水管施工。

纵向排水管采用 ϕ 110 mmPVC-U 双壁波纹管,沿隧道两侧边墙底纵向全长设置。横向排水管采用 ϕ 110 mmPVC-U 双壁波纹管,间距为 10 m,与纵向排水管用三通接管连接,在地下水丰富地段可适当减小间距。横向排水管的另一端与侧水沟连接。施工时,清理基底,用无纺布和防水板一并将纵向管包围扣在墙脚基底,以保证裂隙水顺利汇入排水管中。

⑥防水板的施工。

铺设防水板在铺设台架上进行,铺设台架采用工地现有的材料加工制作。上部采用 ϕ 108 mm钢管或槽钢弯成与隧道拱部形状相似的支撑架,用丝杠与台架连接,以便其升降；走行部分采用轨行式，轨距与衬砌钢模台车一致。

⑦沟槽施工。

a. 边水沟施工。

本项目隧道在路面行车方向左右侧设置了 10 cm×20 cm 敞口边沟，边沟在洞外按设计采用 C35 钢筋混凝土预制，每节长度 1 m。边沟施工前，在路面基层混凝土施工时预留边沟位置；清理基底和电缆沟壁上的浮渣；管节接缝处铺设平顺，并采用砂浆填缝，沟底纵坡与设计纵坡一致，以保证流水畅通。

b. 电缆沟施工。

本项目隧道两侧均设置了电缆沟，左侧尺寸为 55 cm×60 cm，右侧尺寸为 65 cm×60 cm。电缆沟沟身采用 C30 钢筋混凝土，盖板采用 C35 钢筋混凝土。电缆沟沟身施工前，先清理仰拱基底的杂物积水和二次衬砌混凝土表面的浮渣，再架设钢模板，绑扎钢筋，采用混凝土运输车现浇。由于电缆沟沟壁较薄，不能使用振动棒振捣，用 ϕ 25 mm 钢筋振捣密实，并用木棒轻轻敲打模板，使附着在模板上的气体逸出，保证混凝土外观平整、无蜂窝麻面产生。盖板则在洞外预制，待沟身混凝土强度达到设计要求再铺设。电缆沟施工时，注意与主洞二次衬砌混凝土的施工缝、沉降缝设置位置一致。

(10) 洞身衬砌

隧道设计为复合式衬砌，Ⅴ级围岩段二次衬砌为 C30 防水钢筋混凝土，厚度 45～50 cm；Ⅳ级围岩段二次衬砌为 C30 防水混凝土，厚度 40 cm；Ⅲ级围岩段二次衬砌为 C30 防水混凝土，厚度 35 cm。

①仰拱施工。

本项目隧道Ⅴ级围岩地段和Ⅳ级围岩一般地段设有 C30 混凝土仰拱，施工中应紧随初期支护尽早浇筑，以利于初期支护结构的整体受力。

仰拱施工采用仰拱大模板，由中心向两侧对称进行，仰拱与边墙衔接处捣固密实，并按二次衬砌钢筋要求预制连接钢筋。仰拱施工采用过梁形式，以保证掌子面开挖、支护正常进行。过梁采用型钢结构件，上覆 1.0 cm 厚的钢板，过梁可以移动，反复使用。仰拱混凝土达到设计强度的 70% 后，进行隧道填充施工。为保安全，待开挖出渣结束时，采用挖掘机一次性开挖仰拱到位，人工辅助清理底部浮渣杂物，及时施工仰拱钢架及喷混凝土。为确保支护稳定和施工安全，一次性开挖支护长度以 3 m 为宜。仰拱一次浇筑长度根据二次衬砌台车长度确定，仰拱施工缝同二次衬砌施工缝对齐。

a. 进行测量放线工作。

b. 清理初期支护表面浮渣，进行仰拱钢筋制作安装。

c. 安装模板及本模的止水带、上模的遇水膨胀止水条，并就模板、钢筋、止水条带等项目进行隐蔽工程报检工作。

d. 采用运输车将混凝土运至仰拱平台，向中间及两侧倾倒，或直接用混凝土输送泵送至仰拱模板内。用混凝土振动棒将混凝土摊平、振捣。混凝土浇筑的同时，注意按设计要求做好中央排水管、横向排水管工作。

e. 待仰拱混凝土强度达到设计的 70% 后，进行仰拱填充的混凝土浇筑。

f. 混凝土浇筑完毕后，进行自然养护或洒水养护，达到可以通行运输车辆的强度，然后拖移平台进入下一个仰拱施工。

②二次衬砌施工。

二次衬砌应根据新奥法原理，在初期支护完成后适时进行。二次衬砌施工作业前，要求围岩和初期支护基本稳定，量测监控数据表明位移率明显减缓，收敛值拱脚附近小于0.2 mm/d、拱顶下沉小于0.1 mm/d，位移值已达到总位移的80%时，方可施作二次混凝土衬砌。

衬砌台车采用全液压整体式模板衬砌台车，每段模筑混凝土一次完成整体灌注，在灌注时预留和预埋照明、通风、消防等所需的洞室和线路管、孔、槽。采用自动计量混凝土拌和楼，集中生产混凝土。混凝土搅拌运输车运输，混凝土输送泵泵送混凝土入模，插入式振捣器振捣密实。

(11)人行横洞、车行横洞施工

仙岗仑隧道为双洞单向行驶的长隧道，左右线各设置了2处人行横洞。人行横洞处在Ⅳ、Ⅲ级围岩地段，开挖采用光面爆破全断面单向开挖。隧道正洞开挖通过横洞位置适当距离后，再进行横洞开挖施工。在行人横洞与主洞交叉处开挖施工时，做好初期支护，保证围岩稳定。

(12)隧道通风与防尘

为减少噪声污染，提高通风效率，隧道通风采用低噪声节能风机(型号：2K70No.18和2K70No.12)，采用直径为1 000 mm的拉链式风管；前期采用压入式通风，后期采用混合式通风。本项目隧道施工采取湿式凿岩、机械通风、喷雾洒水和个人防护等措施进行综合防尘。在距掌子面外边墙两侧各设置一台水幕降尘器，爆破前10 min打开阀门，放炮30 min后关闭阀门。

(13)超前地质预报

①洞内地质超前预测预报程序，见图7-12。

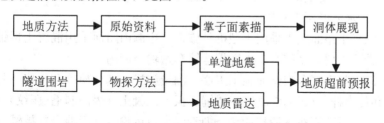

图7-12　洞内地质超前预测预报程序图

②地质和支护状态观察。

每次爆破后，由地质工程师对开挖工作面进行观察调查并作地质素描记录。调查项目包括掌子面正面及侧面稳定状态、岩性风化程度、裂隙间距、形状、涌水情况、水的影响等等。素描记录工作面的岩层产状、构造及特殊地质现象，同时对靠近工作面的初期支护进行观察，观察喷射混凝土是否开裂、是否有掉块现象等。

③地质预测预报内容。

a. 对照勘测阶段的地质资料，预报地质条件的变化情况及对施工的影响程度。随工作面素描地质结构状态。

b. 可能出现坍方、滑动影响施工时，预报其部位、形式、规模及发展趋势，并提出处理措施。

c. 隧道将穿越不稳定岩层、较大断层等特殊地段时，需改变施工方法或作应急措施时的预报。

d. 可能出现突然涌水地点，预报涌水量大小，地下水、泥砂含量及对施工的影响。

e. 对于软岩出现内鼓、片帮、掉块地段，预报对施工的影响程度。岩体突然开裂或原有裂隙逐渐加宽时，应预报其危害程度。

f. 在位移量测中发现围岩变形速度加快时，预报对围岩稳定性的影响程度。

g. 隧道浅埋段地面下沉或开裂，预报对隧道稳定和施工的影响程度。

h. 洞口可能出现滑坡、坠石时及时预报。

i. 预报由于施工不当可能造成围岩失稳及其改进措施。

j. 绘制全洞地质断面、剖面的展开图。

④地质预报预测方法。

a. 隧道开挖面地质素描。

b. 岩体结构面调查。

c. 涌水量观测。

d. 浅层地震法(HSP 隧道超前地质预报仪)。

e. 对地表水、地下水的调查。

根据地质预报方法得出的数据进行施工地质预测，及时调整施工方法，采取积极措施保证施工安全。

(14)洞内混凝土路面施工

仙岗仑隧道和唐溪冲隧道主洞路面设计为 4 cm 抗滑反光 SMA-13 沥青表层＋6 cmAC-20C 沥青下面层＋10 cm 沥青混凝土层＋SBS 改性沥青同步碎石防水黏结层＋24 cmC40 水泥混凝土层＋15 cmC20 混凝土基层的复合型路面；人行横洞路面采用厚 15 cmC30 水泥混凝土面层＋10 cmC20 水泥混凝土基层。

人行横洞混凝土路面施工采用小型机具施工，主洞内路面采用混凝土摊铺设备摊铺的施工方法。混凝土由搅拌站拌和，由搅拌运输车运输至洞内。

沥青、水泥混凝土复合型路面施工工序：测量放样→基层检验和整修→封闭交通→安设钢筋(拉杆和传力杆)→运输混凝土→摊铺、振捣混凝土→表面制毛(压纹)→机械锯缝→填缝→养护→粘层沥青洒布→清扫冲洗→沥青混合料运输→沥青混合料摊铺→碾压→检验合格。

水泥混凝土路面施工工序：测量放样→基层检验和整修→安设钢筋(拉杆和传力杆)→运输混凝土→摊铺、振捣混凝土→表面制毛(压纹)→机械锯缝→填缝→养护。

(15)隧道内装饰施工

洞内装饰工程在路面基层施工一定距离后，从洞内向洞口施工。洞内装饰工程主要为喷涂防火涂料。

隧道检修通道以上 2 m 处涂刷一条 0.2 m 宽、1 mm 厚的深蓝色防火涂料腰带面层，腰带以上 1.9 m 及腰带以下 1.9 m 范围内刷涂 1 mm 厚的象牙白防火涂料，防火涂料施工时要求喷刷均匀，不得出现斑杂色，防火涂料喷涂采用专用设备，喷涂与喷抹相结合，分层进行喷涂，每次层厚 3～4 mm。喷涂前对洞身混凝土表面除尘、去污，并对错台进行修补处理，喷涂前采用 R32.5 的水泥调制纯水泥清浆刷洞身一次。

第8章 高速公路桥梁施工实例

8.1 工程概况

8.1.1 工程项目概况

1. 建设地点与时间

黄河特大桥位于河南省三门峡市渑池县南村乡境内，是渑垣高速公路的控制性节点工程，大桥呈南北走向，全长 1 760 m，总宽 33 m，分双幅布置，单幅桥宽 16.25 m，幅间净距 0.5 m。全桥跨径 2×30 m＋60 m＋13×100 m＋60 m＋9×30 m，其中主桥长 1 420 m。

2. 结构概况及复杂程度

黄河特大桥处在小浪底库区，设计采用超大直径桩基础，桩柱一体式的下部结构，每主墩下设置四根 2×2 布置直径 2.5 m 桩基础，横桥向桩间距为 6.25 m，顺桥向间距为 5.0 m。墩柱直径为 3.0 m，每墩柱与各桩基中心对应，墩身设置多道系梁，系梁高度为 2.2 m，宽度为 1.8 m。连续墩为布置支座需要，于墩顶设置厚 3.0 m 盖梁。

主墩钢护筒采用 Q345C 钢材制作，内径为 3 m，壁厚 25 mm。主引桥过渡墩采用矩形墩，外形尺寸为 9 m×3.5 m，壁厚为 0.8 m，盖梁厚 2 m、宽 3.8 m，连接墩承台厚 3.0 m，承台下布置 3×2 群桩基础，直径 1.8 m。

8.1.2 项目分析

（1）工程特点

本标段设黄河特大桥一座，黄河特大桥主桥为一联 15 跨连续-刚构体系，联总长 1 420 m，共 14 个主墩，主桥桥位处于Ⅶ度地震区，在主墩构造满足温度内力的情况下设计采用刚构＋连续结合的方案，经对结构动、静力分析结果确定中间 6 个主墩为刚构墩，其他为连续墩。桥梁工程量很大，其中栈桥、平台、永久钢护筒工作量占总工作量的 40％。桥梁下部采用超大直径双排桩柱一体式结构，施工难度较大。

（2）工程重点

本桥施工重点主要包括：栈桥方案的编制及验算、机械设备的选型、永久钢护筒的卷制和压设、桩基钻孔设备的选择、钻进泥浆指标的控制、钢筋笼加工及安放、混凝土工作性能及灌注施工、系梁和墩(台)身施工控制、预制梁的运输和安装、主桥挂篮悬臂浇筑标高、线形施工控制、主桥外观质量控制、直线段连续箱梁满堂支架法施工控制、预制箱梁钢筋制作与加工、混凝土浇筑、预应力施工、桥面铺装控制、大桥质量通病及防治。

(3)工程难点

本工程难点主要集中在栈桥平台施工的组织。工程量巨大，划分两个作业班组。如何合理组织施工，如何合理配备人员、机械、材料及合理布置施工流水作业将是本工程施工的难点，施工关键点为栈桥、平台、钢护筒、桩基、墩柱、系梁、悬浇块件、箱梁预制及运输安装。

8.2 关键施工

8.2.1 栈桥施工

1. 栈桥的设计

栈桥的承载力满足履带吊行走及混凝土运输车双向行走的要求。栈桥单跨跨径 12 m，有效宽度 8 m，每 4 跨设置一个制动墩，每 8 跨设置一道伸缩缝，全长 1 420 m。在 P9 与 P10 墩之间设置通航孔，通航孔净宽 45 m。栈桥的布置有利于机械和材料运输车辆通行，方便施工。

2. 栈桥布置位置和结构形式

(1)栈桥位置

栈桥位于新建桥与跨黄河老桥之间，与新建桥轴线平行，距离新建桥 1.5 m，距离老黄河桥 6.5 m，钢栈桥管桩直径 1.0 m，壁厚 10 mm。

(2)栈桥结构形式

栈桥采用上承式，桥台为重力式，桥墩采用钢管桩基础，管桩之间设置纵横剪刀撑，栈桥纵梁采用单层贝雷梁。贝雷梁上依次铺设 I28a 横梁和 20 mm 厚的桥面钢板，最后安装栏杆等附属结构。

3. 栈桥施工

(1)栈桥施工流程

栈桥施工流程如图 8-1 所示。

(2)栈桥搭设步骤

①钢管桩制作。

栈桥桩基础采用直径 1 000 mm、壁厚 10 mm 以上的钢管桩，在工厂内分节制作，短节陆运到施工现场，现场接长，拼接时轴线偏位及焊缝质量满足规范要求。

②沉桩。

栈桥钢管桩采用"120 t 履带吊＋DZ120 振动锤"悬打法(即"钓鱼法")施工。沉桩过程中，将全站仪架设在不同的角度，校正控制桩的垂直度，做好沉桩施工记录，至接近入土深度时，若贯入度较大要继续锤击，满足入土深度和贯入度要求。如果根据施工进度要

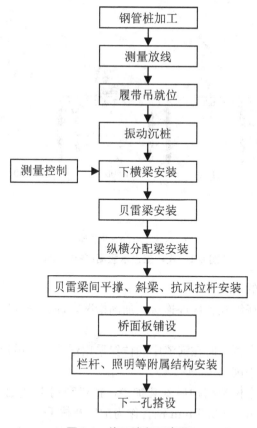

图 8-1　施工流程示意图

求，确需使用浮箱或浮吊，应杜绝侧身吊装。

③安装横梁、系梁。

打桩完成后，调整钢管桩顶面标高，对低于设计标高的进行接桩，对高于设计标高的应割至设计高度。在钢管桩顶面气割槽口，槽口上安装长度为 9 m 的 HM36b 双拼横梁，形成桩顶钢梁。桩顶至水面范围内，用型钢将钢管桩横向焊接，连成整体。水位下降时再向下设置纵横向联系。

④贝雷梁架设。

贝雷梁拼装应在后场进行，按组进行，使用履带吊车现场安装，就位后固定，如图 8-2 所示。

⑤型钢分配梁及面板安装。

吊车按贝雷上既定 500 mm 间距安装 I28a 横梁，并用骑马螺栓固定好。横梁的支点宜放在贝雷梁竖弦杆或菱形弦杆的支点位置，以满足受力要求，横向分配梁安装完成后，满铺 20 mm 防滑桥面板，并焊接在一起，形成整体。

⑥附属结构施工。

桥面板用 20 mm 厚钢板分块拼装，并焊接在一起，形成整体。栈桥栏杆高 1.2 m，支柱间距 100 cm，焊在栈桥横向 I28a 分配梁上，外设斜撑，并沿高度方向设置顺桥向型钢，底部放置 0.2 m 踢脚线，形成稳固的安全防护设施。

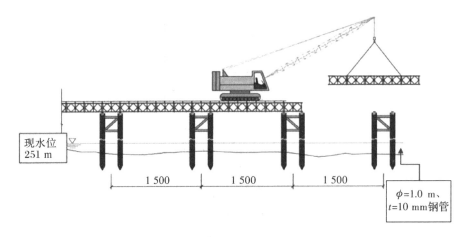

ϕ一钢管直径；t一钢管厚度。

图 8-2　栈桥架设示意图(单位：cm)

⑦后续多跨贝雷梁的安装。

第一跨安装结束，仔细检查构件连接、加固情况，确保安全后机械上桥，重复上述步骤，完成全桥的安装。

⑧根据施工情况，水位高时在河流中间位置采用浮箱拼浮吊形式从中间增加栈桥搭设工作面以加快栈桥施工进度。

⑨待安装完成 3 跨主桁架结构后安装护栏，护栏利用 10 号工字钢作为竖向立柱，在其肋板上开孔，3 根 48 mm×3.5 mm 钢管作为护栏及扶手。

⑩栈桥搭设完成后，在栈桥的进出口设置减速带，限载、限速标志牌以及《施工栈桥安全使用说明》，栈桥两侧配置必要的救生圈、消防器材、安全绳等防护用品。底口设置20 cm 高的踢脚板。

8.2.2　主桥桩基础施工

1. 总体施工方法

主墩 P4～P17 均位于主河槽中，每墩设 4 根直径为 2 500 mm 的钻孔灌注桩基础，设计桩长 40～65 m，均按摩擦桩设计。

首先完成墩位处栈桥搭设，再搭设钻孔平台。机具设备平面布置，施工机械准备(永久钢护筒接长由龙门吊完成，永久钢护筒沉设由履带吊完成，钢筋笼吊放主要由履带吊配合龙门完成)，半幅桥主墩各布置一台气举反循环回旋钻机，逐根进行钻孔桩的施工。

2. 钻孔工程流程

钻孔工程流程如图 8-3 所示。

3. 钻孔平台及龙门吊搭设施工

(1)平台搭设

钻孔平台采用直径 1 000 mm、壁厚 14 mm 的钢管桩，横桥向布置 6 排，顺桥向布置5 排，钢管桩顶标高＋275.5 m 以上，底标高＋193.036 m(以 P5 为例)。在标高＋271 m处安装下层联系梁，在标高＋275 m 处安装上层联系梁，钢管桩上依次放置双拼 HM60×

30 以上型钢（变压器平台除外）、贝雷桁架梁、I28 工字钢及桥面板，另外在钻孔平台两侧各布置生产用电及泥浆循环系统平台。搭设专用的泥浆平台，进行泥浆循环，废浆液用泥浆车托运至指定地点。

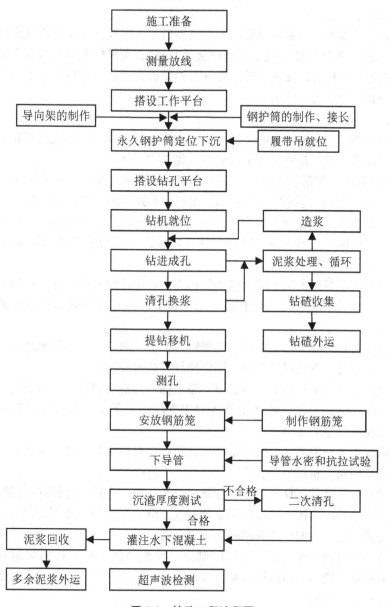

图 8-3　钻孔工程流程图

（2）龙门吊安装施工

施工平台龙门吊利用桁架拼装而成，高度 15 m，净空不小于 10 m，跨度为 11.6 m。龙门轨道安装在桁架上并与桁架有牢固的连接。

①施工准备。

施工场地事先清理，没有与施工机械相干涉的障碍物，吊车工作区域必须确保地基坚实可靠，必要时用专用垫板铺垫。

对配合安装吊车及其他配合机具进行一次全面检查，所有的安全装置必须齐全可靠，并消除机械缺陷。

作业中使用的安全带、速差保护器、保险绳应经检验合格，严防安全设施不安全。

②安装龙门吊工艺流程。

做好安装前的准备，检测轨道梁的水平及高低差→按规范安装轨道及附件→检测轨道安装→起重机起吊安装(端梁连接、主梁拼装等)→检查主机轮安装是否符合要求→接线试车调试→检查各运行机构以保证运转正常→自检并做好记录、办理完工手续→报检验收→整改(复检)→验收合格投入使用。

③安装。

检测轴距中心线，测量轨道的高低差及水平度，并调试使其与设计相符合，用汽车吊将走行总成竖在道轨上，并测量对角线成方，将其固定好。

安装钢轨，用相应的起吊工具(手拉葫芦、铲车、汽吊、卷扬机等)将钢轨起吊点设在工字钢或水泥梁上，并保证达到以下要求：a. 保证行车跨度的误差在规定的要求内；b. 两边轨道平行；c. 轨道接头用连接板固定好，接头间留 2～3 mm 伸缩缝；d. 调整好跨度，误差保证在规定的范围内，用压板、螺栓压紧好轨道；e. 全程使两边轨道高低差在 10 mm 以内。

将装有行车驱动器和车轮的端梁与支腿相连接，连接时必须注意：a. 两边车轮端面与端梁平面垂直；b. 主动轮与被动轮在同一水平面上；c. 四个车轮对角线必须相等，误差不大于 2 mm。

用汽吊或将装好的端梁与支腿拉起放到轨道面上，测量好对角线水平度，调整好主梁连接位置后，用钢管或钢丝绳手拉葫芦调整拉好并临时固定好。

吊装主梁：将主梁用起吊工具吊起至支腿上部，调整支腿位置，当其与主梁连接位置一致时，将支腿固定，并稳稳地将主梁放置于支腿连接位置，调整好垂直水平反对角线后，开始焊接支腿与主梁部分。

通用门式起重机安装主梁后要测量小车轨距，符合要求后，将小车运行机构吊至主梁小车轨道上，待四轮入轨后手稳放下。

吊装驾驶室电气器及爬梯平台至设计指定位置，调整合适后焊接好(连接好)。

整机装配完毕后，即按电气原理图安装电气部分，并注意电源额定电压，配置相应的电缆等，带变阻调速的要配好相应功率的电器设备。

调整好各制动机构。调试好起重量限制器，使相关保护装置达到规范规定的设置要求，并作可靠接地处理。然后接通电源，按产品使用说明书进行空载、载重试运转。

4. 永久钢护筒压设工艺

(1)永久钢护筒施工工艺流程

永久钢护筒施工工艺流程如图 8-4 所示。

(2)钢护筒制作

墩身钢护筒采用 Q345C 钢材制作，厂家定作加工，工厂拼接管节在专门台架上进行，管节对口保持在同一轴线上，尽量减少积累误差。各短节拼焊时，将纵向焊缝错开布置，间距不小于 300 mm，并不小于 1/8 周长。单段钢护筒加工完毕后在钢护筒两端加"十"字加劲。对首节钢护筒底口进行加劲，并且设置刃角以减小沉桩阻力。

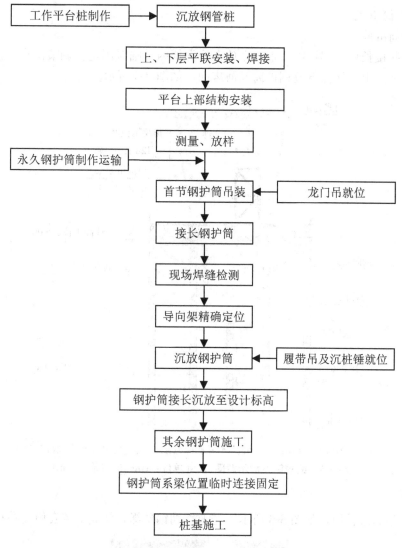

图8-4　永久钢护筒施工工艺流程

（3）钢护筒防腐

根据《公路桥梁钢结构防腐涂装技术条件》(JT/T 722—2023)中涂层体系的配套要求，永久钢护筒防腐采用干湿交替(水下)区配套体系 S19 型，涂层采用底面合一的超强、耐磨环氧漆，总干膜厚度不小于 450 μm(1～3 道)，底面除锈采用抛丸除锈，达到《涂覆涂料前钢材表面处理 表面清洁度的目视评定》(GB/T 8923)系列标准规定的 Sa2.5，表面粗糙度(R_z)应为 40～100 μm。

（4）钢护筒对接

由于平台离河床较高，首节及接长后的钢护筒利用钢支撑框吊挂支撑在钻孔平台上，方便后续钢护筒的接长。接长并下放的钢护筒(还未进入河床时)顶面被控制固定在支撑框顶面上方 100 cm 处，龙门吊吊起下一节对接的钢护筒与上节轴线在一条直线上再接长。钢护筒接头在平台上对接焊接，焊接完成后，对每道焊缝进行检测，验收合格后进行防腐处理。垂直度和焊接、防腐质量检验合格后方可继续安装。

（5）钢护筒下沉

①钢护筒沉放。

龙门吊起接长后的钢护筒，垂直立放在导向架内并临时固定。调节吊点，使钢护筒顶面在同一水平面上，徐徐下放钢护筒至河床面，如图 8-5 所示。

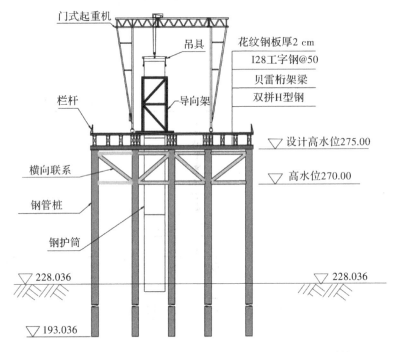

注：地面以 P5 为例示意，平台钢管桩底标为暂定，施工时根据土层计算调整。

图 8-5　钢护筒下放示意图(尺寸单位：cm；标高单位：m)

②套桩。

履带吊吊起沉桩锤，如图 8-6 所示。挂上辅助钢丝绳，使其下端套筒套在护筒顶端。

图 8-6　钢护筒现场沉放示意图

③对位。

履带吊如图 8-7 所示,移动大钩使钢护筒对准已固定好的导向架孔口,在沉桩前先用自重下沉。

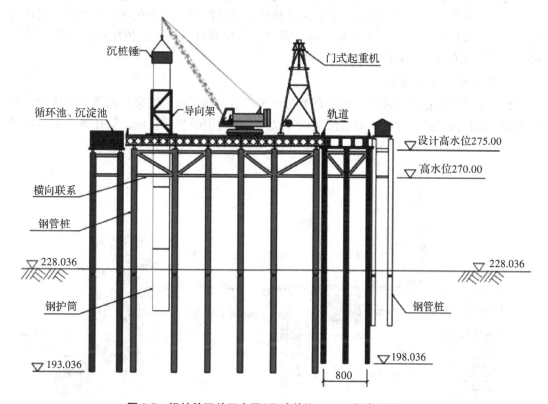

图 8-7　钢护筒沉放示意图(尺寸单位:cm;标高单位:m)

注:地面以 P5 为例示意,便桥及平台钢管桩底标为暂定,施工时根据土层计算调整。

④钢护筒入土。

在两个方向上测量钢护筒的垂直度,发现有倾斜时,利用履带吊及校正设备进行调整。入土打桩过程中不断复测护筒平面及垂直度,直至设计深度。

⑤钢护筒验收、固定、垂直度控制措施。

由于钢护筒高度较高,为保证其施工稳定性,钢护筒安装经检测符合设计要求后,将钢护筒在每道系梁位置焊接横向联系钢管,待系梁施工时再予以割除。

施工中永久钢护筒的垂直度主要取决于护筒平台上对接时和着床时的精度。护筒平台对接和施打过程中用全站仪全过程观测跟踪和校核,并辅以垂线法进行量测,发现偏差及时纠正。护筒进入水面以下后,对垂直度和底口坐标采用管内浮球检测法进行控制。具体方法:

第一步,下护筒前,在护筒底口上方 2 m 左右的管壁对称焊四个直径为 12 mm 的螺帽或细钢筋圈。

第二步,下护筒时用两条尼龙绳交叉穿系在螺帽上,形成十字形状。

第三步,在十字绳交叉位置系一条尼龙细绳,长度低于护筒内水位,并保证浮球正好在水面以下10~100 cm(以能看见浮球但不浮出水面为宜)。

当护筒着床时,护筒内的水基本处于静止状态,可以通过浮球的位置来判断钢护筒底口位置是否偏离设计位置。若有偏差，应及时调整。当护筒着床并定位或未着床但顶端已经快进入导向架时，应及时在钢护筒上焊接倒挂牛腿，测量校核，利用导向架千斤顶导向锁定装置调整钢护筒垂直度，使钢护筒固定在导向架内，在相互垂直的两个方向设观测点，专人指挥作业，使钢护筒自然垂直对准桩位，启动振锤，两个观测点连续观测钢护筒的垂直度，发现有倾斜向，立即通知指挥调整大钩位置进行纠正。依次进行钢护筒的对接，直至全部对接钢护筒压设完成。

5. 钻孔施工平面布置

整个钻孔平台搭设完成后，在平台上布置沉淀池、循环池、泥浆分离器、空压机，并在栈桥一侧设置箱式变压器，通过配电柜等设施，通过电缆直接供应。钻孔施工平台布置见图 8-8。

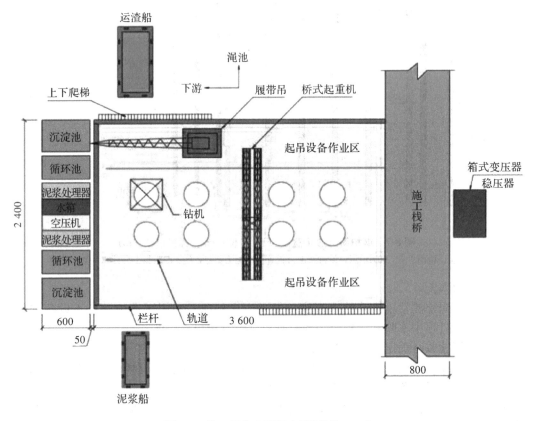

图 8-8　施工平台布置示意图(单位：cm)

6. 泥浆配制与泥浆循环和处理

(1)循环系统

在施工平台端部设置泥浆循环系统，主要由造浆池、储浆池、循环池、沉淀池、泥浆净化(泥浆分离器)系统等组成。在平台上放置钢板焊接的大型框架，通过管道连接，完善各自功能。

(2)泥浆性能要求

桥位土质造浆效果较差，性能不能满足规范要求，需进行改良，通过试验掺加一定比例的膨润土或化学纤维素、纯碱、聚丙烯酰胺等配制成高级泥浆（稳定液）。配置好的泥浆要具有较好的分散悬浮性和造浆性，相对密度低，黏度好，含砂量小，泥皮薄，稳定性强，固壁能力高等性能。

（3）钻渣和废弃泥浆处理

钻进过程中采用泥浆分离器对吸出的钻渣和泥浆混合物进行处理，分离出的钻渣采用抓斗装运到专用运输车（船）及时运离桥位，分离出的泥浆通过添加膨润土或添加剂改善泥浆性能后继续使用，多余的泥浆用泥浆运输车（船）运到指定地点妥善处理；浇注混凝土过程中置换出的可回收使用的泥浆，用泵管引流至专用储浆池，供后续桩基使用。

（4）施工过程中，为了不使泥浆污染库区。从以下几点进行控制：

①所设置的循环池、沉淀池的总容量不小于 1 个桩总泥浆的 1.5 倍。

②泥浆循环系统内通道、管道在使用前，要利用清水进行试验，如有泄漏处，要对通道进行加固处理，管道要更换，接头处要用卡箍或铁丝扎牢。

③施工过程中，循环池和沉淀池不得满载工作。两池最大容量不得超出总容量的 2/3。超出时，停止施工，处理后继续施工。

④当沉淀池内沉积的泥浆量过大时，泥浆处理器满负荷工作，这时利用泥浆车将泥浆运至弃料点排放。

⑤灌装桩开盘浇筑时，应防止泥浆溢出孔口，从而污染平台或渗漏到库区河流中。开盘前，先利用泥浆泵将孔内泥浆泵吸到泥浆池，控制孔内液面位置，确保首灌泥浆不溢出孔口。

⑥施工中，充分利用泥浆循环系统，将优质泥浆循环利用。

7. 钻孔顺序

因钻孔桩距较近且有粉砂及卵石层，为防止钻孔、灌注时出现串孔，钻孔桩间隔施工。

8. 钻进成孔

钻机选用 GYD300 型气举反循环回转钻机，通过履带吊配合龙门吊吊装就位在钻孔平台上，钻机经找平、测量检查后，将其与平台进行限位，保证钻机在钻进过程中不产生位移。同时在钻进的过程中加强校核。钻进应根据土质情况采用不同的钻进速度和泥浆比重。

每班钻进过程中实时通过电子水位测量仪判定孔内外水位的变化情况，及时调整孔内泥浆高度，维持护筒内的泥浆始终高出孔外水位 1.5～2.0 m 以上，以保证孔壁稳定。

在卵石层钻进时，通过试验确定加入一定比例的石灰石、硫酸钡增加泥浆比重。为防止该层渗漏较大，可加入锯木屑（泥水量的 1‰～2‰）、水泥（泥水量的 1.7%）。此层钻进采用多种钻头综合钻进方式，有利于施工持续稳妥安全地进行。

9. 清孔、检孔

终孔后，及时进行第一次清孔。清孔时将钻具提离孔底 30～50 cm，缓慢旋转钻具，补充优质泥浆，进行反循环清孔，同时保持孔内水头，防止塌孔。孔内泥浆指标符合要求后，在钻杆上安装完整断面钢刷，利用钻杆旋转清扫钢护筒内壁附着的泥浆。再停机拆除钻杆，采用专用仪器进行钻孔检查，合格后移走钻机，尽快进行成桩施工。

10. 钢筋笼制作安装

由于桩基及墩身钢筋笼较长，可采用钢筋笼滚焊机提高工作效率和施工质量。

每根钢筋长度和位置准确，以便于钢筋笼接头连接。加工好的钢筋笼按安装要求分节、分类编号。在钢筋笼制作的同时安装声测管，并稍作固定。

钢筋笼采用拖车运输到现场，吊车配合龙门吊安装下放，使用专用吊装架，缓慢吊入桩孔，如图 8-9 所示。钢筋笼逐节接长下放，严格对准孔位中心，声测管中逐节灌入清水，防止变形。全部钢筋笼安装完毕后，固定钢筋笼与钢护筒，防止浇筑过程中钢筋笼上浮，混凝土浇筑完毕后及时解除钢筋笼。

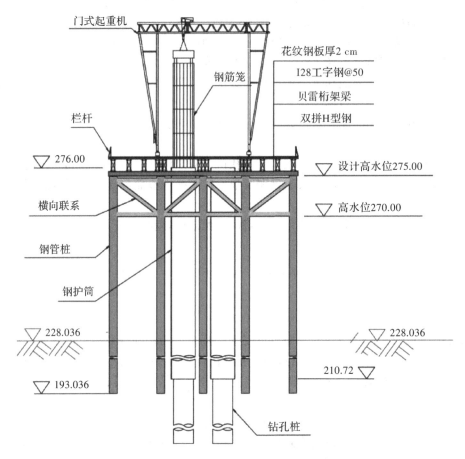

注：地面以 P5 为例示意，平台钢管桩底标为暂定，施工时根据土层计算调整。

图 8-9　钢筋笼下放示意图(尺寸单位：cm；标高单位：m)

11. 水下混凝土灌注

导管采用 325 mm×10 mm 无缝钢管制成，接头为快连螺纹接头，使用前将进行水密、承压试验和接头抗拉试验，并编号标准长度。

混凝土导管下放后，若沉渣厚度不满足设计要求，用特制带有风管的混凝土导管作为二次清孔，气举反循环清孔，提高二次清孔效率。清孔时应及时向护筒内补充优质泥浆，确保护筒内水头，并及时进行分层取样，清孔结束经监理工程师现场检验合格后，立即拆除吸泥弯头，开始浇注水下混凝土。

用剪球法进行首盘混凝土的灌注，灌注应连续进行，混凝土灌注过程中，控制导管埋深。

8.2.3　墩身(柱)施工

主墩墩身施工时，墩位处立模段墩身施工时混凝土由汽车泵泵送，钢筋、模板、周转材料的吊装、转运，小型机具就位、工作平台搭设材料的运输主要由塔吊完成。塔吊布置在左右幅之间，钢管桩基础，型钢框架。

1. 钢护筒墩身施工

墩柱钢筋在钢筋加工场采用钢筋笼滚焊机进行制作。运输车将满足设计要求的钢筋笼运到施工现场，在桩基钢筋笼下放完成后，由龙门吊吊起墩身钢筋与桩基钢筋的连接，直至设计长度，钢护筒钢筋笼定位采用非金属定位措施。钢护筒墩身混凝土与桩基一起进行水下混凝土的浇筑，直至钢护筒顶。

2. 立模段墩身施工

总体施工方法：搭设墩身施工平台，墩身钢筋利用滚焊机加工成型，平板拖车运至施工现场，履带吊借助专用吊具吊起，吊装就位。混凝土施工拟分两次进行，第一次浇筑高度与系梁顶一致，第二次浇筑从系梁顶至设计墩身顶部标高(9 m)。

在立模段墩身施工完成，为防止墩身自由度过大，在墩身顶部位置，两墩身之间用钢管支撑，待施工连续墩盖梁或固结墩 0 号施工块后予以解除。

墩身模板分节制作，系梁以上墩身模板定尺(9 m)加工，系梁以下视高度不同，设置定尺段及调节段，分节制作模板，与系梁同时施工。

(1)第一次墩身施工(混凝土浇筑高度与系梁顶一致)

①墩顶桩头处理。

用空压机对墩顶进行凿除，清除浮浆，确保连接处混凝土质量，整理调顺外露钢筋。

②测量放样。

利用复核后的导线点、水准点，用全站仪精确放出中心位置、中轴线、四周边线及支立模板边线，测量中心标高。在墩柱外浇筑 20 cm 厚的素混凝土垫层并找平，以利支模。

③墩身钢筋安装。

塔吊吊起钢筋笼，钢筋笼中心与钢护筒中心一致，调整竖直度，连接主筋接头、安装螺旋筋，将安装好的骨架通过缆绳固定在平台上。

④系梁钢筋安装。

依据设计图纸进行系梁钢筋下料、加工，现场安装。

⑤模板安装。

系梁模板及系梁顶部标高以下的墩身模板一并安装，即同一高度的四道系梁及墩身同时安装。

⑥混凝土浇筑。

采用汽车泵泵送，先浇筑系梁底部位置以下的墩身混凝土，在超过系梁底部后，将墩身和系梁混凝土一并浇筑完成。浇筑高度超过 2 m 时需设串筒。

养护采取塑料薄膜覆裹墩身表面，顶面放置储水筒，滴水养护。

(2)第二次浇筑施工

①凿除顶部松散混凝土直至露出粗骨料，清除浮渣。

②塔吊吊起钢模，分两半圆或整体安装，底部落在第一次浇筑完成的模板顶部及系梁上，做好接缝处理。缆绳固定在钻孔平台上。

③分层浇筑混凝土。

④拆模及养护。

8.2.4 主墩系梁施工

1.钢护筒段系梁

主桥钢护筒主墩系梁由下自上分别在 29.08 m、10.8 m、10.8 m 位置设置一道系梁，系梁高 2.20 m、宽 1.80 m。

主墩墩柱水中系梁因只能在枯水期施工，所以安排 2 个专业班组，共有 4 个作业面，从山西和河南两侧向中间施工。确保在枯水期完成水中系梁的施工任务。

(1)人行梯道搭设

人行梯道从施工平台顶自上而下搭建，借助平台及钢护筒搭设人行梯道，并设置休息平台。

(2)承重系统安装

按照系梁底部设计标高，在底部以下一定位置处安装双层抱箍，在抱箍上放置型钢和模板底模，安装防护栏杆。

(3)钢护筒切割、植筋

切除系梁与墩身连接位置处的预留钢护筒，切除时采取洒水、降温措施，避免周边墩身混凝土受到灼伤，将切割面打磨平整，混凝土结合处凿毛，直至露出粗骨料。按照施工图纸要求的植筋构造、所需胶体进行植筋。

在植筋前，利用回弹仪器检测该处混凝土的强度，防止强度不满足要求。钻孔植筋时，会导致延射裂缝。再利用金属探测器探明钢筋位置，钻孔时错开钢筋的位置，防止无法钻孔或钻孔深度不够从而对墩柱造成伤害。

(4)钢筋、模板安装

安装系梁其他构造钢筋，绑扎保护层垫块，安装侧模并固定。

(5)混凝土浇筑、养护

混凝土通过汽车泵泵送，分层振捣密实，混凝土强度达到 2.5 MPa 以上时拆除侧模，拆模后继续养护，直至混凝土强度达到设计强度的 80% 以上，拆除支撑系统。

2.主墩立模段系梁施工

为保证系梁与墩身的接缝紧密和外观质量，钢护筒顶以上、系梁顶部以下的墩身和系梁采用混凝土一次浇筑成型工艺。

8.2.5 盖梁施工

P3～P6、P13～P16 墩为主桥连续墩处盖梁，盖梁施工前在墩柱上埋设剪力销孔，搭设承重平台，安装底模后进行常规施工。

在盖梁施工时，对支座、临时固结系统等预埋件进行准确预埋。

为防止盖梁出现温缩裂缝，盖梁混凝土按照大体积混凝土进行温控设计、采取温控措施、埋设温控元件、进行监控施工。在施工中采用以下措施进行控制：

　　①为降低盖梁内部温度，采用低热微膨胀水泥，掺入磨细粉煤灰，水泥提前入罐，优化配合比设计，减少水泥用量；骨料用大棚遮盖，减少阳光暴晒。

　　②设置冷却管，从浇筑开始通循环水降温，视温差变化情况，调整通水量大小，持续半月，降低内部温度。采用外保内降方式，减少内外温差。

　　③减小分层厚度，在温度较低时进行浇筑施工。

8.2.6　主桥块件施工

1. 上部结构简述

　　主桥为一联 15 跨连续-钢构体系(P2～P17)，总长 1 420 m，共 14 个主墩(P3～P16)，中间 6 个主墩为钢构墩(P7～P12)，其他为连续墩。

　　单幅主桥主梁采用单箱双室断面，C55 混凝土，根部梁高 6.5 m，每跨划分 13 对悬浇块件，合龙段长 2 m，墩顶现浇段(0 号段)长 10 m，边跨支架现浇段不平衡段长 9 m。

　　主梁采用三向预应力体系，纵向预应力分为顶板束、腹板束、合龙束三种，竖向采用 JL32 的高强精轧螺纹，所有预应力管道采用塑料波纹管。

2. 支座安装及临时固结施工

(1)永久支座安装

　　在连续墩(P3～P6，P13～P16)盖梁上支座垫石施工时预留支座螺栓孔，螺栓孔位置及深度按照支座说明书提供的尺寸精确放样施工。支座安装时将预留孔凿毛并清洗干净，采用支座灌浆料固定及锚固螺栓。

(2)临时固结施工

　　连续墩(P3～P6，P13～P16)0 号块临时固结设计满足拉压双重荷载工况的要求，使用易于拆装的钢结构配合穿心的精轧螺纹钢。临时固结的设计图纸见图 8-10。

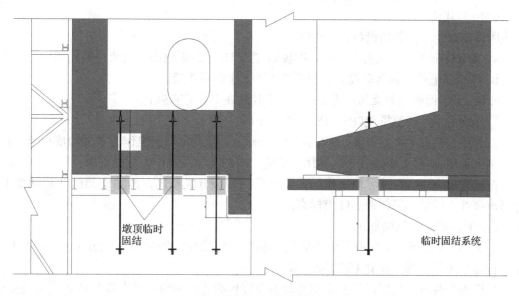

墩顶临时固结

临时固结系统

图 8-10　临时固结示意图

3. 主梁 0 号块施工

(1)0 号块施工流程

0 号块长 10 m，主要采用托架法施工，0 号块施工工艺流程如图 8-11 所示。

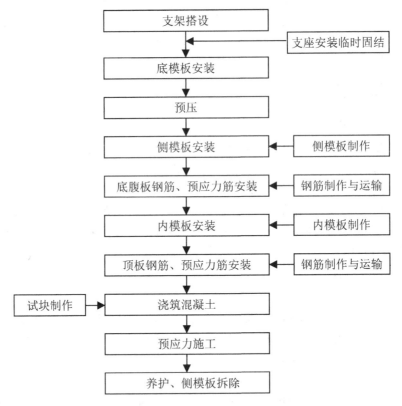

图 8-11　0 号块施工工艺流程图

(2)0 号块施工

①固结墩承重托架搭设(P7～P12)。

a. 在墩柱施工时埋入剪力销模，拆模后穿入 JL32 高强钢筋，安装牛腿托架。

b. 在牛腿上放置卸落砂筒，摆放双拼 I56 工字钢承重梁。

c. I40 工字钢的分配梁间距为 60 cm，将其放在 I56 工字钢上。

②连续墩承重托架搭设(P3～P6，P13～P16)。

在盖梁上铺设 I40 工字钢分配梁间距 60 cm。上铺设定型钢模作为 0 号块底模板，I40 工字钢下采用 10 号工字钢找平，利用盖梁施工时的支撑系统作为侧模支撑。

托架搭设完成，在 0 号块底模铺设就位后用砂袋分级预压，消除支架的非弹性变形，计算出弹性变形量，以便控制底模标高。

③0 号块模板、钢筋加工。

0 号块底模为钢模，外模采用整体钢模板，内模采用竹胶板和 10 cm×10 cm 方木加强，拉筋采用精扎螺纹筋套 PVC 管。

外模板安装后，按照设计要求绑扎腹板及底板的普通钢筋，并布置竖向预应力筋套管和纵向预应力筋波纹管，再安装内模模板，安装顶面钢筋和横向预应力管道。

混凝土浇筑前，仔细检查各种预埋件，预留的孔洞按照设计要求和挂篮安装要求设置，避免给后续施工造成影响。

　　④混凝土施工。

　　主梁采用 C55 混凝土，两端对称分层推进，层厚控制在 30 cm 之内。浇筑完成后进行收浆抹面，及时利用土工布覆盖保湿养护。

　　混凝土选择夜间施工，掺加缓凝剂延长初凝时间，确保混凝土浇筑在初凝之前全部完成，使支架在混凝土初凝之前完成其变形，防止混凝土的开裂。

　　固结墩在墩顶增加临时刚性连接，消除在 0 号块施工时墩身产生的转角变形。

　　⑤预应力施工。

　　纵向预应力束采用双端张拉，采用张拉力与伸长量双控，伸长量作为校核，按设计要求对称张拉。

　　压浆设备搅拌机高速搅拌，在规定时间内搅拌均匀。临时储存浆液的储料罐具有搅拌功能，并设置过滤网。

　　压浆时，每一工作班制作留取 3 组标准的试件，标准养护 28 d，进行抗压和抗折强度试验，作为质量评定的依据。

　　所有预应力施加均应在混凝土龄期不小于 7 d 且强度达强度等级的 90%，混凝土弹性模量不低于 28 d 时弹性模量的 80% 方能张拉钢束，张拉钢束采用张拉力和伸长量双控。箱梁纵向预应力钢束在箱梁横截面应保持对称张拉，同一根纵向钢束张拉时，两端应保持同步。

　　采用千斤顶测试曲线孔道摩阻力时，测试步骤如下：

　　a. 梁的两端装千斤顶后同时充油，保持一定数值（约 4 MPa）。

　　b. 甲端封闭，乙端张拉。张拉时分级升压，直至张拉控制应力。如此反复进行 3 次，取两端压力值的平均值。

　　c. 仍按上述方法，但乙端封闭，甲端张拉，取两端 3 次压力值的平均值。

　　d. 将上述两次压力平均值再次平均，即为孔道摩阻力的测定值。如两端为锥形锚，上述测定值扣除锚圈口摩阻力。

　　⑥0 号块模板拆除。

　　为防止表面温差出现裂缝，外侧模的拆除时间控制在 4 d 以后。混凝土满足条件后进行三向预应力施工，其施工方法与上述预应力施工类似，不再赘述。

　　预应力施工后，方能拆除底模及支架。

　　⑦0 号块施工注意事项。

　　在 0 号块施工时，按照安装挂篮施工需要，预埋好各种预留孔道，以便挂篮拼装能准确就位。

　　4. 挂篮悬浇施工

　　本项目采用菱形挂篮，按一对挂篮单端最大受载 250 t 进行计算，全桥需投入 28 对。

　　(1)挂篮的主要构造

　　箱梁悬浇块件选用菱形桁架挂篮进行施工，挂篮按照最大梁段进行设计。具体见图 8-12 和图 8-13。

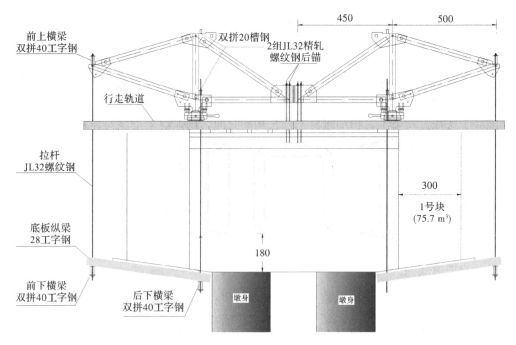

图 8-12　挂篮纵断面图(单位：cm)

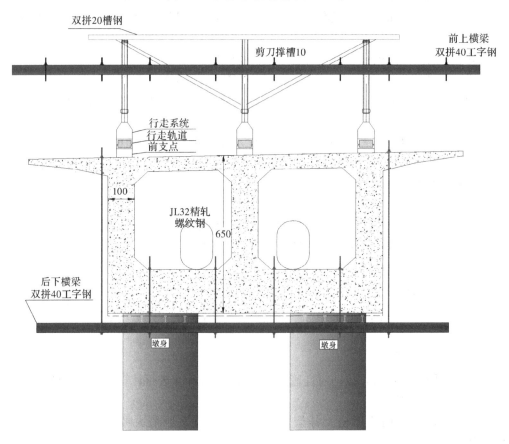

图 8-13　挂篮后横断面图(单位：cm)

①挂篮组拼及行走。

在 0 号块件上对称拼装挂篮，与底模、侧模连接后，利用精轧螺纹钢高强度杆件、型钢等构件将挂篮与已经完成块件固结。

②模板制作与安装。

底模、外侧模采用钢模，内模板采用钢模或竹胶板，端模板采用厚木板模或钢板。利用挂篮前方的吊带调整底板前端标高，后端与已经完成块件底面密贴固结。底板安装完成后，安装侧模，侧模与底模之间采取侧包底方式。悬臂块件施工流程见图 8-14。

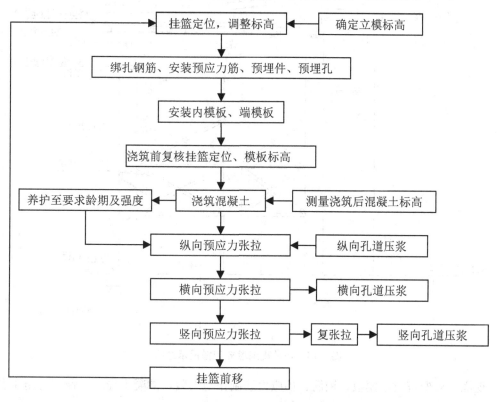

图 8-14　悬臂块件施工流程图

（2）挂篮预压试验

在挂篮拼装调试合格完成后，利用砂袋等对挂篮进行预压。预压的重量为体积最大块件重量的 1.2 倍。经过预压测量特征点标高的变化，计算出挂篮的变形曲线。

底板标高调整依据梁体结构自重、施工荷载、施加预应力、混凝土徐变、挂篮弹性变形、使用荷载等综合因素考虑。

（3）钢筋、预应力管道制作与安装，混凝土浇筑，预应力施工

悬臂块件钢筋、预应力管道制作与安装，预应力施工与 0 号块件相同，不再赘述。混凝土浇筑与 0 号块混凝土浇筑方案类似，顺序有所不同，浇筑总体顺序从悬臂块件前端部向已经完成浇筑块件端浇筑。

5. 边跨现浇段

边跨直线段块件采用支架现浇施工。钢管柱作为竖向支撑，支撑在承台或浇筑的混凝

土扩大基础上。利用型钢作为横纵向分配梁。按其110%需承受的全部荷载进行预压以确保安全和消除非弹性变形，并按实测的弹性变形量和施工控制要求，确定立模标高和预拱度；边跨现浇段支架示意图见图8-15。

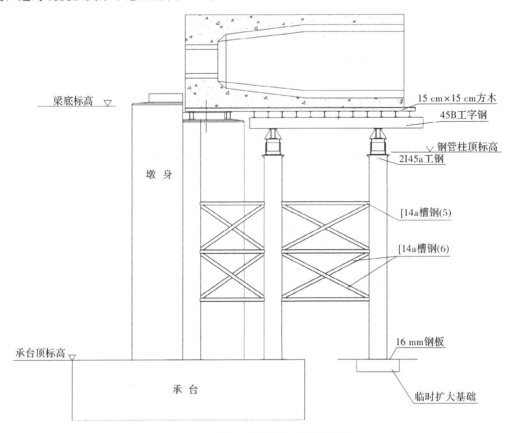

图8-15 边跨现浇段支架搭设示意图

现浇段支架搭设，模板、钢筋、预应力筋制作与安装，混凝土浇筑，预应力施工及支架拆除与0号块施工类似，在此不再赘述。

6. 合龙段施工

合龙段的施工顺序为从边跨开始依次向中跨进行。边跨合龙段混凝土浇筑完成，并张拉结束后，解除相邻墩0号块的临时固结，完成结构的体系转换，然后进行中跨合龙段施工。

(1)边跨合龙段的施工

边跨合龙段采用吊架现浇施工。悬臂段浇注完毕，拆除挂篮，边跨合龙段吊架一端支撑在现浇支架上，一端锚固在悬浇块件上。外模及底模采用挂篮模板，内模采用钢模板。在悬臂端水箱中采用加水的方法设置平衡重，近端及远端所加平衡重吨位由施工平衡设计确定。在混凝土浇筑过程中同步放水，浇筑结束前放空水箱，其他施工工序与其他块件施工类似。合拢工况如图8-16所示。

(2)中跨合龙段的施工

边跨合龙后，解除主墩临时固结，开始中跨合龙段施工。中跨合龙段利用吊架施工，具体施工工艺如下：

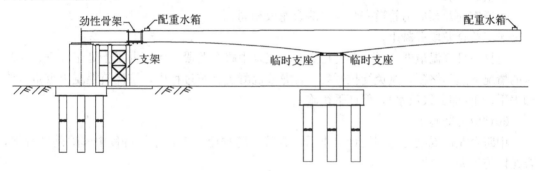

图 8-16 边跨合龙施工示意图

①吊架及模板安装。

中跨合龙梁段采用合龙钢吊架施工，合龙吊架和模板采用施工挂篮的底篮及模板系统，施工吊架如图 8-17 和图 8-18 所示。

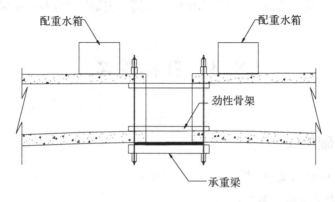

图 8-17 合龙段施工示意图(一)

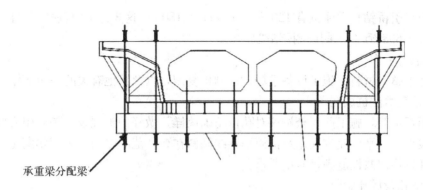

图 8-18 合龙段施工示意图(二)

②合龙锁定。

合龙前合龙段两悬臂端在顶、底板设置劲性骨架进行合龙锁定。合龙前"T 构"悬臂端按平衡要求设置平衡重。采用在悬臂端的水箱中加水的方法设平衡重，近端及远端所加平衡重吨位由施工平衡设计确定。

③钢筋安装。

普通钢筋及预应力管道安装与边跨合龙段相同。

④浇筑合龙段混凝土。

选择当日气温最低(夜间)温度稳定时段浇筑中跨合龙段。保证混凝土处于温升、在受压的情况下达到终凝，避免受拉开裂。合龙段混凝土浇筑过程中，按浇筑混凝土重量分级卸去平衡重(即分级放水)，保证平衡施工。

⑤预应力筋施工。

中跨合龙段混凝土达到设计要求后，张拉中跨预应力束，张拉过程中解除劲性骨架，合龙段施工完毕。

⑥拆除模板及吊架。

预应力施工完成后拆除模板及吊架，完成连续梁的施工。

(3)悬浇过程中施工监控

为了使成桥后的线形达到或接近设计要求，必须在悬浇过程中对箱梁悬浇的各工况进行监控测量，主要有主梁应力监控、预应力束应力监测、主梁线形监控、主梁温度监控等。

8.3 引桥施工

8.3.1 桩基础施工

1. 钻孔灌注桩施工流程

钻孔灌注桩施工流程见图 8-19。

2. 施工方法

本项目引桥钻孔灌注桩有 120 cm、150 cm、180 cm 这 3 种不同直径，桩长 45～52 m，累计桩长 3 698 延米，采用旋挖钻机成孔。

(1)准备工作

场地平整，材料、施工设备进场，控制桩复测，以及其他有关的一切工作。

(2)钻孔灌注桩成孔

采用钢护筒，施工前用全站仪对孔位精确放样，做好护桩埋设，护筒中心竖直线应与桩中心线重合，平面允许误差及护筒垂直线倾斜在允许范围之内。采用膨润土进行泥浆改良，保证置换泥浆性能满足质量要求。

(3)清孔及成孔验收

钻进至设计深度时，停止钻进，进行成孔检查，清孔。清孔合格后报请监理工程师进行孔深、孔径、垂直度等检查，认可后进行下一道工序施工。

(4)钢筋笼制作与安装

钢筋笼骨架在钢筋加工场内分节段制作，接长采用直螺纹机械套筒连接，拟采用汽车吊机安装钢筋笼。

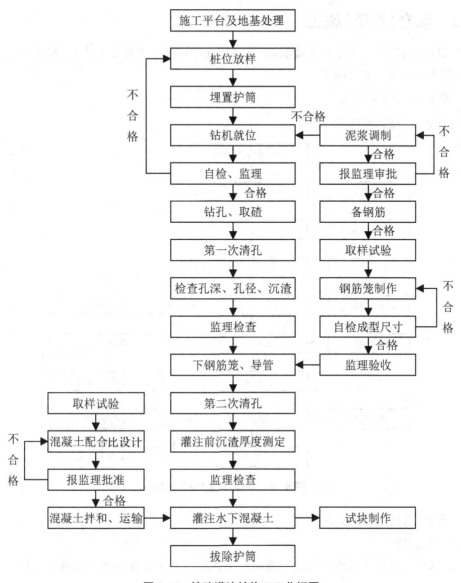

图 8-19　钻孔灌注桩施工工艺框图

（5）安放导管及二次清孔

导管经过抗拉拔和水密性试验合格后，方可使用。导管底口距孔底 30 cm。导管安装完成后再次测量孔深，若沉淀厚度大于规定的厚度，应进行置换法二次清孔，直至沉淀厚度满足要求。

（6）混凝土浇注

二次清孔合格后，立即在导管顶端安放首灌料斗，放隔水板，浇筑混凝土。首灌量必须满足封底和埋管深度 1 m 以上的要求，首灌后浇筑连续进行，到场混凝土必须满足工作性能的要求。

8.3.2 承台(系梁)施工

视基坑开挖深度及土体密实情况,采用"有支撑板桩+干处混凝土封底"或放坡开挖形成干处作业条件进行承台施工。

1. 承台(系梁)施工流程

承台(系梁)施工流程见图 8-20。

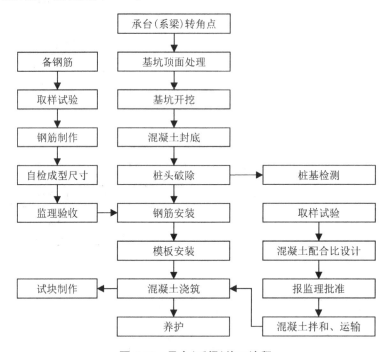

图 8-20 承台(系梁)施工流程

2. 承台(系梁)施工方法

(1)基坑放样

根据承台底面尺寸及埋置深度、地质水文条件、机具布置等确定基坑开挖尺寸、边坡坡度、支护方式。

(2)基坑开挖

基坑采用挖掘机开挖,并辅以人工清除桩四周的土及修理边坡,沿基坑周边开挖排水明沟,及时排出基坑积水。承台开挖的土方立即用自卸汽车运出施工区域储存。

(3)钢筋、模板安装

在坑底铺混凝土垫层、破桩头、进行承台放样后,再进行钢筋绑扎。浇筑混凝土时将墩柱钢筋固定,并保证墩柱钢筋垂直。承台模板采用钢模板。

(4)混凝土浇筑及养护

承台混凝土采用泵送和溜槽两种方式入模,人工分层振捣。浇筑完成后覆盖保湿养护。混凝土养护 7 d 后,清除基坑杂物,对称回填。

8.3.3 引桥圆柱施工

1. 墩柱施工工艺流程

墩柱施工工艺流程见图 8-21。

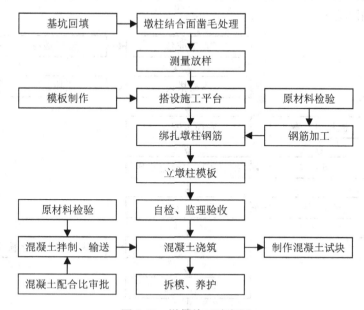

图 8-21 墩柱施工流程图

2. 墩柱施工方法

(1)施工准备

将墩柱接触面处凿毛,冲洗干净并清除积水。在墩柱周边搭设脚手架及施工平台。

(2)钢筋与模板制作与安装

钢筋在加工场制作成型后运至现场焊接安装。模板采用两半圆钢模合拼,利用吊车进行模板安装,用十字丝对中法确保墩柱钢模中心与墩柱中心吻合,再对其进行加固,同时保证模板稳定、位置准确和垂直。

(3)混凝土浇筑

混凝土采用泵送入模。分层浇筑,厚度在 30 cm 左右,利用插入式振捣器振捣密实。拆模后采用塑料薄膜包裹,水桶滴漏养护不少于 5 d。

8.3.4 盖梁施工

引桥 1 号、18 号~19 号墩、23 号~25 号墩盖梁为非预应力盖梁,采用抱箍法施工;20 号~22 号墩为预应力盖梁,由于相邻墩间距较大(17.0 m),盖梁高度 2.20 cm,利用满堂支架法或少支点支架法施工。

1. 盖梁施工工艺流程

盖梁施工流程图见图 8-22。

2. 墩帽施工方法

(1)墩帽底模支撑体系施工

在墩柱强度满足施工要求后，安装抱箍作为盖梁支撑，工字钢为横梁，利用拉杆连接。纵向用槽钢铺设作纵梁，在纵梁上方横向铺设方木，脚手架上铺脚手板作操作平台。盖梁底模板采用竹胶板。

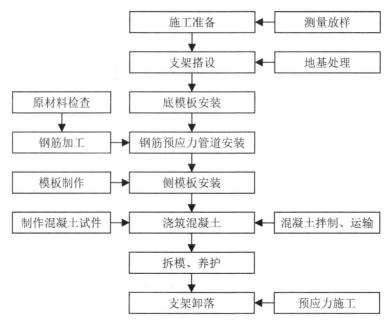

图 8-22 盖梁施工流程图

(2)盖梁模板安装

底板采用竹胶板，侧模采用定型钢模桥。模板拼装时，要求模板板面之间平整，接缝严密、规则，不漏浆，保证结构物外露面平整美观、线形顺直。

(3)钢筋制作与安装、预应力筋安装

盖梁钢筋在钢筋加工场下料制作，利用平车运输到现场。现场吊装绑扎盖梁钢筋。模板安装前，在钢筋骨架表面安装钢筋保护层垫块。

(4)混凝土浇筑

混凝土由两端向中间对称水平分层浇筑，浇筑完成后对表面进行收光处理，初凝后利用土工布覆盖。高温时定时洒水养护；低温时在土工布上再覆盖塑料布进行保温养护。

(5)盖梁预应力的施工

预应力盖梁施工时，应遵守设计图要求的架梁顺序及第一次张拉时张拉力大小的控制要求。预应力筋等材料运至施工现场按照设计图纸安装，并穿入预应力管道后定位，安装完成后检查管道密封情况，发现孔洞及时包裹好，防止水泥浆进入管道，保证顺利张拉。

(6)盖梁的支撑系统拆除

盖梁养护期限到后，利用倒链葫芦将分配梁和底模系统落到地面，完成盖梁支撑系统的拆除。

8.3.5　箱梁梁预制安装

本工程共有 110 片 30 m 跨径箱梁，箱梁集中预制。预制时利用龙门进行钢筋、模板安装，小龙门浇筑混凝土，智能张拉，真空辅助压浆，大龙门出坑。

1. 箱梁施工工艺流程

箱梁施工工艺流程见图 8-23。

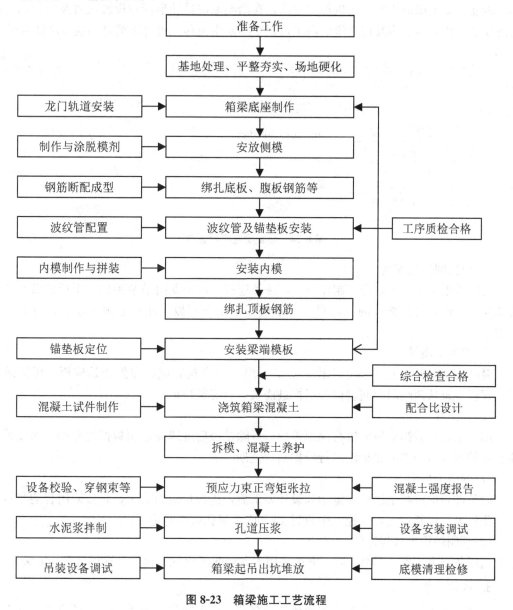

图 8-23　箱梁施工工艺流程

2. 箱梁预制

(1)预制场建设

预制场位于 K22＋150 左侧 150 m，场内布置 10 套底模、1 套大龙门吊、2 套小龙门吊，并配置钢筋加工棚和养护等配套设施。

（2）基础、梁底模制作

箱梁底模两端，采用3 m×3 m深50 cm的扩大基础，内布钢筋网片，防止梁端底模下沉；混凝土整体硬化场地，按1‰设排水坡度并在四周及制梁底模中间设排水沟，预制梁底模具体见图8-24。

（3）钢筋制作与安装

钢筋在加工场由数控弯曲机加工成型，在胎架上按设计坐标布设波纹管及定位筋，确保波纹管位置安装准确及在浇筑混凝土过程中不发生位移，再将钢筋骨架整体吊装入模。

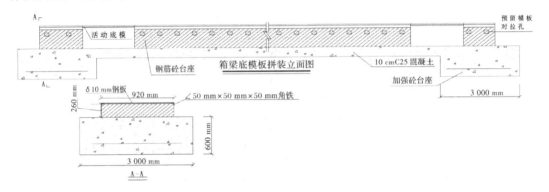

图8-24　预制梁底模示意图

（4）模板制作与安装

模板采用定型钢模，分节制作而成，法兰连接。由小龙门吊装到位，千斤顶微调外模支腿高度，使其符合梁板的几何尺寸。端模板采用钢模板，在其上预先设置预应力管道孔洞。

（5）混凝土浇筑

混凝土由小龙门起吊料斗入模，水平分层一次浇筑完成，即先浇筑底板，再浇筑腹板，腹板浇筑从两端向中间斜向分层推进浇筑，后浇筑顶板。

（6）箱梁养护

用土工布覆盖箱梁顶面进行保湿养护，拆除模板后继续覆盖顶板保湿养护，侧面采用喷洒养护剂或自动喷淋养护法进行养护到规范期限。

（7）预应力施工

同条件养护混凝土试件强度达到设计要求后，进行预应力施工，张拉采用智能张拉工艺，张拉力与伸长量实行双控。张拉后48 h内完成孔道压浆施工。

（8）预制箱梁出坑与存放

当压浆强度达到35 MPa后，方可采用大龙门起吊出坑，存放到存梁区等待安装。

3. 箱梁安装

依据现场条件，箱梁安装采用架桥机后穿巷法或大吨位履带吊安装，预应力盖梁上箱梁安装顺序应严格遵守施工图设计中的安装顺序要求。

（1）架桥机安装箱梁施工工艺流程

架桥机安装箱梁施工工艺流程见图8-25。

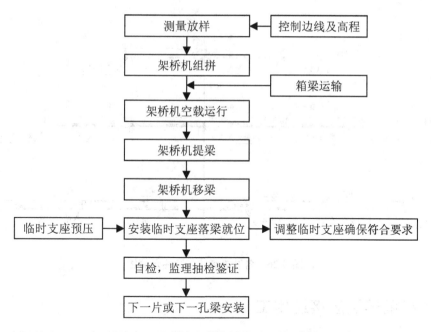

图 8-25　架桥机安装箱梁施工工艺流程图

（2）箱梁安装前测量放样

在盖梁上放出各片箱梁安装控制线。测量支座垫石标高、四角高差等检测指标，保证安装使用永久或临时支座前通过质量验收。

（3）架桥机组拼

架桥机在 26 号桥头路基上完成主桁架组拼，再移动前支腿到前墩盖梁上并垫平，支腿停放台背路基上并垫平，最后将组拼完成的桁架吊起，安放到前后支腿上固结，完成架桥机安装。试运行后提请有关质检部门报备，待报备通过后再进行架梁准备。

（4）后穿巷法安装

第一步，架桥机就位。

第二步，梁车运梁就位。

第三步，后天车（1 号天车）拿梁，梁车后拖轮拖离现场。

第四步，后天车和梁车后退使前天车（2 号天车）拿梁。

第五步，两天车拿梁前移动到位。

第六步，梁体下降、微调就位、解除约束，天车后退准备安装下一片梁板。

8.4　桥面系及附属工程施工

8.4.1　引桥桥面连续施工

引桥桥面施工应按图 8-26 所示各孔连续施工顺序施工。

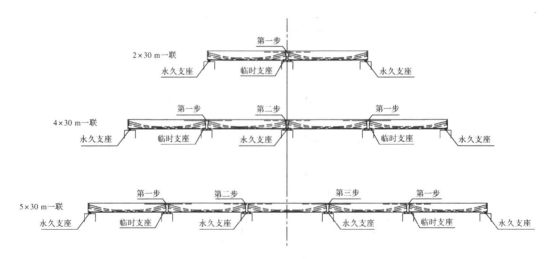

图 8-26　各孔连续施工顺序示意图

8.4.2　横隔梁及湿接缝施工

为确保箱梁横隔梁及湿接缝的施工质量，在进行箱梁安装时，必须保证梁板两端对齐，严格控制端横隔梁的交错距离，保证钢筋对齐顺接。

（1）钢筋施工及安装

横隔梁钢筋严格按设计要求进行施工，湿接头（缝）钢筋必须根据湿接缝实际缝宽进行下料、加工。

（2）模板安装

横隔板、湿接缝模板统一用竹胶板加工。横隔板模板采用侧包底，两侧模板用拉杆拉紧，拉杆处设置 PVC 管。湿接缝模板每块模板用拉杆和方木固定。拉杆横向位于模板中间位置，纵向间距为 50 cm。

（3）混凝土浇注及养护

横隔板及湿接缝混凝土为 C50 级，按照图纸所示施工步骤，在日温度最低时浇筑，视温度情况进行综合养护，养护时间不少于 7 d。

（4）桥面负弯矩施工

接头混凝土达到设计要求后张拉负弯矩束。张拉按照 T3、T2、T1 顺序张拉，并及时进行孔道压浆、封闭张拉预留洞口。在负弯矩施工完成，由跨中向支点浇筑剩余部分桥面板湿接缝混凝土。

8.4.3　桥面铺装与桥梁护栏施工

1. 桥面铺装施工

（1）做好梁面的检查与处理

清除梁板表面的杂物，凿除混凝土表面的水泥砂浆和松弱层。另外对梁面高程进行普查，将梁面高出部分的混凝土用人工全部凿去，并用水冲洗干净，以保证新老混凝土结合牢固。

（2）铺装层施工准备

在护栏内侧先铺筑两条宽度为 50 cm 的标准带，标准带立模浇筑，其高程误差符合有关规定。铺设钢筋网，确保钢筋网片规格、搭接长度、保护层设置满足设计要求。

（3）混凝土施工

连续进行一联摊铺，特殊情况停止施工时，施工缝应采用横向平接缝，施工缝严格按规范要求处理。初凝前对桥面进行拉毛，纹槽应深浅一致，顺直美观。

（4）铺装层的养护

成型的铺装层应在收浆后按规范要求进行养护。桥面现浇层混凝土浇筑完成后拆除一联内临时支座，完成体系转换。

2. 桥梁护栏施工

本桥梁护栏为混凝土刚性护栏，采用定型钢模浇筑，模板一节长度为 2.0 m。模板与铺装层之间用泡沫剂或砂浆填塞密实，拉杆孔处安装橡胶塞，防止漏浆。

护栏混凝土应分层振捣，在厚度不超过 30 cm、强度不小于 2.5 MPa 时拆模，覆盖养护。

8.5　重点工程施工措施与技术创新总结

8.5.1　重点工程施工措施

1. 钢栈桥施工控制措施

（1）钢管桩导向

插打钢管桩时，要保持钢管桩铅垂，对准桩位，缓慢下落，桩位偏差小于 20 mm，倾斜度小于 1‰。若偏位和倾斜过大，应纠正或拔起重新插打。

①间距控制。

栈桥及钻孔平台的钢管桩，均利用测量仪器定位控制插打。

②高程控制。

高程控制采用设计标高和贯入度进行双控。高程控制引用主桥控制点高程，保证桩顶、桩底标高达到设计要求。

（2）钢管桩定位

钢管桩定位采用两台全站仪前方交会法，钢管桩定位具体方法如下：

①根据栈桥轴线建立局部坐标系，以伸向黄河中心的栈桥轴线为 x 轴正向，以垂直于栈桥轴线上游侧为 y 轴正向，在岸上布设原点和控制桩。

②采用秒差调整精度，用全站仪测量钢管桩中心位置，最后进行坐标复核，以保证桩位的正确性。

钢管桩对位由吊机利用紧、松吊杆完成，桩的斜度由履带吊机自行调节。对位过程中，由信号员统一指挥。桩位允许偏差如下：平面偏差不大于 5 cm，垂直度偏差不大于1%。

(3)钢管桩就位

插打钢管桩时,要保持钢管桩铅垂,对准桩位,缓慢下落,桩位偏差小于20 mm,倾斜度小于1%。若偏位和倾斜过大,应纠正或拔起重新插打。

(4)沉桩

沉桩采用履带吊机配合振动锤插打。沉桩过程中,履带吊机应配合沉桩速度及时落钩。钢管桩对位完成后,慢速松开履带吊机,使桩在自重作用下插入土中。在此过程中,应随时观察钢管桩偏位以便及时进行调整,待自重下沉完成后,应精确观测钢管桩偏位,若超出规定要求,起吊钢管桩重新对位。桩尖对准桩位,从两个侧面校正桩身垂直度,待其偏差小于1%时方可正式打桩。

①振动下沉施工。

钢管桩平面位置及垂直度调整完成后,开始振动下沉。依靠振动打桩锤的振压力将其压入土层,在插打过程中要不间断地测量桩位和倾斜度,偏差要满足设计及规范要求。

沉桩施工中的注意事项:

a. 振动打桩锤是钢管桩插打的主要设备之一,选择合适的打桩锤是保证钢管桩顺利插打至设计标高的关键,应根据工程地质情况进行选用。

b. 打桩前应详细了解现场的工程地质情况,同时做好设备的检查工作,防止打桩过程中出现事故而使施工中断,引起间歇后沉桩阻力增大,导致钢管桩打不到设计标高。

c. 打桩过程中,应经常检查桩身的垂直度,出现贯入度反常、桩身倾斜、偏位等异常情况时,如桩身垂直度偏差超过1%,应找出原因并停止打桩,待查明原因并进行必要的处理后,方可继续施工。

d. 在插打过程中定时检测钢管桩的平面偏移和垂直度。

e. 停止打桩的条件:以桩底标高和贯入度两项指标同时进行控制。贯入度控制指标为振动打桩锤最后十连击钢管桩下沉小于5 cm。

f. 钢管桩插打的精度要求:平面偏差不大于5 cm,垂直度偏差不大于1%。

②钢管桩接长。

钢管桩在陆地上接长,接长钢管桩略长于设计桩长。

a. 钢管桩接长前,必须对轴线进行复核,确保其轴线在同一条直线上方可进行焊接作业,偏斜不大于0.5%。

b. 对接钢管桩环形焊缝两对边的径向错位应满足以下要求:ϕ1 000 mm钢管桩径向错位不大于2 mm。

c. 钢管桩接长需开剖口,开完剖口后用打磨机打磨,保证剖口处光洁无氧化物。钢管桩接长用的加强板尺寸为300 mm×100 mm×10 mm,钢管桩每个节间接口均设置8块加强板用以连接,有加强板处的剖口焊应打磨光滑平整,以保证加强板与钢管密贴。

d. 对接焊缝两侧的螺旋焊缝必须错开1/8周长以上,所有焊接完成后,需对焊缝进行检查,确保不得有少焊、漏焊、未焊满等现象,不得有气泡、焊溜、残渣等质量缺陷。

e. 钢管桩焊接应采用多层焊接,焊完每层后应及时清除焊渣,且各层的焊缝接头应该错开。

f. 钢管桩采用对称焊接,防止因焊缝收缩而产生附加内应力。

g. 每个接头焊接完毕并自然冷却后方可继续锤击沉桩。

h. 遇刮大风时，应采取必要的挡风措施以确保施工人员安全和施工质量，必要时停止作业。

2. 永久钢护筒施工控制措施

(1)钢护筒的装运

①根据钢护筒沉放时的施工顺序和吊装方案，按顺序分层装车，减少二次倒运。

②装运钢护筒应采用多支垫堆放，垫木均匀放置，并适当布置通楞，垫木顶面宜在同一平面上。

③钢护筒堆放形式应使运输车在堆放、运输和起吊时保持平稳。

④运输钢护筒宜采用平板加长运输车运输，运输车必须具备足够的长度。采用多垫堆放，垫木均匀放置，并适当布置通楞，垫木顶面宜在同一平面上。如运输道路路况较差，应采取加固措施，防止发生钢护筒倾倒、滚动。

⑤对运输车进行严格检查，采取必要的加固措施。

(2)钢护筒起吊及堆放

①钢护筒应堆存在专用的台座上，台座基础必须有足够的安全稳定性，并有良好的排水设施。

②钢护筒应按不同的规格分别堆放。堆存形式和层高应安全可靠，避免产生轴向变形和局部压曲变形。

③钢护筒在起吊、运输和堆存过程中，应避免由于碰撞、磨擦等原因造成管端变形。

④吊运时应使各吊点同时受力，徐徐起落，减少冲击。

(3)安装导向架

①导向架设计与制作。

a. 为保证钢护筒的准确定位及竖直度，在导向架顶及施工平台底各设置一层定位导向架定位，定位导向架采用钢桁结构，分为上下两层，上层导向架长 3 m，由焊接在钻孔平台上的钢框架组成，下层导向架长 5 m。

b. 导向架的主要作用：保证钢护筒在自重作用下及在连续施振时能够垂直入土下沉。

②导向架安装固定。

a. 导向架在现场加工制作，整体吊装。导向架采用履带吊吊装移位，并锚固在已完成钻孔平台的预留钢护筒顶口位置，导向架与下部桁架通过螺栓相连，以确保导向装置的稳定，同时也便于倒桩时拆卸。采用这种方式施工时，导向较固定，施工方便，调整容易，操作安全，使用的机具设备少，比较经济。

b. 导向架的下端悬臂段采用"井"字形型钢固定在平台周边的钢管桩的上下平联上，或将导向架与井字架焊成整体然后固定在钢护筒四周的 4 根钢管桩上。

c. 导向装置内设置有供钢护筒定位、纠偏、调整的液压千斤顶和锁定装置。

(4)钢护筒拼接安装

①用 120 t 龙门吊和 130 t 履带吊配合安装永久钢护筒。

②夹管：采用 YZ400 液压振动锤，使其下端的液压夹持器夹紧护筒顶端，同时挂上辅助钢丝绳。

③对位：将夹紧的钢护筒吊起，移动大钩使钢护筒下端对准已固定好的导向架孔口，

在沉桩前先用自重下沉，移动夹桩器的位置，使钢护筒顶面在同一水平面上，将钢护筒徐徐下放后进行拼接。

④在护筒未接够长度之前，不宜将护筒插入河床，以免河床冲刷不平造成定位困难。待护筒接长到位后，有意让护筒底口向上游偏移2～5 cm，以抵消水流冲击护筒的偏移。

⑤首节护筒孔底坐标及竖直度控制。

护筒的竖直度及底口坐标采用管内浮球检测法进行控制，见图8-27。护筒验收、固定、垂直度控制措施详见8.2.2节。

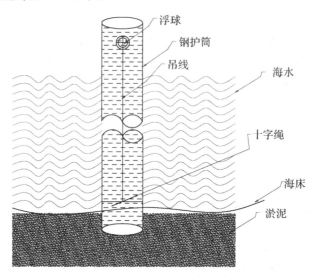

图 8-27　浮球法测钢护筒底面位置及垂直度

（5）钢护筒沉放

①钢护筒对接检查符合要求后，进行焊接并对焊缝进行涂装防腐涂料处理。

②在相互垂直的两个方向设监测点，钢护筒自然垂直对准桩位，启动振锤（此时，吊车大钩稍放松，并控制大钩下降速度以便护筒在保持垂直的状态下沉入土中）。两个观测点连续观测钢护筒的垂直度，如发现有倾斜倾向，立即通知指挥调整大钩位置进行纠正。

③履带吊配合 YZ400 液压振动锤进行钢护筒沉放。先采用自重下沉，在确保钢护筒的位置准确，桩身有足够的稳定性后，再采用振动下沉。

④振动沉管。在振动过程中，液压振动锤、夹桩器、桩帽必须连接可靠，其中心与护筒中心、钻孔桩中心应尽量保持在一条直线上，偏差控制在5 cm以内。

⑤护筒着床后，需对护筒进行精密的测量，根据测量结果进行细致调整，测量时可在平台上同时设点，以便于测量交会，插打过程中通过测量来控制护筒的位置和标高。

⑥钢护筒插打时应设置三台仪器，两台用于交会，另一台用于复测。因考虑潮位影响及通视程度等因素，应在护筒定位现场完成计算，计算数据应相互校核，以保证计算的正确性。

⑦若钢护筒下沉困难，施工中将采取以振动下沉为主，辅以钻孔跟进下沉的方法。在钢护筒下沉到设计标高后，焊接护筒牛腿，使钻孔平台梁临时支撑在护筒牛腿上。

⑧钢护筒下沉过程中用线锤检查其竖直度，保证自身稳定性后再用振动下沉。

⑨因钢护筒不考虑承受荷载，主桥桩基础钢护筒插打停锤标准以达到设计图中钢护筒

底标高为准。

3. 挂篮悬浇施工控制

（1）挂篮选择

用于悬臂浇筑施工的挂篮，其结构除应满足强度、刚度和稳定性要求外，还需满足下列要求：

①挂篮与悬浇梁段混凝土的重量比不宜大于 0.5，且挂篮的总重控制在设计规定的限重之内。

②挂篮的最大变形不应大于 20 mm。

③挂篮在浇筑混凝土状态和行走时的抗倾覆安全系数、自锚固系统的安全系数、斜拉水平限位的安全系数均不应小于 2。

④挂篮的支撑平台应具有足够的平面尺寸，应能满足梁段现场施工作业要求。

⑤挂篮模板的制作与安装应准确、牢固，安装误差应符合规范要求，后吊杆和下限位拉杆孔道应严格按照设计尺寸准确预留。

⑥挂篮制作完成后应进行试拼装。挂篮在现场拼装后，应全面检查其安装质量，并应进行模拟荷载试验，符合挂篮设计要求后方可正式使用。

（2）钢筋制作及安装

①底板钢筋与腹板钢筋的连接应牢固，且宜采用焊接方式，底板上、下两层的钢筋网应采用两端带弯钩的竖向筋进行连接，使之成为整体，顶板底层的横向钢筋宜采用通长筋。

②钢筋与预应力管道相互影响时，钢筋可适当移动，不可切断。若挂篮的下限位器、下锚带、斜拉杆等部位影响下一步操作，必须切断钢筋时，应在该工序完成后，将切断的钢筋连接好再补孔。

8.5.2　技术创新总结

本高速公路桥梁施工项目经技术创新总结，目前已发明 6 个专利（3 个已经授权，1 个处于公布阶段，2 个尚在审查阶段），已申报成功 22 个实用新型专利。具体如下。

1. 发明专利

①防止预应力预制箱梁端头涨模漏浆的结构及其施工方法。

②一种单索面斜拉桥挂篮拆除方法。

③一种多通消能减阻式生态鱼道。

④一种钢箱梁拼接临时对正固定装置。

⑤水中墩桩柱一体工艺的超长护筒施工系统及方法。

⑥一种抵抗桥墩承台基础局部掏蚀的活动底板。

2. 实用新型专利

①一种梁板腹板和底板交口纵向钢筋布设快速就位辅助杆。

②一种组合式梁板钢筋骨架标准化铺设支撑架。

③用于护栏钢筋绑扎的便携式定位模架。

④一种简易的手持式砂浆搅拌装置。

⑤一种吊装梁板钢筋骨架可调节的辅助装置。

⑥防止预应力预制箱梁端头涨模漏浆的结构。

⑦一种预应力管道堵塞疏通装置。

⑧一种组合式路面结构层标准化施工侧模。

⑨一种便捷的小截面现浇混凝土构件用分流器。

⑩一种空心板筋骨架拼装定位平台。

⑪一种预制箱梁钢内模辅助拆卸运输装置。

⑫用于斜拉桥 PE 管及拉索安装可移动式传输装置。

⑬一种便捷的桥梁竖向预应力张拉端槽口现浇模板。

⑭一种用于挂篮施工的安全环保托盘。

⑮一种基于挂篮可收起桥梁养生装置。

⑯水中墩桩柱一体工艺的超长护筒施工系统。

⑰一种桥梁抱箍施工支撑体系。

⑱废旧塑料再生网带、防风固沙稳定水土网格及防护边坡。

⑲一种梁板模板高度微调装置。

⑳一种无破损桥墩结构安全爬梯连接装置。

㉑组合式梁板钢筋骨架制作辅助装置。

㉒钢箱梁顶推机构。

参考文献

[1]高培山，曲元梅，杨万忠．桥涵工程施工[M]．成都：西南交通大学出版社，2022.

[2]郝洪运．高速公路隧道浅埋暗挖富水段施工技术[J]．交通世界，2021(25)：41-42.

[3]何兆益．路基路面工程[M]．2版．北京：人民交通出版社，2019.

[4]交通部公路规划设计院．公路工程名词术语：JTJ 002—1987[S]．北京：中国标准出版社，1988.

[5]交通部公路科学研究所．公路工程集料试验规程：JTG E42—2005[S]．北京：人民交通出版社，2005.

[6]交通部公路科学研究所．公路沥青路面施工技术规范：JTG F40—2004[S]．北京：人民交通出版社，2005.

[7]交通运输部公路局，中交第一公路勘察设计研究院有限公司．公路工程技术标准：JTG B01—2014[S]．北京：人民交通出版社，2015.

[8]交通运输部公路局．高速公路施工标准化技术指南：第2分册 路基工程[M]．北京：人民交通出版社，2012.

[9]交通运输部公路科学研究院．公路土工试验规程：JTG 3430—2020[S]．北京：人民交通出版社，2020.

[10]廖明军，王凯英．高速公路[M]．北京：中国质检出版社，2013.

[11]林桂阳．高速公路桥梁墩台施工方法及施工技术[J]．工程建设与设计，2019(11)：172-173，176.

[12]卢佩霞，仝小芳．路基路面工程[M]．南京：南京大学出版社，2019.

[13]任传林，王轶君，薛飞．公路工程施工技术[M]．长春：吉林科学技术出版社，2019.

[14]任文斌．高速公路隧道施工技术及控制要点分析[J]．工程建设与设计，2019(06)：196-197.

[15]深圳特区报．"海底长城"合龙，"深中牵手"成功！深中通道海底隧道历时5年实现合龙［Z/OL］．（2023-06-11）［2023-09-18］．https：//www.dutenews.com/n/article/7581710.

[16]王俊凯．公路服务区停车区域路面的分析研究[J]．科技视界，2019(1)：257-258，205．

[17]王旻，张振和．图解公路工程施工技术[M]．北京：机械工业出版社，2020．

[18]王作文．土木工程施工[M]．北京：化学工业出版社，2020．

[19]谢新宇．高速公路沿线设施施工[M]．北京：人民交通出版社，2003．

[20]颜景波．道路施工技术研究[M]．天津：天津科学技术出版社，2018．

[21]中国钢铁工业协会．预应力混凝土用钢绞线：GB/T 5224—2014[S]．北京：中国标准出版社，2015．

[22]袁玉卿．路基路面工程[M]．2版．北京：中国电力出版社，2016．

[23]张健．关于高速公路施工中的工程技术难点及其处理方案的探究[J]．工程建设与设计，2017(8)：144-145．

[24]张尧洲．高速公路施工中的软土路基施工技术分析[J]．工程建设与设计，2017(06)：154-155．

[25]浙江省住房和城乡建设厅．建筑电气工程施工质量验收规范：GB 50303—2015[S]．北京：中国建筑工业出版社，2016．

[26]郑霜杰．桥梁工程施工技术[M]．武汉：华中科技大学出版社，2018．

[27]国家安全生产监督管理总局．爆破安全规程：GB 6722—2014[S]．北京：中国标准出版社，2015．

[28]中国建筑材料联合会．混凝土外加剂：GB 8076—2008[S]．北京：中国标准出版社，2009．

[29]中国建筑材料工业协会．通用硅酸盐水泥：GB 175—2007[S]．北京：中国标准出版社，2008．

[30]全国混凝土标准化技术委员会．预应力筋用锚具、夹具和连接器：GB/T 14370—2015[S]．北京：中国标准出版社，2016．

[31]中国建筑科学研究院．混凝土用水标准：JGJ 63—2006[S]．北京：中国建筑工业出版社，2006．

[32]中国水利水电第十一工程局有限公司．高速公路工程施工技术与实例[M]．北京：中国铁道出版社，2017．

[33]中华人民共和国交通部．道路工程制图标准：GB 50162—1992[S]．北京：中国标准出版社，1992．

[34]中华人民共和国住房和城乡建设部．混凝土外加剂应用技术规范：GB 50119—2013[S]．北京：中国建筑工业出版社，2014．

[35]中交第二公路勘察设计研究院有限公司．公路路基设计规范：JTG D30—2015[S]．北京：人民交通出版社，2015．

[36]中交第三公路工程局有限公司．公路路基施工技术规范：JTG/T 3610—2019

[S]．北京：人民交通出版社，2019．

[37]中交一公局集团有限公司．公路桥涵施工技术规范：JTG/T 3650—2020[S]．北京：人民交通出版社，2020．

[38]中交一公局集团有限公司．公路隧道施工技术规范：JTG/T 3660—2020[S]．北京：人民交通出版社，2020．

[39]中国钢铁工业协会．预应力混凝土用螺纹钢筋：GB/T 20065—2016[S]．北京：中国标准出版社，2016．

[40]中冶建筑研究总院有限公司．岩土锚杆与喷射混凝土支护工程技术规范：GB 50086—2015[S]．北京：中国计划出版社，2016．

[41]重庆市城乡建设委员会．建筑边坡工程技术规范：GB 50330—2013[S]．北京：中国建筑工业出版社，2014．

后　记

根据我国《国家公路网规划(2013 年—2030 年)》(发改基础〔2022〕1033 号)，国家公路网规划总规模约 46.1 万 km，由国家高速公路网和普通国道网组成，其中国家高速公路约 16.2 万 km(含远景展望线约 0.8 万 km)。截至 2022 年末，我国国家高速公路里程达 11.99 万 km。由此可知，到 2030 年，我国还有 4.21 万 km 国家高速公路待建。

2022 年 4 月，我国交通运输部发布的《"十四五"公路养护管理发展纲要》进一步明确规划高速公路具体发展目标：到 2025 年，实现高速公路技术状况(maintenance quality indicatior，MQI)优等路率保持在 90％以上；高速公路路面技术状况(pavement maintenace quality index，PQI)优等路率保持在 88％以上；高速公路一、二类桥梁比例达到 95％；高速公路沥青路面材料循环利用率达到 95％；高速公路视频监测设施覆盖率东、中、西部分别达到 100％、90％、80％；高速公路联网收费交易成功率、交易数据上传及时率均达到 99.9％；高速公路货车违法超限超载率持续控制在 0.5％以内。

当前，我国高速公路建设正处于快速发展的关键时期，着力推进设施数字化、养护专业化、管理现代化、运行高效化、服务优质化，全面提升高速公路养护管理水平，促进高速公路交通可持续健康发展，是今后相当长时期内高速公路建设的主要任务。

而高速公路建设要实现新的突破和转变，就要推广先进的理念和成熟的工艺，实行科学的管理和标准化的作业。相关行业人员应从当地实际出发，不断总结实践经验，因地制宜，开拓创新，细化施工过程控制，注重成熟工艺和先进技术的推广应用，着力解决质量通病问题，以在实体工程质量、社会经济效益等方面都取得良好效果，在提高质量、确保安全、节能环保、降低成本等方面创造更多经验，从而推动我国高速公路建设施工不断向智能化、精细化发展。